刑事诉讼出罪论

拜荣静 著

中国社会科学出版社

图书在版编目（CIP）数据

刑事诉讼出罪论 / 拜荣静著 . —北京：中国社会科学出版社，2023.10
ISBN 978-7-5227-2558-1

Ⅰ.①刑…　Ⅱ.①拜…　Ⅲ.①刑事犯罪—研究—中国　Ⅳ.①D924.114

中国国家版本馆 CIP 数据核字（2023）第 165975 号

出 版 人	赵剑英
责任编辑	许　琳
责任校对	李　硕
责任印制	郝美娜

出　　版	中国社会科学出版社
社　　址	北京鼓楼西大街甲 158 号
邮　　编	100720
网　　址	http://www.csspw.cn
发 行 部	010-84083685
门 市 部	010-84029450
经　　销	新华书店及其他书店

印　　刷	北京君升印刷有限公司
装　　订	廊坊市广阳区广增装订厂
版　　次	2023 年 10 月第 1 版
印　　次	2023 年 10 月第 1 次印刷

开　　本	710×1000　1/16
印　　张	18
插　　页	2
字　　数	286 千字
定　　价	98.00 元

凡购买中国社会科学出版社图书，如有质量问题请与本社营销中心联系调换
电话：010-84083683
版权所有　侵权必究

目 录

前 言 ………………………………………………………………… (1)

第一章 刑事诉讼出罪的基本原理 ……………………………… (1)
 第一节 问题的提出 ………………………………………… (1)
 第二节 刑事诉讼出罪的目的 ……………………………… (2)
 第三节 刑事诉讼出罪的性质 ……………………………… (11)
 第四节 刑事诉讼出罪的程序体系 ………………………… (19)

第二章 刑事诉讼出罪与刑法出罪的交互作用机制 …………… (27)
 第一节 问题的提出 ………………………………………… (27)
 第二节 刑法出罪对于刑事诉讼出罪功能的限定 ………… (29)
 第三节 刑事诉讼出罪对于刑法出罪功能的补充 ………… (37)
 第四节 刑事诉讼相对独立的出罪处遇机制 ……………… (51)
 第五节 刑事一体化理念需要刑法出罪与刑事诉讼
    出罪制度相协调 …………………………………… (57)

第三章 刑事诉讼出罪的程序理论与实践根据 ………………… (64)
 第一节 问题的提出 ………………………………………… (64)
 第二节 刑事出罪在我国的实践 …………………………… (67)
 第三节 刑事诉讼出罪的法律依据与认识 ………………… (73)
 第四节 刑事诉讼出罪制度建构的必要性与制度框架 …… (80)

第五节　刑事诉讼出罪制度具体实施的综合考量 ……………（93）

第四章　侦查阶段出罪 …………………………………………（97）
　　第一节　问题的提出 ……………………………………………（97）
　　第二节　侦查阶段出罪的合理性 ………………………………（100）
　　第三节　侦查阶段出罪机制类型 ………………………………（105）
　　第四节　侦查阶段出罪机制实证考察 …………………………（110）
　　第五节　侦查阶段出罪救济制度 ………………………………（124）

第五章　检察阶段出罪 …………………………………………（135）
　　第一节　问题的提出 ……………………………………………（135）
　　第二节　检察阶段出罪均衡性 …………………………………（136）
　　第三节　检察阶段出罪机制 ……………………………………（139）
　　第四节　检察阶段出罪机制实证考察 …………………………（151）
　　第五节　检察阶段出罪机制发展总体趋势 ……………………（167）

第六章　审判阶段出罪 …………………………………………（174）
　　第一节　问题的提出 ……………………………………………（174）
　　第二节　审判阶段出罪的正当性 ………………………………（176）
　　第三节　审判阶段出罪的意义 …………………………………（182）
　　第四节　审判阶段出罪机制 ……………………………………（184）
　　第五节　审判阶段出罪的实证考察 ……………………………（197）
　　第六节　审判阶段出罪的延伸思考 ……………………………（205）

第七章　刑事诉讼出罪司法自由裁量权的规范适用 …………（212）
　　第一节　问题的提出 ……………………………………………（212）
　　第二节　程序出罪司法主体的自由裁量权及其界定 …………（214）
　　第三节　司法主体自由裁量权存在的正当性 …………………（222）

第四节　司法主体自由裁量权的认知系统结构及
　　　　　　影响因素 …………………………………………（225）
　　第五节　司法主体自由裁量权的规制及其限度 ……………（231）

第八章　刑事诉讼出罪程序体系完善思路 …………………（237）
　　第一节　问题的提出 …………………………………………（237）
　　第二节　立法应从普遍适用视角重视刑事诉讼出罪
　　　　　　机制的统一规划 ……………………………………（239）
　　第三节　在制度交叉性中体现刑法出罪与刑事诉讼
　　　　　　出罪的交互作用机制 ………………………………（246）
　　第四节　创新刑事诉讼出罪程序 ……………………………（259）
　　第五节　刑事诉讼出罪程序运行中司法机关自由
　　　　　　裁量权的控制 ………………………………………（266）

参考文献 ………………………………………………………（276）

前 言

《刑法修正案（九）》实施后，轻罪大量出现，刑事诉讼出罪成为历史必然。刑事诉讼出罪是针对情节显著轻微危害不大的刑事案件，通过非刑罚方式实现行为人刑事责任的承担。刑事诉讼出罪制度的实质则是在罪刑法定原则指导下，以保障人权为目的，将社会危害性较小、不具有刑罚可罚性及情节显著轻微危害不大的犯罪行为划定在刑罚之外，缩小处罚刑适用范围。由此不仅可以实现司法资源的合理分配，提高刑事司法效率，还可通过对轻微刑事案件宽容处理，实现社会关系缓解、促进社会和谐稳定的社会效果。

刑事诉讼程序出罪制度适用过程主要以实体法为基础，而刑事诉讼出罪制度本身亦具有自身独立的程序价值品格。刑事诉讼程序出罪制度，一方面通过运用正当程序及证据规则制度对刑事诉讼程序中权力运行进行监督和制约，另一方面通过合理控制程序运行次序、时间等对程序运行节奏进行把控，从而从公正和效率两个层面促进司法正当性的实现。为此，适用刑事诉讼出罪制度应理顺各国家专门机关和各方当事人之间的关系，在了解被害人及被追诉人等当事人的真实诉求的基础上，通过积极适用刑事诉讼程序出罪制度，尽快终结刑事诉讼程序，有效解决刑事纠纷，使犯罪嫌疑人或被告人在赔偿被害人损失过程中受到教育，降低再犯可能性并实现预防犯罪的目的。但就实现人权保障这一法治目标而言，刑事诉讼程序出罪制度与刑法具有共同的价值追求。刑法通过罪刑法定原则及犯罪构成要件制度体系，确保无罪的人不受刑罚处罚、罪轻的行为人获得罪责刑相一致的刑罚责罚。而刑事诉讼程序出罪制度则通过程序的正当运转、证据规则制度体系的合理运用等，实现被追诉人各项实体性权利依法获得保障，确保无罪、罪轻的被追诉人在刑事诉讼程序的各个阶段依法出罪。

然而，现行法律体系下适用刑事诉讼出罪制度实现刑法和刑事诉讼法保障人权的价值目标，需要灵活处理二者之间的关系。刑事实体法与刑事诉讼法之间，刑事诉讼程序的运行有赖于以犯罪构成要件体系为基础的刑事实体法的具体展开，而刑事实体法的内涵需要在刑事诉讼程序中得以体现。同样，刑事实体法的原则和价值影响着刑事诉讼程序的构造和具体适用，而刑事诉讼程序的运行过程则承载着刑事实体法的价值和精神原则等。刑法的公正主要表现在正确认定案件事实及适用法律规范等方面，为程序公正奠定实体基础。刑事诉讼法通过独立诉讼程序的合理开展确保实体法内涵和法律价值的落实。因此，刑事诉讼程序能够有效确保实体法的内在协调性，其出罪程序可以实现特殊刑事案件制度规范和法律价值的一致性，使刑事案件处理能够获得各方当事人的认可，有效化解刑事纠纷，维护社会秩序稳定，保障社会关系和谐。

刑法出罪制度同刑事诉讼程序出罪制度的结合适用，能够有效促进实体公正和程序公正，使刑事司法更加合理化和科学化。刑事诉讼过程中，侦查机关对情节显著轻微危害不大的犯罪行为审查后符合出罪条件的予以撤案处理，在检察阶段检察机关对轻微刑事案件审查后作出不起诉处理，在审判阶段司法机关对情节轻微的案件作出无罪判决，利用非刑罚处罚措施使犯罪嫌疑人或被告人承担法律责任，使当事人从刑事诉讼程序中尽快解脱出来，实现刑事诉讼出罪。刑事诉讼出罪在刑法和刑事诉讼法中都有充分的制度和法律依据，体现在刑法中通常都较为抽象，而刑事司法则在不断的刑事诉讼实践中将其逐步丰富并予以细化，因此刑事诉讼中产生的程序出罪制度，适用起来则更为直观，更加具体。实际上，刑事诉讼程序出罪完成了犯罪嫌疑人或被告人应当承担的刑事责任，使刑事司法的目的得以实现。不同于刑法的是，刑事诉讼程序出罪制度只是利用了与刑罚处罚措施不同的惩罚方式,却同样达到了追诉犯罪、保障人权的目的,且还通过较为柔性的方式实现了社会关系修复、社会秩序恢复、犯罪预防的目的。

为惩罚犯罪、保障人权、维护社会公平正义,《刑法修正案(九)》在修改时坚持宽严相济原则。对严重危害社会秩序的犯罪依旧保持严格态度,对情节较轻、危害较小的犯罪行为坚持从轻从宽处理。我国刑法多体现重入罪轻出罪的法律思想,相比较而言,入罪法律依据完备,但出罪理论依据较缺乏、"零散且主要集中在违法阻却事由方面"[①]。出罪制度体系的建立涉及罪刑法定原则的理解与应用,在满足犯罪构成要件即成立犯罪角度出罪的制度研究中,罪刑法定原则通过对立法权和司法权的限制来保障个人自由,罪刑法定使个人能够预见到自身行为的法律后果和刑罚轻重,避免触犯法律禁止性规范而承担刑罚处罚,而且社会公众可由此实现对法律裁判依据和标准的监督。司法层面,罪刑法定原则通过立法限制司法权的行使,以保障犯罪嫌疑人或被告人的合法权益。因此,在罪刑法定原则适用下入罪事由是固定的,出罪事由没有具体的规定,形成了入罪容易而出罪难的局面。为此,须要建立起全面、完整的出罪事由体系,实现保障人权价值。

我国出罪制度研究主要是在犯罪构成要件层面探究刑法司法实践中的出罪制度运行,目前刑法出罪制度的研究大多是借鉴大陆法系国家如日本、德国等法学理论的先进经验。此前,刑事司法中出罪制度的适用并不明显,究其原因,一是我国现行法律制度尚不完善,出罪制度研究及司法实践还不成熟,出罪制度没有足够的理论和制度依据支撑使其发展受到限制,之前一些轻微刑事案件也适用刑罚处罚措施,处理刑事案件严格且缺乏灵活性。目前的出罪制度适用更为灵活多样,社会层面对情节轻微案件容忍程度较高;二是我国各级司法机关将无罪判决率作为司法工作的考核指标,"低无罪判决率不仅成为司法机关引以为傲的成绩,力求严厉惩治刑事犯罪,甚至努力实现零

---

① 储陈城:《出罪机制保障论》,法律出版社2018年版,第28—29页。

无罪判决率。"① 造成情节显著轻微危害不大的案件可能会被判有罪，导致司法公信力下降。司法机关调整不合理的考核机制，不仅需要刑事司法实践的积累，更需要法学研究者在制度理论方面作深入研究。近年来，随着司法实践中出罪制度运用机制逐渐成熟，出罪制度研究及其在司法实践中的运用状况得以改善。但目前理论层面对出罪机制的理解尚不完善，司法实践出罪问题仍需深入研究，情节轻微的案件无法受到与刑讯逼供或非法证据等冤假错案同等关注，实践中容易被忽视，更不为社会公众所知。因此，刑法学者不应拘泥于出罪制度主观或客观方面的零散、抽象研究，应从系统性角度对刑事诉讼出罪制度作全面研究。

出罪制度"既要符合刑法中的实体性条件，又要符合刑事诉讼法规定的一系列程序性条件，"② 因此，将实体法与程序法相结合对出罪制度进行体系化研究，能够有效促进出罪制度的迅速发展。此外，出罪制度与刑事诉讼法息息相关，难以完全脱离司法实践而存在。我国出罪制度适用于刑事诉讼各阶段，因刑事实体法对具体案件的个别情况难以准确作出规定，而刑事诉讼过程中，司法人员又可根据犯罪嫌疑人或被告人在危害行为发生事中、事后的态度及表现，综合案件情况通过自由裁量对全案作出综合判断，从而对危害行为依法作出入罪或出罪的法律判断。因此，研究出罪制度时更应注重实证研究。

本书在简述刑事诉讼出罪制度基本内涵、发展历史和出罪制度在各国发展脉络及我国出罪制度在刑事司法实践中运用的基础上，探讨刑事诉讼出罪制度的主要内容、构成要件和法律依据，为出罪制度的发展提供实体法和程序法的制度保障，促进刑事诉讼出罪制度的关联性、统一性和内在协调性。

---

① 储陈城：《出罪机制保障论》，法律出版社2018年版，第30—31页。
② 孙远：《论程序规则的出罪功能及其限度——以程序违法的实体减轻效果为中心》，《政治与法律》2020年第2期。

第一章 刑事诉讼出罪的基本原理

第一节 问题的提出

以往观点认为刑事诉讼法是工具法，是为准确实施刑法而制定。依据该类观点，刑事诉讼法只能严格依照刑法的规定，对违反刑法的行为落实入罪和出罪的刑法标准。但我国《刑事诉讼法》第16条规定有下列情形之一的，不追究刑事责任，已经追究的，应当撤销案件，或者不起诉，或者终止审理，或者宣告无罪："（一）情节显著轻微、危害不大，不认为是犯罪的；（二）犯罪已过追诉时效期限的；（三）经特赦令免除刑罚的；（四）依照刑法告诉才处理的犯罪，没有告诉或者撤回告诉的；（五）犯罪嫌疑人、被告人死亡的；（六）其他法律规定免予追究刑事责任的。"本条规定展示了刑事诉讼程序的独立出罪处断权，上述表述有着显著原则性概括特征，目前刑事速决程序的发展和认罪认罚从宽制度的推行对刑事诉讼出罪问题研究起到了重要的促进作用。刑事诉讼法上把有罪归为无罪，是谓"出罪"；刑法上无罪结论的得出只因"非罪"——刑法规定的犯罪构成是区分罪与非罪界限的具体标准，所谓"非罪"，是严格按照实体标准得出的纯粹实体的结论。[①] 综观我国刑事立法，部门法倾向相对明显，相应部门法之间沟通性和协调性不够，强调总体适应性，而且，在法律适用中各司法机关对应的部门法司法解释通常只考虑司法

---

① 夏勇：《试论"出罪"》，《法商研究》2007年第6期。

实务中的法律适用突出问题。这种刑事基本法立法和司法解释往往具备问题意识，对实务中的问题解决有益，但缺点也显而易见，各自为政导致法律规范体系性缺乏。

表现在刑事诉讼出罪领域内，刑事诉讼法固然具有严格落实刑法的工具价值，但其在入罪和出罪方面发挥的法律功能仍然具有不同于刑法的独立品格。实践中有些违法犯罪行为虽然依据刑法规定的犯罪构成要件成立刑法上的犯罪并应当依法处以刑罚，但是在进入刑事诉讼环节后，刑事诉讼活动通过独立运用证据裁判规则、程序法定原则或认罪认罚从宽制度等刑事诉讼法律规定，亦可对上述符合刑法上被依法追究刑事责任的违法犯罪行为作出无罪或不追究刑事责任的出罪裁判结论。然而，实体法的刑法出罪与刑事诉讼的程序法出罪之间的衔接缺少制度支撑，且事实上刑事诉讼出罪机制本身也缺乏体系性基础。由此，界定刑事诉讼出罪有三个基础性问题需要解决：第一，刑事诉讼出罪的目的。分析这个问题可以揭示刑事诉讼出罪机制构建应达到的理想结果，以预期结果为目标就可以对刑事诉讼出罪机制的制度建设进行优化设计。第二，刑事诉讼出罪的性质。分析这个问题，可以揭示刑事诉讼出罪与刑法出罪的本质区别，得出刑事诉讼出罪的独立特征，以此为基础实现刑事诉讼出罪机制程序体系结构优化。第三，刑事诉讼出罪程序体系。根据《刑事诉讼法》第16条的规定，刑事诉讼侦查、检察、审判三个阶段均可行使出罪权，因而需要协调各阶段出罪制度、出罪原则、出罪理念的关系，保证刑事诉讼出罪程序体系设计符合刑事诉讼的要求。明确这三个基础性问题，有利于刑事诉讼出罪程序体系的优化设计。

第二节 刑事诉讼出罪的目的

刑事诉讼出罪的目的是对已经达到入罪条件的犯罪嫌疑人或被告人，根据法定事由不予追究刑事责任的例外情形，因而，这项规定并非处于被动适用状态，在刑事诉讼过程中，司法机关根据罪刑法定原则和程序法定原则，对于这一目的必须要有足够的主动性，刑事诉讼出罪的作用应当被充分挖掘。"综上，可以将出罪界定为，司法人员对构成犯罪的轻微案件，认为不要继续追究刑事责任的，通过实体和程序相结合的方式，提前终结刑事案件或避免行为人被实际定罪判刑的一系列司法行为及过程的总称。"由此，刑事诉讼出罪的目的主要包含两大类别，一是实现人权保障，二是实现诉讼经济。

一 实现人权保障

（一）公正、平等适用刑法，确保实质无罪和轻微罪行为人罪责刑相适应

首先，公正、平等地落实刑法上的犯罪和刑罚标准。犯罪事实是负担刑事责任的核心要素，没有犯罪事实就不会被刑法处以刑事责任。刑法通过立法形式对犯罪概念、犯罪构成要件及犯罪构成体系等理念和规则问题予以确定，为犯罪及犯罪圈大小划定界限，同时规范了刑事责任，对危害社会且违反刑法的行为进行否定性评价，从而实现社会秩序的维护和人权保障的功能。刑法规定了刑事责任能力、刑罚种类、犯罪故意和过失，规定了正当防卫、紧急避险等违法阻却事由，还规定了刑事责任追诉时效等刑事责任阻却事由，这些刑法规范共同构成了犯罪构成体系，本质上，它主要用以区别判断行为人的行为是否构成犯罪，以及对此应如何施以刑罚、施以何种刑罚。因此，从犯罪构成体系角度看刑法本身既是入罪法亦是出罪法，其以统一的标准对所有违反刑法危害社会秩序的行为人之行为进行评判和衡量，并提供施以何种刑罚种类。但通过刑法犯罪构成和刑罚实施标准及"但书"本身并不能直接实现刑罚权，需要借助刑事诉讼法中的程序运行才能使刑法和刑罚权真实介入社会生活。

刑事诉讼法开宗明义指出，刑事诉讼法制定的目的是为保证刑罚的正确实施。因此，相对于刑法的实施刑事诉讼法具有工具性的价值，刑事诉讼程序遵照"立案--侦查—审查起诉—提起公诉—刑事审判"的法定流程运行。刑事诉讼程序运行中，刑事诉讼法对进入刑事诉讼程序的疑似犯罪行为是否构成犯罪，以及对构成犯罪的行为处以何种类型和程度的刑罚责任，均严格按照法定程序依据刑事法律对犯罪构成规定的统一标准进行处断。刑事诉讼程序的这一处断过程既是入罪过程也是出罪过程，同刑法犯罪构成体系的入罪与出罪功能保持了一致性，是为贯彻和落实刑法规定的犯罪和刑罚标准。

但刑事诉讼法的价值又不仅限于工具性价值，工具性价值仅是刑事诉讼法最基本的价值。虽然2015年以来的刑法历次修正案扩大犯罪圈，使入罪的比例逐次增加，但作为程序法的《刑事诉讼法》并不能据此成为刑法入罪使犯罪嫌疑人、被告人承担刑责的工具，现代刑事司法的司法文明的发展使刑事诉讼以人权保障为基础。"程序具有独立的正义价值，程序正义价值的独立性体现在，它使当事者真正成为了积极参与裁决制作过程，主动影响裁决过程的程序主体，从而具有自主地决定个人命运的选择机会。"① 刑事诉讼法亦明确指出其任务是"保证准确、及时地查明犯罪事实，正确应用法律，惩罚犯罪分子，保障无罪的人不受刑事追究……"刑事诉讼程序中的刑事审判程序通过赋予程序参与主体平等的参与权使其充分地参与到刑事诉讼程序中，在要求裁判者必须持有中立立场的情况下，通过理性判断、适当评议、合理权衡后，以法庭调查中采纳的证据和事实为基础，及时作出裁判终结程序。

其次，以刑事责任负担多元化方式实现罪责刑相适应。在刑事诉讼过程中，证据与事实是案件真实发现的核心要求，证据又是事实认定的前提，脱离证据不存在事实，案件事实须凭借证据进行形象表达，这也是刑法罪刑法定原则和《刑事诉讼法》程序法定原则的基本要求，亦是刑事诉讼出罪目的的实现应当遵循的客观认识规律。《刑事诉讼法》要求认定案件事实必须以证据为根据，没有证据或证据不足均不能要求行为人对行为承担刑法责任。刑事诉讼法同时要

---

① 陈瑞华：《程序正义的理论基础——评马修的"尊严价值理论"》，《中国法学》2000年第3期。

求，侦查、调查机关既要收集定罪证据，也要收集量刑证据，以使所得证据能够客观全面而且真实地反映案件事实，包括不利于疑似犯罪行为人的证据事实，也包括有利于疑似犯罪行为人的证据事实；包括入罪证据事实，还包括量刑轻重的证据事实，亦包括实质不应追究刑事责任或免除处罚的证据事实。凡是案件事实不能通过确实充分的证据予以表达的，就应当遵从疑罪从无的原则予以出罪处理。而据以认定案件事实的证据亦须是真实合法的，否则疑似犯罪事实的行为有可能因此脱离刑事诉讼程序而出罪，被追诉人刑事责任因此实现刑事诉讼上的负担。

程序法定原则作为现代程序法的基石，被视为刑事诉讼的首要原则，具有极其重要的地位与作用。[①] 这一原则要求，刑事诉讼活动的开展必须严格按照法律规定的程序进行。通过程序的正当性发现案件真实，即包括证据的合法性和事实证明的正当性。为确保进入刑事诉讼环节的案件事实的真实可靠性，刑事诉讼法要求表达案件事实的书证、物证、证人证言等刑事证据必须经由法定程序予以查证属实，凡是未按照法定程序收集的证据，有可能被排除在证据资格之外，从而成为行为人出罪的理由。刑事诉讼法对不同类型证据的收集获取，根据证据自身特性规定了不同的收集、固定方法。如关于刑事案件侦查阶段电子数据证据的取证，《公安机关办理刑事案件电子数据取证规则》规定了电子数据证据的取证主体、取证范围、取证措施、保管封存规范、禁止性规定及使用规范等规则，目的在于确保获取的电子数据证据的真实性、完整性，保证取证质量。如果取证机关获取电子数据证据过程中未遵守上述取证程序性规则，就有可能导致相关案件事实的真实性无法确认，从而排除犯罪构成实现出罪的法律结果。

为使刑事诉讼法规定的证据收集及固定方法等证据规则落实到刑事诉讼活动中，《最高人民法院关于适用〈中华人民共和国刑事诉讼法〉的解释》（以下简称《刑事诉讼法适用解释》）中，专门针对刑

---

① 卞建林、刘玫：《外国刑事诉讼法》，中国政法大学出版社2008年版，第7—8页。

事诉讼法规定的各类证据在刑事诉讼过程中的审查与认定作出具体详细的要求，目的是为能够更客观真实且合法地反映案件事实的真实性。刑事诉讼程序运行中，司法机关通过上述证据审查与认定规则，对所有收集、固定到的证据进行审查和认定，对进入刑事诉讼环节的疑似犯罪行为作出入罪和出罪的裁判结论，从而以包括撤销案件、不起诉、终止审理、宣告无罪等刑事诉讼出罪方式在内的刑事责任多元化方式，实现刑事责任的公平负担及刑法上罪责刑相适应的刑罚实效，尤其是对实质无罪和轻微罪行为人的行为做到罪责刑的相适应，确保轻微罪和实质无罪的行为人不受重刑处罚或刑事追究，最终实现刑事诉讼保障人权的出罪目的。故证据收集的法定程序规则表明，凡是证据收集方法与刑事诉讼法所规定的证据收集要求和方法不相符合的，均不能作为认定案件事实的证据，根据排除合理怀疑原则，刑事诉讼过程中有可能以出罪结论实现刑事责任。

(二) 监督和制约权力，保障被追诉人合法权益

在刑事诉讼程序运行中，将行为人行为归为有罪或无罪的过程，主要是运用证据和事实作出判断的过程。但通过刑事诉讼活动最终作出有罪或无罪结论所依据的证据和事实，又主要是由司法机关运用权力收集获得并予以审查、核实和认定，其中就包括侦查权、公诉权、提起公诉权和刑事审判权。侦查权启动刑事诉讼程序，并主要运用于证据的收集、固定，从证据在刑事案件中的核心地位和决定性作用看，这项权力的行使从源头上即对刑事被追诉人权益产生重要影响。公诉权主要是对侦查获得证据进行审查核实，并决定是否对行为人行为进行国家追诉，因此公诉权的行使，亦是决定刑事被追诉人是否继续受刑事诉讼活动不利益对待的重要权力。刑事审判权主要是通过对案件事实和证据进行审查与认定，对行为人行为是否为刑法上的犯罪行为及应否受到刑罚及何种刑罚作出最终判断。上述几类权力在整个刑事诉讼活动进程中，都享有根据案件进展程度对行为人行为作出罪处理决定的权力，也有决定刑事诉讼程序进程是否继续进行下去的权力。因此，如若不对其进行监督和制约，权力很可能成为寻租对象，

权力腐败由此产生。更为严重的是，刑法规定的国家惩罚犯罪、保障人权、维护社会秩序的目的也难以实现。

为此刑事诉讼法要求，证据的取得必须遵循一定的证据标准和程序规定，凡是不符合证据要求和程序法定原则取得的证据，均不能作为定案根据。据此，刑事诉讼活动对证据规则和法定程序规则的严格遵循，本身可达到通过刑事诉讼使犯罪嫌疑人出罪、保障人权的目的。刑事诉讼法关于证据要求包含两大类，一是证据侦查、调查标准，主要运用于证据收集、固定、审查与核实阶段。证据的侦查、调查，总体要求要全面、客观且还需合法和确实充分，有罪无罪、罪重罪轻的证据都要收集调取，所印证的事实也要清楚正确。二是证据审查与认定标准，主要运用于法院裁判案件的审判阶段。这类证据标准，针对的对象主要是侦查调查取得的证据及法庭审判权的运行过程。该类标准同前者结合适用，共同形成证据审查与认定结论，并最终决定案件结果走向。审查与认定证据标准内容为证据收集、制作、保管等方法的合法性、全面性和客观性等问题。其中合法性问题的审查与认定主要针对证据收集调取过程中权力运行的合法性。全面性和客观性问题的审查与认定主要是为确保证据收集调取与核实过程中权力行使的客观中立性。《刑事诉讼法适用解释》对不同类别证据的审查与认定规定了不同要求，其实质既在于确保证据质量，也主要在于监督和制约侦查权的规范运行，保障被侦查对象合法权益不受权力的非法侵害。此外，非法证据排除规则也是该类证据审查与认定标准的主要构成部分，该规则主要的目的是为排除权力采用刑讯逼供等非法暴力方式获取的证据作为定案证据使用，防止非法入罪或轻罪重罚的冤假错案发生。

法定程序视角，刑事诉讼法关于侦查、调查权侦查调取证据时配置诸如搜查、询问证人、查封、扣押物证等侦查调查措施的同时，也对这些侦查措施的实施规定了相应的法定程序用以制约侦查、调查权的合理运行。刑事诉讼法关于刑事审判程序中审判组织构成的规定、审判程序中控辩双方权力内容的规范及审判程序流程安排，一方面是对刑事诉讼活动中审判权的行使给予监督和制约，另一方面亦是通过审判程序的运行和审判权行使检视侦查权、调查权、公诉权行使的合法性。其中刑事诉讼二审程序的配置亦可从审级程序角度实现对侦查权、公诉权和审判权运行的监督和制约，根本上能够确保人权保障的实现。

二 实现诉讼经济

诉讼经济源于效率理论，效率理论产生于"资源稀缺"与"社会需求"的矛盾冲突，[①] 国家刑事司法体系的运作主要依靠国家资源的投入予来维持和推进……故刑事诉讼活动需要的各种资源远远多于大多数国家活动，因此刑事司法资源具有稀缺性和易耗性。[②] 这决定刑事诉讼活动必然要考虑诉讼经济。这些年，我国刑事司法制度领域关于诉讼经济原则的确立主要体现在认罪认罚从宽制度、刑事和解制度、速裁制度等的建立。《刑事诉讼法》第16条规定的六种出罪情形中，除了第二、三、五种情形外，其余情形下实现出罪目的均有可能通过上述制度予以实现。从刑事被害人、刑事被追诉人、国家权力三方分析，将有罪归为无罪的刑事诉讼出罪实现诉讼经济主要包含三个层面。

1. 于刑事被害人。刑事诉讼是公诉机关代表国家对侵犯被害人合法权益的犯罪行为依法进行追诉，并使之受到刑罚惩处的过程。从实现刑事追诉实效看，被告人受到应有的刑事惩罚可使被害人精神上得到一定程度的宽慰，而获得足够的经济赔偿对被害人来说亦很重要。从诉讼经济角度分析，"情节显著轻微、危害不大""依照刑法告诉才处理的犯罪，没有告诉或者撤回告诉的""其他法律规定免于追究刑事责任的"情形下，实践中如果仅以普通刑事程序对行为人行为以入罪结果处理，可能会达到使被害人精神上得以安慰的法律目

[①] 詹建红：《论诉讼经济原则的司法实现——一种控辩协商合意的制度立场》，《河北法学》2012年第3期。
[②] 左卫民：《刑事诉讼的经济分析》，《法学研究》2005年第4期。

的，但刑事被害人因此获得物质赔偿的权利或许很难实现。

如前文所述，出罪是将构成犯罪的轻罪、微罪案件行为人应承担的刑事责任通过与被害人和解、认罪、悔罪、退赃、退赔或刑事诉讼程序等方式实现，提前终结刑事案件或避免行为人被实际定罪判刑。实践中，犯罪行为人愿意通过认罪、悔罪、赔偿等方式，和被害人或其近亲属达成和解，获得被害人谅解，最大的期望和动力是希望以此实现出罪的法律效果。但从现有法律规定来看，被害人因被告人犯罪行为能够获得刑事赔偿的范围仅限于物质损失，且实践中因执行难、被告人家庭情况等原因，很多被害人很难实际获得判决书确定的经济赔偿。[①] 而如果对刑事被追诉人已经通过刑事普通程序使其受到了严厉的刑事处罚，那么刑事被害人的物质损失由刑事被追诉人及其近亲属选择主动赔偿的可能性很小。

故于刑事被害人而言，上述三种情形下，通过刑事诉讼法出罪方式实现刑事被追诉人刑事责任的承担或许能使刑事被害人物质损失或赔偿权利获得最大程度的保障。

2. 于刑事被追诉人。刑事诉讼法规定刑事案件的办理大致要经历三个阶段，包括侦查阶段、审查起诉阶段和法庭审判阶段。一般而言，越是重大复杂的疑难案件，经历的刑事诉讼环节就越完整。反之，案件事实简单、危害后果一般的刑事案件经历的刑事诉讼经过有可能就越简单化。将行为人置身刑事诉讼活动中本身就是一种不利益对待，将行为人从刑事诉讼活动中尽快解脱出来，对于刑事被追诉人而言，尽可能使其基本权益不被过度侵犯，同时还可减少其为维护自身权益而投入的时间、精力、物质等成本投入。

刑事诉讼普通程序的应然功能在于，充分彰显正当程序，确保被告人实现公正审判，还在于充分实现实体公正，确保查明重大、疑难、复杂等特殊案件事实真相，防止冤假错案发生。[②] 为此，刑事诉

[①] 刘玫：《论公诉案件被害人诉讼权利的完善及保障》，《中国政法大学学报》2017年第1期。

[②] 胡婧：《刑事普通程序庭审实质化的强化路径》，《甘肃社会科学》2021年第2期。

讼普通程序的程序设置较之于简易、速裁等程序，无论审理方式、审办期限还是程序设计上，都存在一定的差异。就审理期限方面，普通程序一般为两到三个月，案情复杂的审理期限可能需要延长一个月；如果遇有重大、疑难、复杂案情的案件，审理期限有可能还需要延长三个月；遇有特殊情况还需要延长的话，还可以再延长。综合判定，复杂、疑难等案件的侦查羁押的最长期限将可能达到七个月之久，再加上案件办理中间，有可能会出现退回补充侦查的情形，还有可能存在一些需要鉴定的事项，这些情况下所耗费的时间依照刑事诉讼法的规定是不计入侦查羁押期限的。因此，适用普通程序办理刑事案件，从前至后所耗费的时间成本有可能远远大于十四个月的最长法定时限。该种情形下，在案件结果尚不确定的情况下，假如期间内刑事被追诉人一直处于被羁押状态，一是将严重损害刑事被追诉人权益，二是大大增加刑事被追诉人依法维护自身合法权益的时间、律师费用等各种成本投入。而适用简易程序审理的案件，因事实简单清楚，证据充分，除审判方式简单以外，审理期限最多为一个半月。由此，仅从时间成本的投入来看，适用简易、速裁等程序的出罪功能办理刑事案件，于刑事被追诉人更为经济。

刑事诉讼法出罪方式的最大特点是，刑事诉讼程序的多样性和可选择性、诉讼环节的简单化和诉讼进程的快速化，刑事被追诉人在刑事诉讼活动中，可以选择有利于自己的诉讼程序，通过程序的简化和快速化处理，使自己不被刑事诉讼程序长时间所困。同时，刑事被追诉人通过认罪认罚、与被害人和解等方式亦可实现刑事责任轻微化甚至是免于承当的诉讼效果。故诉讼程序视角，刑事诉讼出罪于刑事被追诉人来说，已经达到了诉讼经济的目的。

3. 于国家权力资源投入。我国刑事诉讼活动的启动和运行，主要由国家权力资源予以支持和维护。刑事诉讼过程中，国家权力资源投入主要体现在刑事侦查、提起公诉和刑事审判的三个环节，三个环节中，国家投入的不仅仅是权力赋权资源，为保证权力合理行使，同时还须对权力行使有可能出现的恣意行为投入一定约束权力的资源。

因此，一旦刑事诉讼活动开始启动，权力资源的投入成本将是巨大的。近年来，我国轻罪、微罪数量出现剧增，被判处三年有期徒刑以下刑罚的轻罪案件占比从54.4%上升至83.2%。① 这种现状下，一个国家的司法资源总是有限的，如果每一个案件都被纳入到刑事诉讼程序来处理，且都走完刑事诉讼的全过程，国家司法资源将不堪重负。② 故仅从刑事诉讼程序角度分析，以尽快结束刑事诉讼程序进程的方式实现刑事被追诉人出罪，于国家权力资源投入而言可有效实现诉讼经济的目的。

第三节 刑事诉讼出罪的性质

"程序法的出罪效果可以区分为两大类，其一，由于程序违法而导致的实体出罪效果，即以实体上刑事责任的减轻甚至免除直接作为程序违法的救济方式。此种情形在域外刑事立法和司法实务中并不罕见，而在我国尚未得到应有的关注。其二，并无程序违法情况发生，但出于程序法方面的考量——通常是为了捍卫某种重要的程序性利益——导致对某一犯罪行为的追究无法启动，或者对某一已被启动追诉的犯罪行为减轻或免除处罚"。③ 和世界主要国家的刑事诉讼程序设置相比，我国是以阶段划分具体刑事诉讼程序的制度形式，《刑事诉讼法》将刑事诉讼程序划分为立案、侦查、公诉、审判、抗诉几个阶段，各阶段具备相对独立性，基于《刑事诉讼法》的规定，我国刑事侦查、公诉、审判的证明标准是一致的。"罪刑法定原则只限制入罪而不调整出罪。出罪本是一个开放的事由体系，出罪无需法定，

---

① 最高人民检察院：《最高人民检察院关于人民检察院适用认罪认罚从宽制度的报告》，2020年10月15日第十三届全国人民代表大会常务委员会第二十二次会议。
② 汪建成、杨微波：《论犯罪问题非犯罪化处理的程序机制》，《山东警察学院学报》2006年第3期。
③ 孙远：《论程序规则的出罪功能及其限度——以程序违法的实体减轻效果为中心》，《政治与法律》2020年第2期。

这也是学理上承认超法规的出罪事由的理论根基所在。"① 既如此，在侦查、公诉、审判三个阶段均对案件证据、事实展开了实质性调查活动，因此，刑事诉讼出罪具备相对独立性。"在现有刑法规定、现有犯罪构成理论、现有犯罪认定制度的基础上，裁判者根据既有的规范规定、刑法理论，将已经进入犯罪评定圈的行为从犯罪圈中排除、不再认定为犯罪的过程"，② 虽然刑事诉讼是刑法的保障法，但是按照具体的程序阶段设置标准来看，刑事诉讼具备独立品格，这是由于刑法功能的实现必须在规定程序制度内完成，而且刑法的实体内容可以根据实际需要选择不同程序方式解决，这也是刑事诉讼出罪性质的主要体现。

一　刑事诉讼法律关系规则机制独立

《刑事诉讼法》为行使权力的专门机关分配了相应权力，按照《刑事诉讼法》的不同阶段分配了侦查权、公诉权、审判权，规定了各专门机关权力内容、行使权力的程序、方式、边界，使各专门机关公权力形式分工明确，责权关联。这些权、义规则成为判断程序法出罪的主要规则依据。

1. 刑事诉讼中权、义规则机制独立。为保障刑事诉讼中各参与主体的权利、责任、义务关系顺利实现，刑事诉讼规定了各专门机关的具体权力职责、范围、限度以及诉讼参与人的对应权利、义务，这些权能设置目的是为保证刑法功能的实现，但很大程度上专门机关和诉讼参与人的权利义务关系不受刑法影响。刑事诉讼是解决刑事纠纷的手段和方式，刑事诉讼活动主要包括侦查、公诉和审判三个程序阶段，三个阶段的权、义规则体系主要围绕侦查权、公诉权、审判权及辩护权进行配置。

侦查阶段主要的权力配置为侦查权，侦查权具有保障刑事诉讼活

---

① 陈伟、钟滔：《刑法"但书"出罪的功能失调及其规范适用》，《四川师范大学学报》（社会科学版）2020 年第 3 期。
② 方鹏：《出罪事由的体系和理论》，中国人民公安大学出版社 2011 年版，第 11 页。

动顺利进行和检察机关控诉职能顺利完成的重要功能。刑事诉讼顺利进行和检察机关控诉职能的成功开展，所依据的案件事实主要来自于侦查机关侦查获得的证据据以判断。因此，形式上看侦查权在侦查阶段的主要任务是通过侦查获得与案件事实有关的一切证据，并服务于公诉和审判阶段。为此，刑事诉讼法赋予侦查机关行使讯问犯罪嫌疑人、询问证人、搜查、执行逮捕、拘留等侦查和强制措施的权力，为证据的顺利获得提供权力资源支撑。为此，强制措施的配置便是侦查权得以落实的具体载体。为确保侦查权的有序行使，刑事诉讼法还从侦查机关立案范围、侦查措施的采用、侦查程序的遵循等方面对侦查机关进行限权。针对不同类型的强制措施，刑事诉讼法制定相应的法定程序，这些法定程序中，明确规定了侦查机关采取强制措施的权力限度和相应义务，同时也规定了被追诉人、刑事被害人等诉讼参与人在程序中的程序性权利，目的在于限定侦查权采用强制措施的尺度，保障刑事诉讼过程的合理、合法，确保诉讼程序的正当性。故侦查权在刑事诉讼活动中完成证据调取任务所遵循的一切法律程序、义务、权限，及与之相关权力载体强制措施的具体实施和规制，均由刑事诉讼法律规范直接予以调整，与刑法并无直接关联。

公诉权、审判权是为刑事诉讼活动公诉阶段和审判阶段的权力配置，公诉权和审判权的权力运行规则主要由刑事诉讼法规制。公诉阶段，人民检察院依照刑事诉讼法的规定独立行使公诉权，检察院对侦查机关结束侦查移送起诉的刑事案件，有决定是否需要提起公诉的权力。此时，检察机关对刑事案件审查决定是否起诉主要的依据，一是刑事诉讼法赋予的公诉权权限，及审查程序、期限等刑事诉讼权、义规则；二是侦查机关侦查获得的证据及其所查证的案件事实情况和侦查过程的法定程序遵循情况。虽然检察机关审查上述情况是否符合起诉时所参照的标准也有刑法关于犯罪构成要件等相关刑法规则，但主要的依据还是刑事证据规则体系、侦查程序及审查起诉等权、义规则。

审判权是判断权，具有终局性。审判权需要面对公诉机关指控的犯罪事实和罪名，以及控辩双方提交至法庭的各种有关刑事纠纷矛盾的证据材料，对案件事实、证据的证据资格和证明能力及相关法律适用作出裁判。裁判过程中，不但需要运用相关证据裁判规则对证据和事实进行判断，实现证据的审查和认定，同时亦需要运用刑事诉讼法中关于侦查权、公诉权等权力运行规则对权力行使的合法性等问题进行审查和判断，确保证据收集调取程序的合法性及刑事被追诉人供述过程中权利未受非法侵害。此外，审判权自身还须遵守中立的审判规则以确保审判程序的正当性和合法性，而这些规则体系均系刑事诉讼法当中设置的关于审判权行使的权义规则体系。

综上所述，刑事案件中的证据和事实需要通过具体刑事诉讼程序进行证明，证明所参照的标准主要为程序法定、证据裁判、审判公平、有效辩护等规则和理念，一方面为实现准确惩罚犯罪，维护社会秩序，另一方面是为实现制约国家刑罚权的实施。

2. 刑事诉讼中的诉讼法律关系独立。刑事诉讼活动中主要的法律关系包括侦诉关系、控辩关系、诉审关系等，这些法律关系的产生是由于刑事诉讼法就侦查、控诉、审判及辩护主体间的权利和义务进行了规范和调整，由此产生相应的诉讼法律关系，与刑法无直接关联性。诉讼程序视角下，侦查与审查起诉阶段同是刑事诉讼活动的准备阶段，从刑事诉讼程序的演进方向看，审查起诉程序是侦查程序的发展阶段，侦查阶段的侦查结论如果满足刑事诉讼活动继续演进的条件，审查起诉就成为侦查活动的进阶程序。"以审判为中心"原则指导下的侦诉关系中，侦查阶段应当为审查起诉职能的延伸阶段，而侦查、审查起诉阶段则均为审判程序的准备阶段。

刑事诉讼过程中，侦查终结的刑事案件移交检察机关审查起诉后，检察机关依照刑事诉讼证据规则标准和侦查程序规范，对侦查获得的证据客观性、真实性、合法性及其关联性问题进行审查，同时亦对证据取得过程的合法性等问题进行审查，确保收集固定的证据能够尽可能达到确实充分和排除合理怀疑的案件证明标准。这一刑事诉讼过程表明，刑事诉讼活动中的侦诉关系，是刑事诉讼法律规制下的监督与制约关系,其与刑法之间并无直接关联性。

控辩关系依照刑事诉讼法律贯穿于刑事诉讼活动中的侦查程序、审前程序和审判程序全过程。刑事诉讼过程中,虽然控诉主体和辩护主体都负有保障刑事被追诉人合法权益的义务,但控诉主体主要通过全面收集、核实刑事被追诉人有罪、无罪、罪轻、罪重等证据材料,实现对刑事被追诉人准确追罪追责的法律实效。辩护主体则利用证据规则关于证据的要求和标准、非法证据排除规则、法定程序规则、刑事诉讼法关于刑事被追诉人权益保障规则及辩护人权利行使规则等,选择最有利于刑事被追诉人的方式,对刑事被追诉人权益实现最大程度的保护。因此,控辩关系主要是在刑事诉讼法调整下产生的平等对抗关系。

刑事审判程序的展开主要由控诉方、辩护方和审判方三方组成。刑事审判活动主要是由审判居中裁判、控辩对抗的三方法律关系构成。不告不理的刑事诉讼原则是调整和规范起诉与审判关系的重要原则,其基本含义:一是明确审判以起诉为前提,未经起诉的案件法院不得径行审判,以避免审判权的助动启动;二是明确审判受起诉范围限制,不得及于起诉以外的人和事,即所谓"诉审同一"。[1] 辩护主体在审判主体居中主持裁判下,与控诉方平等且充分参与刑事审判程序,确保被告人诉讼利益和实体权益能够获得与公诉方一样的法庭待遇。因此,审判程序中,审判主体面对的是来自控辩双方相互矛盾的证据和材料,[2] 审判主体在遵循"客观中立"原则和立场的基础上,围绕案件事实、证据材料和法律适用,依法客观辨别事实真伪和证据真假,客观公正地对控辩各方的诉讼主张作出公正、合理的判断,使法律纠纷得以公正处理。

整体分析刑事诉讼中的诉讼法律关系,刑事诉讼活动虽然主要是围绕被追诉人的疑似犯罪行为进行定罪和出罪,但其中无论侦诉关

---

[1] 卞建林、王帅:《审判权的理论展开与科学配置》,《新疆社会科学》2018年第1期。
[2] 卞建林、王帅:《审判权的理论展开与科学配置》,《新疆社会科学》2018年第1期。

系、控辩关系还是诉审关系，其运行过程均是按照刑事诉讼法律规定的相关程序规则及刑事诉讼权力（利）义务规则展开并有序运转的。

二 刑事诉讼法律救济机制独立

《刑事诉讼法》为刑事诉讼中的当事人及参与人提供了相应权利保护机制、各种审查救济机制以确保刑事诉讼公权力行使的合法性和合理性，构建了一个相对立体化动态运行的程序框架。"为了保持与刑法相同的立法精神，刑事诉讼法也应当在利益冲突时进行权衡，来决定对符合刑法规定的犯罪构成要件的行为是否应当追究。"[①] 这可以使静态的刑法规范适用呈现出具体法律运用过程，使刑法规范的效能与作用得到充分释放，能够修补刑法不足与疏漏。

1. 权利保护机制独立。刑事诉讼中确立"诉"的机制，意味着被告人成为程序主体，获得"辩"的地位，与追诉犯罪的国家机关平等而立。[②] 平等而立意味着作为诉讼主体的刑事被追诉人需要获得平等武装，以便与强势的国家权力机关之间达到"势力均衡"，由此才能维护刑事诉讼中两造对抗、审判居中的等腰三角关系。刑法虽然以确立罪刑法定原则和规定犯罪构成体系的方式，从限制入罪的侧面对刑事被追诉人权益进行保护，但是具体落实权利保护的规则体系却是由刑事诉讼法规定完成的。为维护"势力均衡"的控辩关系，刑事诉讼法从证据规则制度、辩护制度、法律援助制度、强制措施适用规则及特殊程序等方面确立了被追诉人权利保护机制。

刑事证据规则的核心是发现案件事实真实，即围绕刑事被追诉人的法律行为事实展开调查。刑事证据规则贯穿于刑事诉讼活动的全过程，包括非法证据排除规则、证据裁判规则在内的证据规则体系，约束着与证据收集、审查核实与认定有关的权力运行过程。证据规则要求，第一，作为定案的事实必须以证据为根据；第二，作为定案根据

[①] 杨明：《程序法"出罪"功能研究》，《中国刑事法杂志》2010年第1期。
[②] 卞建林、谢澍：《"以审判为中心"视野下的诉讼关系》，《国家检察官学院学报》2016年第1期。

的证据必须经过法庭出示、质证、辨认等法定程序查证属实;第三,裁判根据的证据必须证据的收集要全面、真实、合法,不得通过刑讯逼供、威胁引诱等非法方法收集证据,也不得强迫任何人证实自己有罪。这意味着,即便有被告人供述,如果没有证据或证据不充分、证据资格不完整或证明能力不足,都不能对被告人定罪判刑。

辩护制度和法律援助制度是刑事诉讼活动中,最能直接体现对被追诉人进行平等武装的权利保护制度。为刑事被追诉人提供刑事辩护和法律援助,就是通过为其提供法律帮助,有效提升其在刑事诉讼程序中的对抗能力,使其充分地参与到程序中进行平等的辩论、交涉,从而影响裁判结果向着有利于己方作出,实现两造对抗中的平等保护。强制措施的重要功能是为调查收集案件证据,使刑法上的法律事实达到清楚正确的法律效果。权力天然具有的易膨胀性导致实践中,侦查机关在刑事诉讼活动中运用强制措施收集调取证据时,难免出现侵犯被追诉人权益的违法用权行为,由此可能导致刑罚权通过侦查权的非法扩张和延伸。为避免这种现象的发生,刑事诉讼法针对不同类型侦查、强制措施规定了不同适用程序,用以监督和制约侦查权对权利的恶意侵犯和刑罚权的过度扩张。

刑事被害人是犯罪行为侵害的直接对象,也是我国刑事诉讼法确认的刑事诉讼参与主体之一。在刑事诉讼活动中,虽然有代表国家权力的公诉机关代替刑事被害人对犯罪行为人的犯罪行为进行追诉,但刑事诉讼过程中,刑事被害人人身安全面临的危险、被害人因犯罪行为遭受的经济、社会、肉体和精神上的损失却无法单纯通过刑事被追诉人刑法责任的刑罚化予以恢复。尽管犯罪嫌疑人、被告人是刑事诉讼的中心人物,但毕竟不是全部,正义也不仅仅是犯罪嫌疑人、被告人的正义,同时也是被害人的正义。[①] 我国刑事诉讼法为被害人权利保护确立了一系列独立于刑法保护的保障机制,如附带民事诉讼制

---

① 刘玫:《论公诉案件被害人诉讼权利的完善及保障》,《中国政法大学学报》2017年第1期。

度，这一制度赋予刑事被害人或被害人的法定代理人、近亲属有权因犯罪行为遭受物质损失提起附带民事诉讼。其制度功能，一是为刑事被害人因犯罪行为遭受物质损失提供法律依据，二是为上述法律救济的及时实现提供法律保障和救济途径，实现正义和效率的同步性。被害人其他权利保障机制还如诉讼代理人制度、刑事被害人作证制度等。

2. 审查救济机制独立。刑法通过限制入罪将非罪行为排除出犯罪圈实现出罪的法律效果，刑事诉讼程序的启动，意味着刑法对刑事被追诉人的疑似犯罪行为的国家介入，同时也意味着刑事被追诉人已被置于国家的不利对待境地。而终止刑事诉讼程序则将导致犯罪行为出罪的法律效果。"程序出罪说的贡献在于它从整个刑事法的角度，而不是局限于刑事实体法本身来考察出罪问题。该说告诉我们出罪问题的研究不能仅限于实体法，在程序法中也存在着很大的理论研究空间。"[①] 在刑法修正案确立的犯罪圈不断扩大情形下，刑事诉讼程序可以发挥相应过渡机制，通过侦查中撤销案件、公诉中不追诉、审判中无罪判决或裁定撤销案件等方式结束刑事诉讼程序的运行，使刑事被追诉人尽快解脱刑事诉讼程序实现刑事诉讼出罪功能。

因同一个事实被认定为出罪因素的时间早晚和相关证据认定核实的技术等因素并不确定和稳定，导致刑事诉讼程序出罪因素发现时段也不确定。因此，刑事诉讼审查救济机制的设置也并非仅限定于某一个特定刑事诉讼环节。刑事诉讼立案阶段审查救济的重点在于刑事案件是否达到刑事案件立案侦查的条件，立案机关如果认为没有犯罪事实，或者犯罪事实显著轻微不需要追究刑事责任的，有权以决定不立案的方式结束刑事诉讼程序的启动，故刑事诉讼便在刑事立案环节实现刑事诉讼出罪功能。但如果是侦查环节发现上述事实的，侦查机关亦有权作出撤销案件的决定，由此实现对刑事立案环节立案机关立案权力行使不适当的审查与否定，刑事案件在侦查环节便因结束刑事诉

[①] 杜辉：《"出罪"的语境与界说》，《理论导刊》2012 年第 12 期。

讼程序的运行而完成刑事诉讼出罪，使被追诉人解脱刑事诉讼程序的不利益对待。同理，侦查环节审查机制的重点是案件事实是否清楚，证据是否确实充分，以及认罪认罚等影响犯罪嫌疑人定罪量刑的法律事实和证据。因此，一旦侦查终结发现不应追究刑事责任的，侦查机关即可撤销案件结束刑事诉讼程序，使犯罪嫌疑人不再受刑事诉讼程序的困扰。

审查起诉环节，人民检察院对侦查终结移送的案件，是通过对侦查收集调取的证据及其收集调取过程进行审查，实现对侦查权力的监督和制约，同时对在侦查过程中刑事被追诉人权益受到侵害的情形实现救济的法律效果。如检察机关发现侦查机关未能客观、全面收集被追诉人涉嫌的犯罪行为的案件证据，导致案件证据不足、不符合起诉条件，或者犯罪情节轻微，依照刑法不需要判处刑罚或者免除刑罚的，有权以决定不起诉的方式结束刑事诉讼程序实现出罪的法律效果。审判阶段审判机关对权力行使的审查与权利保障的救济亦有自己独立的判断权，如认罪认罚从宽案件中，通过审查被告人认罪认罚的自愿性、真实性和合法性来判断认罪认罚案件中侦查和公诉机关是否依法履行了法定义务、被告人权益是否获得充分保障。

上述各审查救济阶段在各自独立发挥出罪功能的同时，又从诉讼程序整体角度对各阶段出罪功能的实现起到补足作用，使得刑事诉讼活动的目的不再是单纯地为实现刑罚目的，还有通过独立的审查救济机制实现有别于刑法出罪的刑事诉讼出罪功能，确保刑事诉讼程序的正当性。

第四节　刑事诉讼出罪的程序体系

刑事诉讼侦查、公诉、审判三个阶段均可选择适用出罪功能，但刑事诉讼中的程序和阶段作用选择发挥是交互性的，这是由于案件中证据和事实的收集和认定随具体刑事诉讼进程是不确定的，因而刑事诉讼基于程序适用和证据规则是通过整体发挥作用的。因此，就整个刑事诉讼程序本身而言，刑事诉讼的这个结构特点说明刑事诉讼出罪功能的发挥只能从体系化的视角切入，才能在刑事诉讼各阶段运行过程中衔接相互关系，充分实现出罪功能。

一　刑事诉讼出罪程序体系逻辑

1. 司法定罪、出罪过程的同时性。司法定罪需要以刑法上的犯罪构成为基本标准，这一基准具有相对的稳定性和明确性。但刑法上的犯罪构成并不是以社会生活中某一个具体的犯罪事实为根据建构起来的，因而刑法上的犯罪构成并不总是与社会生活中每一个具体的犯罪事实一一对应。因此关于具体罪名及其犯罪构成的诸多客观条件，刑法的规定总是存在模糊地带。而"司法定罪的过程并不单纯是一个将立法中的规定消极实现的过程，相反，其是一个运用自身的理论体系诠释立法的模糊性、弥补立法规定的漏洞的过程。司法定罪的过程是由两个相互排斥，却又相互依存的侧面组成：一个是入罪的侧面，一个是出罪的侧面。"[①] 如果说刑法适用具有排他性，此罪名与彼罪名须明确区别，"如果法律虽然将某一行为规定为犯罪，但在某一案件中，该行为并无实质上的法益侵害性，对这一行为不认定为犯罪，这并不违反罪刑法定原则。"[②]

具体到司法定罪的过程，决定行为人行为是否构成犯罪刑法固然起到关键作用，但司法定罪过程中，影响定罪的因素不单纯完全由刑法决定。在证据和事实成为司法定罪量刑决定性因素的情况下，侦查机关对证据规则的理解和认识将可能影响案件证据收集是否全面、客观，亦有可能影响证据收集过程，这些因素都将成为影响司法定罪的关键因素。在公诉机关享有起诉或不起诉自由裁量权的司法环境中，公诉人员对证据及事实规则的认识和理解及其自由裁量权是否合法合理行使，在影响司法定罪的同时，亦会构成司法出罪的决定性因素。

[①] 杜辉：《"出罪"的语境与界说》，《理论导刊》2012 年第 12 期。
[②] 陈兴良：《入罪与出罪：罪刑法定司法化的双重考察》，《法学》2002 年第 12 期。

认罪认罚从宽案件中，刑事被追诉人对认罪认罚从宽制度的认识和理解及其认罪悔罪发生的时间早晚，都可能成为刑事诉讼程序中司法出罪实现的障碍性因素。法庭审判过程中，审判人员虽主要依据证据裁判规则围绕证据、事实和法律对案件进行裁判，但裁判结论的合法性和合理性判断因素仍然脱离不开证据侦查收集规则体系和法定程序体系的合法运行。此外，亦有一些客观性因素对司法定罪过程产生重要影响，如时效性因素，这一因素是刑事诉讼法规定司法出罪的法定条件，该因素被发现有可能处于侦查阶段的司法判断过程，亦有可能发生于其他任何诉讼阶段的司法判断过程，如果司法定罪过程中该条件成就，司法定罪过程即排除行为人行为构成刑法上的犯罪，同时司法定罪亦实现了司法出罪的功能。因此，影响司法定罪因素出现或发现的早晚，同时影响甚至决定刑事诉讼出罪功能实现的早晚，这表明司法出罪过程具有整体性，同时表明司法定罪与出罪过程具有同时性和整体性。

上述分析表明，由于影响司法定罪、出罪因素的发生和被发现的时段不确定，使得司法定罪或出罪亦具有了不确定性，由此导致司法定罪、出罪必然需要从整体切入。因此，司法定罪、出罪过程是侦查、公诉与审判程序整体运行中的整体性司法判断过程，司法出罪是在司法定罪过程中，经由入罪和出罪两个相互依存的司法判断而形成的司法裁判结论，而非某一阶段程序独立运行的程序结果，亦非是各阶段权力相互独立行使的结果，司法出罪过程具有整体性。

2. 证据规则的体系化。定罪的前提是事实清楚，事实清楚需要充分的证据材料支撑。司法定罪过程就是对案件事实进行筛选的过程，事实筛选需要依靠有证据资格和证明能力的证据材料，将对定罪量刑有法律价值和意义的事实从复杂事实情节中选定出来。司法定罪过程中对定罪证据材料和案件事实进行筛选，必然要将定罪证据和出罪证据共同对比进行筛选，这一过程既是入罪过程也是出罪过程，因此必然包含对出罪证据和事实的筛选，故司法出罪必然包含于司法定罪过程。

从证据规则实现的法律功能角度分析，如上文所述，证据规则大致可分为两大类，一类是侦查调查证据的证据收集规则。刑事诉讼法律就证据标准作出统一规范和要求的同时亦对调取证据的过程规定了法定的收集程序，这些规范、要求及法定程序构成证据收集规则的内容，成为证据收集的统一规范标准和程序要求。另一类是审查与认定证据的证据裁判规则。证据裁判规则要求审判人员要按照法定程序收集、核查、核实、认定证据，未经当庭出示、辨认和质证等法庭调查程序查证属实的证据不得作为定案根据。形式上看，证据裁判规则是为裁判权权力行使设置的规范和要求，但从其适用过程分析发现，收集类证据规则为证据裁判规则提供了实质性的证据审查与认定标准，而证据裁判规则亦是从裁判权角度，为证据收集调取机关是否严格按照证据收集调取标准和要求调取证据的行为设置的监督与制约规则。如证据裁判规则要求，提起公诉的案件，法院应当审查证明被告人有罪、无罪、罪轻、罪重的证据材料是否全部随案移送，未移送的，人民法院应当通知公诉机关在指定时间内移送。该证据规则要求体现了人民法院对公诉机关公诉行为的监督，目的是为监督公诉机关的起诉自由裁量权，防止公诉机关对有罪行为不起诉、对无罪行为任意起诉等的恶意诉讼行为。

正当程序视角下，将上述特征体现尤为明显的还有非法证据排除的证据裁判规则的适用。证据收集规则对侦查机关运用侦查措施收集调取证据的行为从程序角度要求，证据收集机关需要遵循正当程序法则，使用侦查措施收集调取证据时不得采用刑讯逼供等非法方法收集证据，确保收集调取证据的侦查权力能在合法限度内合理行使。而审判程序中适用的非法证据排除规则则从采用暴力、威胁等非法方法收集证据将引致的法律后果角度规定，采用殴打、违法适用戒具等暴力方法或变相肉刑的恶劣手段等非法方法收集的被告人供述不得作为定案根据。一些物证、书证证据的收集程序如果严重违反法定程序，并可能严重影响司法公正的，如不能作出补正或合理解释的，亦不能作为定案根据。而裁判类证据规则自身亦需要在遵循正当程序的前提

第一章 刑事诉讼出罪的基本原理

下，参照收集类证据规则关于证据要求和标准对证据进行审查与认定。

综上分析，上述两类证据规则适用过程及其之间的逻辑关系表明，裁判类证据规则对收集证据类证据规则具有监督落实和制约实施的功能，而收集类证据规则亦有为裁判类证据规则提供参照适用的规范功能。虽然裁判类证据规则通过审判程序对收集证据类证据规则的实现过程发挥监督和制约功能，但裁判类证据规则在发挥上述功能过程中亦须遵照收集证据类证据规则关于证据的标准和规范，同时遵循刑事诉讼法为其自身量身定做的正当程序规则，否则裁判结论所依据的证据和事实的审查与认定将因违反证据规则要求和程序法定原则而导致错误，冤假错案难以避免。故，刑事证据规则中，上述两类证据规则共同构成证据规则体系，二者是为相互依存、递进适用且相互制约制衡的一体化规则体系。因此，总结刑事诉讼出罪的程序体系实质是一个集事实判断、证据判断、程序判断等因素综合判断于一体的司法程序的综合判断过程。

二 刑事诉讼出罪程序中各阶段相互关系

（一）刑事诉讼出罪程序各阶段分工和任务不同

刑事诉讼出罪功能的能动作用实现并非需要特殊重视某个刑事诉讼阶段，重要的是根据每个刑事诉讼阶段主要分工和任务的不同配置相应出罪内容。刑事诉讼侦查阶段的重点工作和任务是收集调取证据，为公诉和审判阶段开展的刑事追罪活动提供准备活动。为进一步确保整个刑事诉讼定罪程序的正当性，刑事诉讼法亦要求侦查机关收集调取证据要客观、全面、合法。客观、全面是要求侦查机关查办刑事案件首先要保持有客观中立的立场，收集有关犯罪事实的所有证据，不以先入为主的思想对待刑事被追诉人，防止侦查机关带着偏见行使侦查权。合法、客观、全面即是对侦查权收集犯罪证据过程正当性提出的基本要求。反之则表明，侦查机关办理刑事案件中如若未遵照客观、全面、合法性的要求收集证据，有可能使刑事诉讼程序因为证据收集的不全面、不合法而在刑事诉讼活动任何阶段实现刑事诉讼出罪效果。这亦是侦查机关出罪权正当性的逻辑基础。

基于侦查阶段以上重点工作和任务内容的特点，刑事诉讼法为其配置了以相应侦查与强制措施为内容的侦查权，目的之一在于助力刑事诉讼实现追罪。但司法实践中，侦查机关"有罪推定"思维严重，忽视无罪证据收集及"由供到证"的取证模式等不规范取证行为普遍存在，[1] 基于程序正当性和权力应受监督和制约的运行规律要求，刑事诉讼法同时以权利、权力、义务、法定程序、诉讼时效等规则形式为侦查阶段设置了相应的出罪机制，这些出罪机制的配置，构成了侦查阶段侦查机关出罪权内容，在侦查权未就上述义务、权利保障、法定程序等法律义务和责任的履行达到刑事诉讼法所能容忍的限度，或者虽然全面履行了应负义务，但所要追查的犯罪事实不足以以刑法定罪惩罚时，侦查机关便可运用出罪权自行决定撤销案件，实现刑事诉讼出罪功能，同时实现应对侦查机关不规范取证行为的法律实效，这也是侦查阶段出罪功能发挥能动作用的内在机理。因此，侦查阶段出罪内容的重点是围绕侦查权运行过程、证据收集标准和要求、犯罪嫌疑人权利保障等工作和任务配置而成的侦查权责任和义务规则机制。

不同于侦查阶段，审查起诉阶段的重点工作和任务是围绕"审判中心"，主要通过对侦查调取的被告人涉嫌的犯罪行为证据进行核实，审查其是否符合刑法上的犯罪事实，并进而决定是否通过国家权力对其继续进行追诉和处以刑罚惩罚。为此，审查起诉中出罪内容的配置主要包括依法作出不起诉和认罪认罚从宽量刑建议权等，这些内容通过综合运用证据收集审查规则、犯罪嫌疑人认罪认罚从宽规则及侦查权行使规则等发挥司法出罪的能动作用。即，或以作出不起诉决定的方式结束刑事诉讼活动，使犯罪嫌疑人解脱刑事诉讼程序的约束，或以从宽处理方式换取犯罪嫌疑人自愿认罪认罚实现刑事责任承担方式

---

[1] 李英楠：《诉讼制度改革下侦查取证规范化问题研究》，《辽宁警察学院学报》2021年第2期。

的多样化，使犯罪嫌疑人避免被实际定罪。因此，同侦查机关出罪权一样，公诉机关出罪权亦具有极大自由裁量度，针对的对象范围较之侦查机关出罪权亦更广泛，一是侦查调查证据，二是犯罪嫌疑人认罪认罚的自愿性、真实性和合法性，三是侦查权力行使过程，四是侦查程序合法性。检察机关审查案件过程中可要求侦查机关提供法庭审判所必需的证据，如果认为侦查机关移交案件的证据存在以非法方法收集的情形的，可以要求侦查机关对证据收集的合法性进行说明。此外，检察机关如果认为案件还需要补充的，还可以将案件退回侦查机关补充侦查，对于补充侦查后的案件仍然认为证据不足、不符合起诉条件的，有权作出不起诉决定。认罪认罚从宽案件中，检察机关通过审查犯罪嫌疑人认罪认罚的自愿性、合法性和真实性，针对案件实际情况有权将案件作出不起诉的决定，既包括因没有犯罪事实作出的不起诉决定，也包括有刑事诉讼法第16条规定的任何一种情形的不起诉决定，还包括犯罪情节轻微情况下作出的酌情不起诉决定。

法庭审判阶段是刑事诉讼程序出罪的最后一个环节，这一阶段审判机关最直接的出罪权是无罪、罪轻的裁判权，重点任务是对被告人涉嫌的犯罪行为进行定罪和量刑裁判，相应的出罪内容为通过生效裁判形式对被告人涉嫌的犯罪行为和公诉机关的起诉行为作出无罪裁判、不予定罪处罚或驳回起诉的裁判处理结论。工作重点则是综合运用刑事诉讼证据规则体系、法定程序规则、犯罪构成体系规则等刑事诉讼法和刑法法律，围绕犯罪事实、被告人有罪无罪、罪轻罪重及公诉行为等问题展开。

（二）刑事诉讼程序各阶段出罪功能呈制约与补充关系

如前文所述，刑事诉讼程序的立案、侦查、起诉、审判各环节呈现相互配合制约且逐步递进承接的关系，各阶段独立发挥出罪功能的同时，又从诉讼程序整体角度对各阶段出罪功能的实现起到补足作用。又因各程序阶段出罪权均系具有较大自由裁量权内容的公权力，出罪过程中主观因素的介入导致刑事诉讼出罪阶段不具有确定性，出于防止恣意出罪，各阶段出罪功能的发挥亦将在程序的相互配合和制约关系中呈现制约与补充不足的良性互动关系。后一阶段出罪有可能是因为前一阶段出罪功能发挥不充分，而起到补充出罪功能的作用，亦有可能因为前一阶段权力恣意导致程序违法等事实发生，而对权力行使起到监督与制约作用。因此，整体上刑事诉讼程序运行过程中各阶段出罪功能呈制约与补充关系，这种关系是应罪刑法定刑法理念与刑事诉讼程序正当性要求而构建的刑事诉讼出罪程序体系关系。

形成一个运行合理的刑事诉讼出罪体系，表明刑事诉讼程序设置与刑法相适应过程中能够实际解决程序出罪问题，而不是仅停留在立法语言字面鲜为适用。刑事诉讼出罪体系中每一个诉讼阶段出罪机制设置，都必须达到科学、完善的目标，才能使整个刑事诉讼出罪体系运行实现预期。如果片面注重某个诉讼阶段出罪机制建设或者某个诉讼阶段出罪机制缺失就会导致整个体系结构出现漏洞，无形中会产生已有出罪机制诉讼阶段司法机关和工作人员工作压力，以及出罪机制不完备诉讼阶段司法机关和工作人员工作惰性，这也说明只有重视刑事诉讼出罪体系化建设才能充分避免整体质量不佳带来的不利影响。

从我国《刑事诉讼法》第 16 条规定可以看出，我国现行刑事诉讼程序并非没有出罪功能。这些年来总体上较为重视检察机关公诉阶段出罪机制建设，也取得了一些成效，但是刑事诉讼程序中某个阶段出罪机制构建完备，并不必然代表整个刑事诉讼出罪体系的优化配置。例如，《刑事诉讼法》第 175 条规定了酌定不起诉，第 271 条规定了附条件不起诉，2020 年开始，最高人民检察院在全国六个基层检察院部署了企业刑事合规不起诉改革试点工作，这些规定使刑事诉讼公诉阶段实现出罪功能可能性增加。虽然公诉阶段设置了部分出罪机制，但是基于观念限制、社会法治环境、内部考核等影响因素，公诉阶段出罪功能发挥仍然有限，这也说明刑事诉讼出罪机制构建，应该是一个系统工程，需要高度重视出罪体系化建设，单独做大或仅凭某个阶段发挥出罪功能，不仅难以实现目标，而且不利于刑事诉讼其他阶段出罪功能发挥。刑事诉讼出罪体系整体化构建应当遵循侦查、公诉、审判各个独立诉讼制度完备性要求。

第二章 刑事诉讼出罪与刑法出罪的交互作用机制

第一节 问题的提出

在我国的刑事法律发展历程中,宽严相济作为我国刑事诉讼体系构建的基本原则与政策之一,对于正确打击社会危害较大的犯罪活动及尽可能地保证刑事案件的处理符合最广大人民群众的根本利益需求及维护社会长治久安具有重要意义。该项原则贯穿于刑事立法、执法、司法的全过程,最重要的体现为我国《刑法》中第13条的"但书"规定,即对于具有刑事违法性的活动已经完成但其情节显著轻微的,则不认为是犯罪,"'但书'系当前各国刑事立法例中极少数叙明刑法谦抑性之条款"。[①] 该条款的出台是我国刑事立法活动面对改革开放后新形势下社会中存在的大量虽违反刑法但本身并未造成严重后果及社会影响的刑事违法性行为大背景采取的"宽大处理",体现了刑事诉讼实体法立法中宽严相济的内涵要求。同时,在司法实践方面,"但书"规定中有关不予追究刑事责任或不认定为犯罪的具体执行则需要通过刑事诉讼程序及相关流程规范做出规制。因此,在刑事诉讼实体法与程序法的交互作用的良性作用下,刑事法律"出罪"规定便可有效得以落实。

[①] 刘艳红:《目的二阶层体系与"但书"出罪功能的自洽性》,《法学评论》2012年第6期。

除刑法关于"出罪"的"但书"规定外，刑事诉讼程序法中，亦有相关规定使得刑事案件在不同阶段中均可以在被追诉人之行为符合未造成严重后果及不良社会影响的特征下不予追究刑事责任。具体而言，其一是在案件尚处于侦查阶段时，《刑事诉讼法》第163条规定，当侦查机关在立案之后对于案件进行侦查时，如若发现案件本身不构成犯罪或者被追诉人符合不被追究刑事责任的相关条件时，侦查机关应当撤销案件，案件的撤销本身并不直接说明行为人的行为不具有违法性，而是其行为本身符合法定"出罪"的相关条件。其二是在审查起诉阶段，根据《刑事诉讼法》第177条，人民检察院可以在侦查机关侦查完毕将案件移送至检察院进行审查起诉时，根据本条及本法第16条规定，对依法可以不予追究刑事责任的案件做出不起诉决定。同时，本条要求人民检察院应该依法对在侦查阶段针对行为人的财产进行的冻结、扣押等措施予以解除，而对于行为人应该采取行政处罚等其他措施的，人民检察院则应当提出检察意见交由其相应的主管机关负责执行。其三是在案件的审判阶段，对于刑事案件而言，庭审中普遍存在的焦点之一便是行为人之行为是否构成犯罪。对于此，检方往往在起诉书中表明被追诉人的罪名及应判处的刑罚，辩方则有可能提出无罪辩护，法官居中审理，根据案件证据进行裁判。根据我国《刑事诉讼法》第200条的规定，我国将无罪判决分作两种，一种是法律认定被告人的行为不构成犯罪的，即被告人的行为本身并不具有犯罪性质，另一种是证据不足，不能认定为被告人有罪的。本条中有关证据不足不能定罪的表述体现了证据裁判主义的要求，是我国刑事司法文明的重要表现。综上所述，我国的刑事诉讼程序法在刑事案件处理的各个阶段都规定了相应的"出罪"条件，显示出并不仅仅依附于实体法而发生作用的程序价值与正义。

综上所述，构建富有中国特色的刑事诉讼出罪机制需要使刑法与刑事诉讼法相互作用与连携。出罪的本质是不认为行为人之行为为犯罪且不须负刑事责任，因此，出罪机制应以刑法对于犯罪性质的认定为基础与限制，以刑法中的相关规定为基本执行方式。同时，作为在诉讼过程中具体执行出罪机制的刑事诉讼法，亦应通过在刑事诉讼不同阶段设立相应的出罪条件以落实刑法中的规定。以刑事立法为指导与基础，以刑事诉讼法规制出罪框架，实现刑事诉讼实体正义与程序价值统一的同时，体现诉讼法的独立品格应成为我国关于刑事诉讼中出罪机制的题中应有之义。

第二节 刑法出罪对于刑事诉讼出罪功能的限定

一 刑法出罪功能的逻辑架构

刑事诉讼法作为人类社会法律体系中的重要组成部分，因其关系社会成员人身及财产安全及自由，无论古今中外均对其十分重视。而刑事诉讼的核心问题便是判明行为人之行为是否构成犯罪，如若构成又应给予何种处罚。基于上述核心问题，当今各大法系均对此存在符合本法系文化特征及历史因素的认知。然而，无论是遵循大陆法系的德日等国抑或是遵循英美法系的普通法国家，在刑法中关于犯罪问题的定义方面基本仅规制了犯罪行为性质方面的认定，即上述国家对于犯罪概念的立法描述中为任何侵犯公民法益的恶劣行为均属犯罪，因此，其刑事法律中并未区分具有同等性质的行为所侵害的法益大小或数量。如此，在上述国家的刑事案件诉讼过程中，对于被追诉人之行为明显造成轻微后果而是否需要对其追究刑事责任且判处刑罚的认知判断往往付诸司法者本身对被追诉人行为的认知。

不同于上述刑事法律中关于犯罪概念及犯罪行为的二元规制、我国刑法对犯罪概念及犯罪行为的规范采用的是一元模式。具体有两种体现，一是刑法分则中有关各类罪及类罪中不同罪名之犯罪构成的具体规制，"司法者赖以区分罪与非罪的根本依据就是犯罪的本质特征"。[1]通过对每一罪名犯罪构成的具体描述区分罪与非罪、此罪与彼罪，这一规定要求犯罪构成的四方面即犯罪主体、犯罪客体、犯罪

---

[1] 王昭武：《犯罪的本质特征与但书的机能及其适用》，《法学家》2014年第4期。

主观方面、犯罪客观方面四者缺一不可，否则便不可认定为犯罪，从而达成即使行为人违反了刑事法律的相关规定但亦可法定"出罪"的功能。二是刑法总则中法定出罪的各项事由，特别是其中关于"但书"的规定在今日的司法实践中具有重要地位。根据《刑法》第13条相关规定，任何犯罪行为即使完全符合犯罪构成全部要件，如若犯罪情节显著轻微且造成的社会影响较小则可不认为是犯罪，由此实现刑事诉讼的"出罪"功能。这一规定是对刑法分则中各类罪及具体罪名统一且抽象的规定，从而要求刑事诉讼审判活动中对于已经构成分则规定的犯罪构成的行为人及其行为在进行认定时，仍要依法对其违法活动做定量分析，此处的"量"即为其行为所侵犯的法益之大小与数量及其造成的社会影响。由此限制了刑事案件的审判者依据个人主观观点，对刑事诉讼"出罪"依据过度自由裁量，亦可言之，我国的刑事法律体系对于"出罪"作出了明确的限定。

二 刑法"但书"出罪的模式选择

不同于民事法律贯穿并作用于民事诉讼的全过程，刑法往往在刑事诉讼中仅在审判阶段作为判决依据予以应用，因此，刑法中关于出罪的功能限定通常作用于诉讼进入审判之后。同时，在理论方面，刑法"但书"规范居于刑法总则的重要篇章，其理应具有保障出罪实现的功能，然而在司法实践中，除却以证据不充足为由判处无罪的案件，人民法院是否可以直接依据该条款对任何罪名予以出罪仍值得商榷。基于上述问题，我国目前司法界以两种模式对该条款加以适用。

一是经案件审理后，人民法院认为被告人的行为并不完全符合公诉罪名的构成要件，在此基础之上依据该条款判定被告人无罪。"即法院在认定被告人的行为显然不符合犯罪构成要件的基础上，进而运用'情节显著轻微危害不大'来予以出罪"。[①] 以重庆市南岸区人民法院审理的一起唐某某醉酒驾驶机动车挪车案为例。本案中，唐某某

---

① 储陈城:《"但书"出罪适用的基础和规范》，《当代法学》2017年第1期。

第二章 刑事诉讼出罪与刑法出罪的交互作用机制

与其朋友等人于2012年10月28日晚在重庆市南岸区一酒店饮酒聚会,聚会结束后,由其女友郑某驾车载其与其朋友赵某等人返回住所。在行至南坪东路附近时,郑某驾驶的车辆与一出租车发生刮擦,在郑某将车辆驶往附近的交巡警综合处理中心等待处理时,由于停车位置对附近小区的车库后门形成阻挡,因此民警要求其挪动车位。此时,唐某某以郑某驾驶技术欠佳为由,主动替换郑某驾驶车辆试图挪动车位,然而在车辆发动后,由于其醉酒状态难以对车辆形成良好控制,致使与周边停靠的车辆发生了碰撞,民警到场后,当场对唐某某进行了酒精浓度检测。经检测,唐某某体内血液酒精浓度为206.7毫克/100毫升,完全符合醉酒驾驶的标准,因此对其实行了刑事强制措施。随后案件由重庆市南岸区人民法院进行一审审理,经审理后,法院认为唐某某的行为构成危险驾驶罪,依法判处四个月拘役并处罚金人民币20000元。随后,唐某某不服一审判决,决定提出上诉。本案二审由重庆市第五人民法院进行审理。法院在审理后认为唐某某在醉酒后将机动车交由其女友郑某驾驶,仅因女友驾车发生事故因此决定自行挪动车位至距离仅数米的路面,其在主观上具有避免醉酒后驾驶机动车的认识;同时,其行为造成的危害后果轻微,且已经对被害人进行了经济赔偿并取得被害人谅解,因此,该行为应视为情节显著轻微。故此,法院决定撤销重庆市南岸区人民法院的一审判决结果,改判唐某某无罪。本案的判决结果显然符合前述第一种出罪模式即人民法院经审理后认为被告人之行为不符合某项具体罪名的全部犯罪构成要件,并在此基础上,综合案件实际损害结果及被害人态度认定被告人行为属于情节显著轻微,依法可不视为犯罪。

二是经案件审理后,人民法院认为被告人的行为完全符合公诉罪名的全部构成要件,但仍然以"但书"中的条款认为其行为情节显著轻微,不认为是犯罪行为。以一起醉驾案件为例,在本案中,被告人吴某某因其酒后驾驶机动车的行为,被当地检察院以危险驾驶罪提起公诉。庭审中,被告人辩护律师辩称,当事人吴某某于2011年7月27日晚与朋友外出就餐饮酒,聚会结束后,其安排专职司机驾车携其聚会中的朋友返回家中。然而，在此过程中吴某某突然接到家中电话称其不满周岁的女儿高烧不退，需要紧急送医，在此情形下，吴某某自行驾车返回家，案发当时已是凌晨2时许。途径龙岗区龙园路附近时被交警截停并进行酒精测试，经测试后，其血液酒精含量为89.4毫克/100毫升，其血液酒精浓度并不高，其行驶里程较短且并未发生任何交通事故，故请求法院以其情节显著轻微为由判令被告人无罪。法院经审理后认为，吴某某之行为已经符合危险驾驶罪的全部构成要件，然而，案发当时为深夜凌晨人员车辆稀少时段，且吴某某救女心切而酒后驾车，主观恶性不大。同时，行驶里程较短仅为1.8公里，血液酒精浓度较低，并未造成任何人员伤亡或财产损失，综上可以认定其行为系情节显著轻微，根据我国《刑法》第13条的规定，判决被告人吴某某无罪。

由此可见，我国刑事审判中以"但书"为法律依据对被告人实行出罪的裁判模式有两种考量，其内部逻辑与裁判理由均存在较大差异，故而，何者应该作为刑法中"但书"条款的应用模式仍是值得诘问的存在。"因此，对于刑法中的但书规定，还是需要从法理上进行深入的探讨"。①

三 刑法"但书"出罪的法理基础
（一）针对"但书"合理性之质疑

如前文所述，刑法中有关"但书"的规定在我国司法实践中已经应用已久，且成功地实现了出罪功能。然而，学理界针对"但书"的法理基础及其合理性质疑不断。就目前的学界观点而言，反对"但书"规定的学术主张主要存在两种情形。

第一种观点认为，"但书"规定是对罪刑法定原则的突破，不符合我国确立罪与非罪界限的标准，该观点的核心逻辑是对我国《刑法》规定的犯罪概念之解读。其认为我国在进行刑事立法时，对于犯

---

① 陈兴良：《但书规定的法理考察》，《法学家》2014年第4期。

罪概念确定了两种标准，第一种是规范性标准，即条款中所言明的依法应受刑罚处罚的行为是为犯罪，这一标准换言之可谓为，所有犯罪应该均由法律明文规定，任何组织或个人不得违背法律规定而判定公民是否有罪或无罪。换言之，"判断某种行为是否为罪，不在于该行为是否值得刑罚处罚，而在于立法者是否将这种行为规定为犯罪"。①第二种是社会性标准，即本条款所言明的其他危害社会的行为亦为犯罪。然而，该观点认为所谓其他危害社会的行为不存在客观可供比照的标准或界限，此乃立法者对于犯罪行为不可完全预见的无奈下创造的兜底性规定。从而不应将这一具有模糊性、不确定性的标准强加于司法人员及作为守法人员的社会公民，这不仅易导致司法人员由于其主观认知的不一导致裁判结果出现同案不同判的现象，同时还会造成社会公民对于刑法的不可预期而出现法威不可测的困境。因此，其认为犯罪的概念应该严格遵守规范性标准从而体现罪刑法定原则。在此基础上，"但书"中有关危害不大的语言实质上亦是对被追诉人行为造成的结果进行衡量的社会性标准。因此，在规范性标准体现罪刑法定原则的情况下，以社会性标准为核心的"但书"规定实质上与罪刑法定原则存在冲突，突破了法律对于犯罪概念的客观限制而加入了司法者人为的主观裁量，这不符合刑法的立法精神。

第二种观点认为"但书"条款实质上与我国刑法关于犯罪构成理论发生冲突，法院依据此作出裁判可以突破犯罪构成的形式要件，据此该条款便具有实质解释犯罪概念与理论的权力。该观点事实上并不排斥"但书"条款的存在，其认为这一条款有利于对什么行为不是犯罪作出补充解释，但基于上述原因，该观点认为"但书"若直接运用于司法审判中，必然导致司法者对于犯罪概念的外延具有了解释权。同时，犯罪构成理论作为我国刑法关于犯罪成立的标准，而犯罪概念则不可作为评定犯罪成立的界限，因此，基于犯罪概念而存在的

---

① 刘艳红：《形式入罪实质出罪：无罪判决样本的刑事出罪机制研究》，《政治与法律》2020年第8期。

"但书"条款如若可以在司法审判中直接予以运用，则将造成犯罪成立的标准主观化及模糊化。根据我国的刑法理论，被追诉人行为如若符合所诉罪名犯罪构成要件，则应当判定犯罪成立，而若此时援引《刑法》第13条规定判令被追诉人无罪，会使犯罪构成虚置化。如若被告人行为不符合犯罪构成的形式要件，则可直接据此宣告被告人无罪，进而无必要运用"但书"条款予以补强。上述两种观点对于"但书"条款存在的合法性与合理性发出了质疑，分别从刑法的立法原则与司法实践中关于犯罪成立的标准两方面进行了阐释。事实上，上述两种观点均具有相应的局限性。

（二）"但书"的法理正当性

针对第一种观点，事实上我国刑法在犯罪概念部分规定了两种衡量标准，其一是规范性标准即法定的犯罪概念，其二是社会性标准，上述两部分构成了我国犯罪概念的第一部分即入罪标准，而其后的"但书"标准则为出罪的标准。如若认为此种犯罪概念违背了罪刑法定原则，其所依据的是社会性标准难以客观化与规范化，然而事实上有且仅有在司法机关审判中对于犯罪行为的认定前轻后重时才会发生违背罪刑法定原则而以司法人员主观认知判定犯罪的情况。换言之，司法机关如若在判断犯罪是否成立时先考虑其形式上是否符合规范性标准，如若不符合上述规范性标准，本应予以出罪裁定但其先不予出罪并随后审查社会性标准，如若符合则判定犯罪成立。于上述此般唯社会性标准为重的情形下，将出现以司法人员的主观认识作为犯罪成立的依据，如此方才会出现违反罪刑法定的情形。然而，我国在使用"但书"条款的司法实践中，如前文所述，"但书"规定的应用模式之一为先对规范性标准（犯罪构成的形式要件）进行审查，如不符合则在援引"但书"条款的同时直接予以出罪，不再进行之后的社会性标准审查，因此明显不存在上述观点中唯社会性标准为重而导致"但书"条款与罪刑法定原则产生冲突的情形。最后，罪刑法定原则的精神内涵为使无罪之人不受法律追诉以此保障被追诉人的基本人权。而"但书"条款亦是要求对于无罪之人不予追诉，给予其出罪

第二章 刑事诉讼出罪与刑法出罪的交互作用机制

认定保障基本人权,就这一角度而言,罪刑法定原则与"但书"条款在价值追求与精神内涵方面保持一致,并无冲突,故"但书"条款的存在具有其法理基础。"此外,还有一种值得注意的观点,主张但书规定是犯罪构成体系以外的刑事政策性出罪机制,只有行为已经符合犯罪构成才能按照但书规定出罪"。[①]

针对第二种观点,事实上我国目前刑事司法中存在较为严重的入罪、重罪倾向,一方面这与我国自古以来重刑轻民的司法观念有关联,另一方面则因为我国刑事诉讼制度不完善及司法人员出罪意愿的低迷。此种情形使得司法人员往往更加注重对入罪及其外延进行解释与扩展,而对大量无罪辩护则持双重标准予以审查。换言之,司法人员在对被告人行为进行判断时,往往对入罪标准进行超限度的实质性考察,而对于出罪标准则只做形式审查。所谓对于入罪进行过限审查是指司法人员在对被告人的行为进行认定时,会将被告人行为中不符合犯罪构成要件的部分采取过度解释,使其符合犯罪构成要件该当性。如宣城市宣州区人民法院审理的一起财物损毁案,公诉人在公诉书中称被告人王某某为报复其所在工厂的车间主任,故意将不同型号的螺母混装在同一物料袋内,致使其难以使用。造成经济损失5万余元,经审理后,法院最终判决为王某某犯故意毁坏财物罪。然而,本案中关于"毁坏"财物一词的解释却令人费解,根据我国《辞海》等词典解释,毁坏是指对物体进行物理性破坏,使其难以恢复原状,而本案中的涉案财物即不同型号的螺母仅仅是混杂其中,未出现任何物理性损伤导致的功能性损毁,而负责本案审理的法院则仍将该行为定义为毁坏,明显超越了毁坏的相关定义。因此本案中事实上存在入罪标准过限、犯罪构成要件超限的实质性解释。同时,在出罪标准方面,司法人员则往往仅对出罪要件进行形式审查,即仅对被追诉人行为是否符合犯罪构成要件进行审查,如若符合则不予出罪,忽略行为的应罚性。在众多聚众淫乱罪的审查中,多地司法人员往往仅以行为

---

① 杜治晗:《但书规定的司法功能考察及重述》,《法学家》2021年第3期。

符合聚众淫乱的形式要件为入罪标准，对被告人完全自愿的行为进行入罪，而忽略这一行为是否具有应罚性。故此，前文所述第二种观点的理论相当于为司法人员积极入罪而怯于出罪提供了支持。因此，事实上，"但书"条款的存在是为全面审视被追诉人行为的警示器，警醒司法人员进行行为认定时，不仅应该对犯罪入罪标准做实质审查亦应对出罪做实质审查。如若依照第二种观点的理论范式，则事实上是扩大了司法人员对于犯罪构成要件该当性的解释权，使其得以在犯罪的认定方面宽以入罪而严以出罪。

四 刑法对其他出罪事由的限定

我国刑事法律体系对于被追诉人行为是否构成犯罪的认定，除却"但书"条款中相关规定，亦存在其他法定出罪事由，即当被追诉人行为可以被认定为上述事由中的一项时，亦能依法予以出罪。其中最具代表性的事由为如下两项。

（一）正当防卫

我国《刑法》第20条规定正当防卫的概念及认定标准，同时针对近年司法界及学理界有关放宽正当防卫认定条件限制的呼声，其第3款在表述中表明，当面对杀人、抢劫、强奸等正在发生的严重不法侵害行为时，进行防卫行为造成不法侵害人伤亡的，亦不负刑事责任。正当防卫条款的存在使得我国公民在面对严重人身或财产侵害行为时进行防卫行为的过程中，即使行为形式上已经构成某种罪名犯罪构成要件的该当性，仍然可依据正当防卫条款的规定予以出罪。然而，即使1997年新修订的刑法中对于正当防卫认定条件有所放宽，同时增设前文所述之第3款的特殊防卫权（亦称之为无限防卫权），但司法实践中，"正当防卫不易启动或是动辄防卫过当的实践状况并未从根本上得以改变，在一定程度上沦为'僵尸条款'"[①]。以正当防

[①] 陈兴良：《正当防卫如何才能避免沦为僵尸条款——以于欢故意伤害案一审判决为例的刑法教义学分析》，《法学家》2017年第5期。

卫作为出罪原因的案件相较于以"但书"条款作为法律依据而出罪的案件数量屈指可数。"这背后既有实体规范适用的误区，也有程序指引短缺所造成的束缚"。① 因此，无论在审判中认定正当防卫成立抑或在刑事诉讼的前期阶段如侦查或审查起诉阶段中认定正当防卫，不仅需要作为实体法的刑法予以基本规定，更需要刑事诉讼法对相关认定标准与程序予以规制。

（二）紧急避险

除正当防卫外，另一重要的法定出罪事由是为紧急避险。紧急避险出罪核心逻辑在于比例原则的司法实践。如若因实施紧急避险而侵犯的法益小于不实施该行为遭受侵害的法益，则可以成立出罪。若前者大于后者则往往难以获得出罪。在紧急避险的适用方面，尤为注意的是，特殊职业人员因未履行职业义务是否可依据紧急避险条款予以出罪的问题。根据我国刑法规定，特殊职业者不适用紧急避险条款第1款的相关规定，因此，在法律层面，特殊职业者并不得实施紧急避险行为并应直面危险，在不顾个人安危乃至牺牲生命的情况下执行本职业的特殊义务，否则将承担相应法律责任。部分学界观点认为如若执行义务所需面临风险严重影响特殊职业者的重大利益，则特殊职业者虽不可因紧急避险行为阻却职业义务不履行而产生的违法性，但可因该行为中不存在期待可能性而使紧急避险成立且据此免责。"但学界目前对期待可能性适用范围总体呈现一种限缩的趋势"。② 因此，能否通过这一观点应用于刑事诉讼实践中使得特殊职业者在面对类似问题时可以予以出罪仍值得商榷。

第三节　刑事诉讼出罪对于刑法出罪功能的补充

刑事诉讼的出罪依据及功能不仅局限于刑法对于审判中法定出罪

---

① 杨依：《正当防卫案件证明责任的分配逻辑》，《中外法学》2022 年第 4 期。
② 刘艳红：《调节性刑罚恕免事由：期待可能性理论的功能定位》，《中国法学》2009 年第 4 期。

事由的规制方面，由于出罪本身既涉及实体法有关犯罪是否成立的认定及最终是否出罪的实体性认定，又关乎执行过程与操作规范的程序性设计，换言之，刑法入罪或出罪功能的实现均需要刑事诉讼法加以规制方可实现。在具体司法实践中，刑事诉讼法在刑事诉讼的诸多阶段影响实体法的适用程度。因此，出罪功能的实现不仅需要刑法对其基本事由作出基础性规范，更需要刑事诉讼法在具体执行方面加以规制方可实现其功能。"出罪的刑事诉讼法根据主要涉及《刑事诉讼法》第 7 条、第 15 条、第 16 条及第 177 条第 2 款。其中，第 7 条规定了出罪的职能根据，第 15 条、第 16 条和第 177 条规定了出罪的职权根据"。①

一　刑事诉讼出罪功能的逻辑架构

刑事诉讼法作为与刑法相对应的程序法，如前文所述，宏观方面承担了具体落实刑法的职责，微观方面亦在个案中对于刑法的实施程度及犯罪嫌疑人行为的具体评价与裁判具有重要作用。因此，刑事诉讼法的出罪模式可以区分为以下两类。

其一是在刑事诉讼的诸阶段均设置了法定出罪事由及程序，并要求负责不同诉讼阶段的机关之间需要相互合作以查明犯罪事实，对于不应追诉之人及时予以出罪，在此基础之上，由负责不同阶段程序职责的国家机关对上一诉讼阶段中的实体及程序性事项进行审查，从而实现相互监督制约的作用。我国刑诉法规定，刑事诉讼过程由侦查机关、检察机关及审判机关通过分工合作，相互制约实现刑法关于犯罪的正确处理，以确保刑罚准确适用和人权保障。因此，不同于民事诉讼，刑事诉讼各个阶段均可以由相关国家机关对犯罪行为进行认定与处理，换言之刑事诉讼过程的各个阶段，国家机关均有权对犯罪行为予以出罪，只是各机关基于不同功能与职权实现出罪的方式不同。这同刑法的价值追求保持了一致性，同时体现刑事诉讼法作为程序法对

---

① 孙本雄：《出罪及其正当性根据研究》，《法律适用》2019 年第 23 期。

实体法重要补强与修正功能，确保刑法出罪机制得以落实运行。

其二是刑事诉讼中程序行为引致出罪的实体法效果。其中主要表现为因程序违法导致实体法无法适用而形成的出罪效果，"即以实体上刑事责任的减轻甚至免除直接作为程序违法的救济方式"。[①] 值得注意的是，此种程序出罪功能在域外多国已有相关理论及司法实践，如日本将公权力在诉讼中的肆意干涉作为重大审查对象，如若在刑事诉讼进行中发现此类现象则将裁定程序终结，最终达到刑事诉讼出罪以维持程序正义。我国刑事诉讼法中，在程序价值层面亦有与上述出罪模式相类似的规则制度，即非法证据排除规则。如《刑事诉讼法》第56条规定，在案件侦办中通过刑讯逼供或通过其他暴力、威胁等行为收集被追诉人口供应该予以排除，而通过有可能影响到司法公正收集的物证与书证类证据则需要做出合理解释，若收集该证据的主管机关不能做出合理解释，应依法对上述证据采取排除。这一规定一定程度可限制执法、司法机关处理刑事案件时采取强制措施的任意性，同时亦可实现将非法手段获取的证据予以排除，从而达到刑事诉讼出罪功能。此外，亦能为被追诉人程序权利损害提供救济途径，为修复损伤的程序正义价值提供救济手段价值。

二 刑事诉讼各阶段出罪的模式选择

（一）侦查阶段的出罪模式

由公安机关负责的侦查行动作为刑事诉讼的早期阶段，对于查明案件事实，收集案件证据，稳定社会民心等具有重要价值。立案侦查是刑事诉讼正式开始的标志，亦是被追诉人行为是否为犯罪的第一阶段。我国刑事诉讼法关于侦查阶段出罪的相关规定散见于第一编第一章与第二编第二章中。第一编第一章第16条规定几种情形下应不予追究刑事责任，侦查机关应对案件予以撤销，主要包括认为犯罪情节

[①] 孙远：《论程序规则的出罪功能及其限度——以程序违法的实体减轻效果为中心》，《政治与法律》2020年第2期。

显著轻微危害不大则不认为是犯罪;犯罪已经经过追诉期限而不得继续追诉的案件;经过国家发布的特赦令宣告免除刑罚的案件;依照作为实体法的刑法应属于告诉才处理的案件未经告诉或者被害人撤回告诉;犯罪嫌疑人死亡的案件。值得注意的是犯罪情节显著轻微类型的案件,这一表述与前述刑法"但书"条款的表述一致,均是要求司法实践中的执法、司法人员应对于不法行为所侵害的法益进行社会危害性方面的考察,从而对被追诉人之行为的应罚性进行判断,如若不存在应罚性则应予以出罪。该条款一方面体现我国刑事诉讼法与刑法立法方面的价值目标一致,另一方面体现了我国刑诉法从程序上对实体法的落实与贯彻。第二编第二章第163条规定,侦查人员在案件侦办过程中如发现不应当对犯罪嫌疑人追究刑事责任,则应该对案件采取撤销的方式终结程序,对于已经申请人民检察院签发逮捕令而逮捕的公民应该予以释放并给予释放证明,同时为保证国家机关内部工作信息畅通应及时通知签发逮捕令的人民检察院。这一规定事实上是对前述第15条关于具体执行程序的明确与细化,所依据的不予追究刑事责任的法定情形来源于前述条款。同时,借由上述两项规定,我国侦查机关事实上具有对犯罪行为进行认定及予以出罪的权力。"近年来,我国实体法层面犯罪圈一直呈逐步扩大的趋势。"[1] 对于我国因大量轻微罪案件导致的司法资源紧张司法局势而言,在刑事诉讼的早期阶段便赋予主管机关以出罪认定的权力无疑有缓解作用,同时亦有及时减轻无罪被追诉人诉讼负担的效用。

(二)审查起诉阶段的出罪模式

根据我国刑事诉讼法相关规定,侦查终结后,侦查机关应将起诉建议书及案卷材料移送至具有管辖权的人民检察院,以供检察院进行审查起诉。人民检察院审查后,如发现本案具有出罪情形,一般会以以下方式对刑法出罪功能予以执行和补充。其一是做出不起诉决定,从而使案件程序终结。根据我国刑诉法规定,人民检察院作出不起诉

---

[1] 白建军:《犯罪圈与刑法修正的结构控制》,《中国法学》2017年第5期。

第二章 刑事诉讼出罪与刑法出罪的交互作用机制

决定，因不起诉决定缘由的不同而应采取数种不同模式：第一种模式是在审查起诉的过程中发觉被追诉人符合前述《刑事诉讼法》第16条规定的数种情形的，被追诉人行为即使已经构成犯罪，但仍因法定缘由不予追究刑事责任，从而实现实体出罪效果。同时仍应注意，这一阶段，人民检察院亦可对被追诉人行为是否具有应罚性进行社会性标准审查，如果属于犯罪情节显著轻微、危害不大，人民检察院亦应作出不起诉决定。这体现了我国刑事诉讼法一以贯之的特性，并且始终保持将犯罪的社会危害性作为入罪或出罪标准的特征；第二种模式是对于不构成犯罪的案件，人民检察院应作出不起诉裁定，不起诉决定事由事实上是从程序与实体两方面对侦查机关在案件侦办环节及人民检察院自行侦查案件的全面审查。我国刑诉法要求侦查机关对于侦查终结的案件必须做到查清犯罪嫌疑人的犯罪事实，并要求对于证据的收集须做到确实充分，而人民检察院在进行审查时，亦必须对上述事项进行全面审查，如若发现案件事实不清、证据不足，则可要求侦查机关对案件进行补充侦查，在经过上限为二次的补充侦查后如若仍不符合起诉条件，人民检察院应裁定不予起诉。这项规定事实上是在审查起诉阶段，由负责公诉的人民检察院对案件事实与证据，实体与程序进行全面审查，如发现被追诉人并无犯罪事实，或者证据不足难以认定其犯罪事实者，则应作出出罪处理。由此可见，人民检察院在对案件进行审查时，实质上不仅需要对犯罪嫌疑人犯罪行为进行审查，亦需要对侦查机关行为进行审查，目的在于确保刑事诉讼程序合法，对于侦查机关的不法行为亦可要求其作出说明，如若不能得到合理解释则可以关键证据缺失为由作出不起诉决定，从而实现实体出罪的效果，这体现了我国刑事诉讼法在出罪功能方面独立的程序价值。

综上所述，我国检察机关享有对犯罪嫌疑人行为进行认定和出罪的权力。然而朴素价值观一般认为，裁定公民是否有罪的机关应为审判机关，因此，仍须指出检察机关享有出罪认定权的正当性。就此问题，目前理论界主流学术观点为起诉裁量主义，该观点认为检察机关享有出罪认定权是基于检察官有权对犯罪嫌疑人的全部行为及其社会危害性进行考察后对是否予以起诉进行自由裁量。"同时起诉裁量权还包括建议适用普通程序、简易程序，撤回公诉等方面的权力"。[①] 撤回公诉则是刑事诉讼不同阶段对于出罪权力的分工与合作的典型。司法实践中通常表现为检察机关在提起公诉后，仍然享有对起诉进行变更权利即撤回公诉的权力，并以此将已经进入审判阶段的案件予以出罪处理。以震惊全国并直接推动医保改革的陆勇案为例，本案中，被追诉人陆勇系江苏无锡人，于2002年检测出罹患了慢粒白血病并在主治医师的推荐下选用名称为"格列卫"的抗癌药物进行治疗，该药物具有良好的治疗效果，然而彼时未纳入医保的"格列卫"售价奇高为20000余元，因此在服用该药物进行治疗数年后，陆勇已经无法承担医药费用。其在机缘巧合之下获悉一家位于印度的企业同样生产该药物，且在药效几乎完全一致的情形下，售价却仅为国内市场"格列卫"价格的五分之一，故开始从印度进口这一药物并自行服用。其后，通过病友QQ群及其他联系方式，超过数百名白血病患者开始通过陆勇代买印度产"格列卫"，然而，这款药效一致的药品由于并未取得我国的进口药品许可故而依法应被视为假冒伪劣药物。2014年，沅江市人民检察院以销售假药罪与妨害信用卡管理罪对陆勇提起公诉，但其后收到了300名白血病患者联名的书函请求司法机关对于陆勇免于处罚。故而在经过检察院再次审查后，认为陆勇之行为仅为买方行为，不构成销售假药罪，同时，针对其另一项罪名即妨害信用卡管理罪，检察院认为其仅使用了一张从网络购得的信用卡并主要用于支付购买药品的费用，犯罪情节显著轻微，故行为不构成犯罪。基于上述判断，沅江市人民检察院撤回了起诉使得该行为最终出罪。

（三）审判阶段的出罪模式

根据我国刑事诉讼法的相关规定，承担一审刑事案件审判工作的

[①] 周长军：《撤回公诉的理论阐释与制度重构——基于实证调研的展开》，《法学》2016年第3期。

人民法院应在合议庭进行评议后根据庭审中查明的案件事实及相关证据对于案件进行宣判，其中包含有三项判决结果，其一为犯罪事实清楚且证据充分则判决被告人有罪从而入罪；其二为认为被告人之行为不构成犯罪故而判决其无罪；其三为认为本案事实不清且证据不足，不能认定被告人犯有被公诉之罪而判决其无罪。由此可见，我国刑诉法在审判阶段亦有关于出罪的相关程序规定，这一阶段亦是与作为实体法之刑法联系最为紧密的阶段。前文已经阐述了刑法在出罪功能方面的模式与选择故在此不做赘述。而这一阶段更值得注意的是上诉不加刑原则所代表的出罪方向，传统刑事诉讼理论认为所谓出罪即被追诉人无罪的结果，而这一观点未免过于狭隘，事实上对于实际判处刑罚低于法定刑的案件，其结果亦可以被视为对于被追诉人行为之出罪。因此，在这一理论视角下的上诉不加刑原则亦可被视为我国在刑事程序方面给予刑法出罪功能的补充与修正。

（四）刑事诉讼三机关出罪功能的合作与制约

1. 三机关相互合作保障出罪的执行

《刑事诉讼法》第7条要求刑事诉讼中的专门机关在办理刑事案件的过程中，应当"分工负责、互相配合、互相制约"。[①] 这一要求贯穿刑事诉讼的全阶段与全过程。在前文的阐述中亦有明确，负责我国执法、司法的三大机关均有权对犯罪行为进行认定，故完整的刑事诉讼程序需要三大机关的相互配合合作完成。此种合作包含两方面的含义，其一是要求三大机关通过法定程序的衔接适用及内部信息相互沟通高效执行刑事诉讼程序，追究被追诉人刑事责任，实现刑法的入罪功能；其二则是要求三大机关相互制约，使不应追罪的行为排除出犯罪圈，实现出罪。两方面含义共同构成我国刑事诉讼两大立法目的，即对犯罪的惩罚及对人权的保障。以往刑事诉讼理论观点中，程序法应为实现实体法所服务，不具有独立价值与品格，在实现惩罚犯

---

① 孙远：《"分工负责、互相配合、互相制约"原则之教义学原理——以审判中心主义为视角》，《中外法学》2017年第1期。

罪的功能方面仅要求执法、司法机关在刑事诉讼各阶段准确查明案件事实即可，并最终根据刑法相关条文对犯罪嫌疑人、被告人行为进行认定与追究，而判决作出前的一系列诉讼过程与行为均不具有独立惩罚犯罪或警示罪犯的效果；在实现保障人权方面，也仅要求执法、司法人员本身不得违反刑法规范，以违法方式进行司法活动并在审判过程中保持公正与严谨以此保障诉讼参与人的合法权利不受侵害。

事实上上述观点已不符合时代要求，诉讼法的逐步完善要求程序正义价值在司法实践中得到应有的重视。在对犯罪进行惩罚与警示方面，传统诉讼理论认为应突出刑法的刑罚作用，以此对犯罪进行惩处并起到警示社会公民的作用，然而这一观点容易使执法、司法人员唯刑罚甚至因追求司法惩罚而轻易入罪、严苛出罪。事实上这也确实导致了诸如无视程序正义而滥用刑讯逼供等违法现象。因此，对于犯罪行为的惩罚不仅可以通过刑罚实现，还应注重刑事诉讼程序中有关犯罪行为的惩戒功能，通过诸如强制措施等在内的非刑罚化方式，限制被追诉人的人身与财产自由，或要求其执行社区劳动及赔礼道歉等达到警示效果。在保障人权实现出罪方面，三大机关应通力合作审查被追诉人行为所触犯之罪名的该当性的同时，严格审查其应罚性，及时终结不应予以追诉的行为，及早结束刑事诉讼程序给予不应负刑事责任或不构成犯罪的当事人以解脱亦是实现人权保障及体现刑事诉讼谦抑性的题中应有之义。

2. 三机关相互制约制止出罪的妄断

刑事诉讼由于涉及公民基本权利的保障与实现，需执法、司法机关履行职责要更为严谨。根据我国刑诉法相关规定，刑事诉讼过程中，公安机关或人民检察院侦查案件、人民检察院审查案件以及人民法院对刑案进行审判，形成相互制约与监督的关系。就出罪而言，此种制约关系的存在有利于三大机关之间在程序及实体层面实现监督制约实效，以使任一机关在作出出罪认定时均非独断专行。这主要表现为两个方面，其一为诉讼程序后一阶段的主管机关对前一阶段主管机关的工作行为及实质（包括案卷材料与案件证据等）进行审查；其二为前一阶段主管机关对后一阶段主管机关作出的出罪认定具有抗辩的权利。"这些监督制度的存在，不仅能够保证应当出罪的案件得到及时出罪，也能防止不应当被出罪的案件被恣意出罪"。[①]

就诉讼程序后一阶段主管机关对前一阶段主管机关行为的审查而言，主要体现在人民检察院对侦查机关移送审查起诉的案件有权进行全方面审查，如若发现案件证据材料不全或收集途径违法则可要求侦查机关进行补充侦查或就涉嫌非法收集的证据作出合理解释，同时为防止出罪认定权的滥用，我国刑诉法从两方面进行规制，一是要求具体的案件经办人作出出罪认定应得到其主管机关的审核与批准，二是后一阶段主管机关应对前一阶段机关的诉讼行为进行监督，同时本案的被害人如若对某一机关作出的出罪认定不认可也可以要求作出该决定的机关说明理由或向后一阶段的机关提出追诉的请求。而对于应出罪而未出罪的案件，后一阶段的诉讼机关可以对案件进行全面审查后，直接作出出罪认定，从而对前一阶段主管机关的行为形成制约与监督。

而就后一阶段主管机关对前一阶段主管机关作出的出罪认定，根据我国刑诉法相关规定，亦可以由前一阶段主管机关提起抗辩。如在审判过程中，若人民法院作出了无罪判决，人民检察院认为被追诉人行为与法院认定不符，可以提出抗诉启动二审程序。这种出罪制约与监督机制体现了我国刑事程序法的严谨与独立价值判断。同时，需要明确的是，前文所述刑事案件中的被害人或其亲属或被追诉人及其亲属有权要求作出无罪认定的主管机关说明理由对出罪认定形成监督的实质，仍然是通过相关的诉讼主管机关发挥其作用，若不存在诉讼机关的追诉权或抗诉权，其监督权则并不能落实，故对其监督权纳入三大机关相互制约的范畴之内应是我国刑事诉讼法统一规制的应有之义。

[①] 孙本雄：《出罪及其正当性根据研究》，《法律适用》2019年第23期。

三　刑事诉讼程序行为的出罪效果

刑事法律体系中，具体行为是否可被认定为犯罪行为是实体法的任务，而涉及具体案件中受到指控的被追诉人是否依照实体法认定其行为为犯罪及是否应受处罚则是规范诉讼过程的程序法之范畴。此中缘由为刑法作为实体法，虽具有评价某种行为是否为犯罪的指导作用，但该指导作用的实现仍然有赖于刑事诉讼法。刑事诉讼过程中，若某项程序的执行或非执行最终导致出罪的实体法效果发生，则可视刑事诉讼程序实现了出罪功能。事实上，根据我国《刑事诉讼法》第 12 条之规定，任何人在未经过人民法院依法作出的有罪判决生效之前，均不得认定其有罪。传统刑事诉讼理论仅将依法中的"法"解释为刑法，然而值得注意的是，该"法"亦应包括诉讼法。"刑事审判是综合适用实体法与程序法的过程，程序法对最终裁判结果亦应产生实质影响"。[①] 由此，对犯罪行为的追诉不仅应符合刑法相关规定，还应遵守相关刑事诉讼法律规范，当上述系列规范被遵守或违反时，最终裁判结果有可能实现出罪的实体效果，此种情形下，便是为刑事诉讼程序存在出罪效果。

因刑事诉讼程序形成的出罪效果存在两种模式，其一为广义的出罪，即最终裁判结果与实体法规范并不完全相同，其实刑相较刑法规范较轻；其二为狭义的出罪，即经过诉讼程序后，完全宣告被追人无罪的情形。第一种出罪模式主要是程序性违法事项的存在，导致以实体判决结果相对较轻作为救济手段从而形成的广义出罪。第二种出罪结果模式的事由主要存在于因诉讼机关违反程序法规范，且严重影响司法公正而招致诉讼程序终结，最终宣告被追诉人无罪。第一种出罪模式的部分缘由已在我国司法实践中有所体现，而第二种出罪模式则多为境外国家立法规定，在我国当前尚无实践。然而，就我国重实体

[①] 孙远：《论程序规则的出罪功能及其限度——以程序违法的实体减轻效果为中心》，《政治与法律》2020 年第 2 期。

而轻程序、重入罪轻出罪的司法现状而言,两种模式兼而并用是提高我国刑事司法文明水平,并加强程序正义效果的明智选择。同时,合理的程序性行为产生的出罪效果对于缓解我国紧张的司法资源现状及保障被追诉人及被害人等获得程序与实体的双重正义均具有重要意义。因而,对于上述两种出罪模式进行分别研究是完善我国刑事诉讼机制的可为路径选择。

(一) 广义的程序性行为出罪模式

刑事诉讼过程中,一般而言,违反程序性法律规则产生的法律效果通常发生于程序规则运行的结果之中。如非法证据排除规则中,一项通过非法渠道或方法收集的证据由于违反程序正义及法律规范要求,在之后的诉讼程序中将其排除是合理合法的,而若该项证据是为关键性证据,对其进行排除将导致证据链条崩溃,由此导致法院将以证据不充分为由宣告无罪或是因此使得重罪情节无法成立而判处轻罪,实现实体出罪效果。但这一出罪效果却并不可被视为由程序性行为所直接引起的,其存在两方面的局限。其一,这项出罪结果并不因为程序法的规定而直接产生,仅是由于公权力机关违法行为在先导致证据不足产生间接效果;其二,一项法律后果的产生应是确定的,而正是由于法律并未明文规定违反程序法的行为在具体诉讼中所应承担的法律后果,因此即使如非法收集证据此种破坏程序正义情形的出现,其并不当然对实体裁判结果产生影响,故在程序正义受到破坏的情况下并不当然在实体层面对其存在救济措施,最终将使这一出罪效果成为偶然,只要其他证据仍然可以形成证据链,则出罪效果将不发生,被破坏的程序价值亦无法得到修复。因此,类似非法证据排除的规则并不能当然视之为程序性行为的出罪效果,甚至,碍于其可能对实体判决产生困扰的因素,部分检察或审判机关可能视之为无物从而拒绝对侦查机关的非法行为进行审查。

针对这一问题,部分学者提出了更为直接的程序性行为出罪模式,即在一定范围内,将程序违法事项作为实体刑罚的从轻或减轻处置的事由之一,从而对程序违法性行为造成的破坏进行救济。此种模式启发性地以更为直接且现实的方式为程序违法性行为的出现提供了诉讼法上的救济措施，但其本身具有一定的风险与局限性。这一模式如果不加限制，很可能导致实用主义盛行的情形，造成实际的司法实践中以从轻量刑补偿程序违法这一救济方法的滥用，其结果可能会助长程序违法的肆意性，最终致使程序正义得不到伸张，同时亦损害实体正义。但即使存在上述风险，亦不可因噎废食，如何正确运用这一制度，使其既能发挥积极出罪功能又可避免被滥用造成的风险便成为这一出罪模式的首要问题。

事实上，刑事法律体系的完整性要求刑法在具体案件中的适用与实现必须经由刑事诉讼法来完成，在此基础上，要求刑事诉讼程序必须公正且合法。通过非正义程序实现的诉讼结果亦是非正义的。以非法证据排除规则为代表的程序性手段一定程度上可以实现程序的自我维护与净化。"正所谓程序性裁判之功能便在于通过课以相应程序性后果，使得遭到破坏的程序公正得以恢复"。[①] 司法实践中，程序正义与实质正义相冲突的情况并不罕见，本质上是由于程序违法性行为所产生，多数情况下，舍程序求结果成为我国刑事司法的惯常选择，其结果便是造成了大量的冤假错案，而对于具有自我净化效果的非法证据排除规则等手段，囿于部门利益及司法工作指标经常被弃而不用。"同时由于程序性法律后果'全有抑或全无'的适用特征，法院在面对非法证据排除等救济申请时，要么拒绝排除证据或排除后仍综合全案证据定罪，使救济毫无实效，要么罔顾被告人的犯罪事实，将其无罪释放"。[②] 由此可见，具体的刑事诉讼过程中，程序正义与实体正义的选择绝不可非此即彼。在面对程序性违法现象并由此引发冲突时，合理的处理方式与思路应该是，在以实体刑罚的从轻或减轻处理以进行救济的同时，最大限度地保留伸张实体正义所应判处的刑罚。

---

① 陈瑞华：《程序性制裁制度的法理学分析》，《中国法学》2005年第6期。
② 赵常成：《程序违法何以实体从宽》，《华中科技大学学报》（社会科学版）2021年第6期。

论及是否符合这一思路的审查标准与程序，则应以三个标准进行审查。具体而言，第一，当且仅当违法性程序行为出现且并无其他任何可以在程序方面予以救济的手段时，方可适用减轻实体刑罚的方式进行出罪与补偿；第二，当且仅当程序性方法已经穷尽但仍无法对前述程序违法行为造成的破坏进行恢复时方可适用减轻实体刑罚的方式；第三，应在充分考虑比例原则的基础上适用这一模式，实体刑罚减轻的程度应以所遭受破坏的程序正义为限。由此可以得出结论，对于实体刑罚的减轻只能作为程序性违法现象发生时的最后救济手段，但即使如此，对于大部分程序性违法行为缺乏必要的程序救济措施的我国刑事诉讼体系而言，此类出罪模式不失为切实有效保障被追诉人合法权利及维护我国作为法治国家所必需的程序正义基础的实际方法。以法律援助制度下的辩护律师案件为例，根据我国刑诉法规定，对于可能判处无期徒刑以上刑罚但犯罪嫌疑人并未自行委托辩护律师的案件，侦查机关应该在侦查期间便通知法律援助机构为其指派援助律师，然而，在众多司法案例中，不少犯罪嫌疑人直至庭审阶段方才得到法律援助，故此类程序违法性行为的存在已是不争事实，然而，刑诉法中却并不存在对于这一违法行为的救济措施，多数此类案件的程序正义未得尊重，部分甚至由于辩护律师的缺席导致犯罪嫌疑人在诱供或逼供的情形下承认了并不存在的犯罪事实，从而造成冤案错案。因此，这种情形下，减轻其实体刑罚确有必要，不仅可以补偿犯罪嫌疑人未得完全尊重的程序权利，更可以以此警示执法、司法机关认真审查案件事实，实现不应追究刑事责任或不构成犯罪的案件应出尽出。

（二）狭义的程序性行为出罪模式

如前文所述，当程序性违法行为出现时，程序法内部的自我维护和净化的程序性恢复手段作为最为恰当的出罪方式应予以优先考量，而当此类手段缺失时，以减轻实体刑罚的方式进行广义出罪对被追诉人进行救济与补偿应成为有效考量。如若出现更为严重的程序性违法行为，例如侦查机关存在捏造证据乃至构陷公民的情形下，对于此类案件中的被追诉人而言，判处任何刑罚均是对刑事追诉的滥用。面对此类案件，又应以何种模式对被追诉人予以出罪从而维护法律权威与正义成为一个重要的问题。其答案自然也是不言而喻的，即唯有终止诉讼程序，当即宣告被追诉人无罪。

在我国当前刑事诉讼体系中，实际上并不存在裁定程序终止的法定事由及相关的程序规范，但在部分域外国家，这已经成为公正审判不再可能实现时予以出罪的法定选择。在英美法系国家，因严重程序违法行为裁定刑事诉讼程序终止，被视为法院作为司法机关的重要权力之一。在上述国家的刑事诉讼法律体系中，如美国禁止以实体从宽的方式对程序违法行为进行补偿。故而"由于程序违法与所获补偿并不相称，程序终结往往成为超出被告人预料的'意外收获'"。[①]而大陆法系国家最初并无这一程序的存在，但在第二次世界大战之后，两大法系对彼此的影响不断加深，其亦在刑事诉讼体系中加入了裁定终止程序的法律规范。不同于英美法系国家中，法院有直接裁量权可以随时终止刑事诉讼程序的续行，大陆法系国家通常将会对程序正义造成根本性破坏的程序违法行为纳入其诉讼要件的范围，并在诉讼中对是否存在此类行为进行审查，如若存在则将以诉讼要件灭失为由裁定诉讼程序终结。诉讼要件作为大陆法系国家职权主义诉讼模式的重要概念，具备与否直接关系实体判决能否作出，即法院有权对缺乏诉讼要件的案件裁定终止诉讼程序，包括但不限于以下要件：其一，法院是否对该案件具有管辖权，管辖权本身即作为最为重要的诉讼要件之一；其二，追诉期限是否已经届满，对于已经届满的案件则应裁定程序终结；其三，被告人的生命及身体状态可否接受审判等。近年来的司法改革中，诸多大陆法系国家已经将严重的程序违法行为作为诉讼要件纳入了其刑事诉讼法律体系中，例如日本刑事诉讼法规定当一个刑事案件存在如诱导性侦查、非法对被追诉人予以拘留等情形，其诉

[①] 赵常成：《程序违法何以实体从宽》，《华中科技大学学报》（社会科学版）2021年第6期。

讼要件归于消灭，法院应裁定终结具有上述情形的案件的刑事诉讼程序。

对于我国而言，境外的此类出罪处理方式具有一定参考意义，其对于改善我国重实体而轻程序的刑事法律观念具有重要作用。同时，我国已经具备了相应的法律基础，在我国《刑事诉讼法》中，如前文所述之第16条有关不予追究犯罪嫌疑人的刑事责任的条款，除却第1项与刑法"但书"条款表述一致之外，其余数项事实上是对诉讼要件的规定，其中第6项规定为其他法律规定的不予追究刑事责任的事项，这一条款本身实际上是对该条的兜底性规定，同时这一条款的宽泛表述给予了我国纳入严重程序违法性行为作为诉讼要件的立法空间。当其纳入之后，在具体案件的司法实践中，则可视案件当前处于的诉讼阶段而分别由侦查机关裁定撤销，由检察机关裁定不予起诉及审判机关终止诉讼程序，从而实现狭义范围内被追诉人完全无罪的出罪结果。

综上所述，程序正义作为刑事诉讼法律体系中贯穿诉讼全过程的重要品格，其内涵与精神亦伴随刑事诉讼法的成长愈发丰富与重要。程序价值在传统的刑事诉讼理论层面往往被视为实现实体法功能的工具，而这一观点未免过于狭隘，建设法治化社会的目标要求法律不应仅重视程序法的外在价值，对于其内涵的公正、参与及人权尊严等超越实体法规定的价值诉求亦应受到法律工作者的重视与维护。正当程序是产生正当判决结果的前提。因此，对于违反正当程序的刑事诉讼行为，研究如何以程序手段发挥刑事诉讼出罪功能及处遇机制具有学理与司法的双重价值与作用。

第四节　刑事诉讼相对独立的出罪处遇机制

传统刑事诉讼观点认为刑法作为实体法，其存在本身对于犯罪行为的认定具有基础作用，即罪与非罪、此罪与彼罪的判断应基于刑法规定而进行。同时我国《刑法》第3条规定犯罪行为是指法律明文规定的，所有未经法律明文规定的不得视为犯罪，由此，刑法似乎天然排斥其他法律对于犯罪的认定及出罪的判断，而刑事诉讼过程则应依照刑法的规定执行，不可独立作出犯罪的判断与认定，更不应独立判断被追诉人行为之出罪与否。在学界观点中，《刑法》第3条的规定往往被认为是我国对于罪刑法定原则的明确接纳与阐释，然而，罪刑法定原则的本义是为了杜绝罪刑擅断从而保障被追诉人合法权利。就其本意与精神而言，是通过对实体法入罪的限制及程序法出罪的自由裁量实现实体正义与程序正义。从这一角度考量，我国刑法对于出罪功能本身存在不足与缺陷，如前文所述需要刑事诉讼法加以补强与修正。但这一观点并非等同于认可刑事诉讼法仅为实体法实现或补充其功能的工具，相反，刑事诉讼法以其法律规定为基础对刑法出罪功能的不足采取独立的出罪处遇方法与机制。事实上，"刑事诉讼法和相关司法解释的规定早就对诸多犯罪进行了'非犯罪化'的大胆处分"。[①] 下文将就刑事诉讼中对于出罪问题具有代表性的数项规定进行讨论。

一 刑事诉讼不予追究刑事责任事项对刑法规定的超越

刑事诉讼法作为刑法的程序法，其制定目的是为了保障刑法的正确实施，因此，就这一理论而言，刑事诉讼法似不应在出罪问题方面作出独立规定，仅于审判阶段依据刑法条文判定被追诉人有罪与否，事实上，刑事诉讼法及相关的司法解释已经在实质上突破了《刑法》第3条有关犯罪与否的认定，转而以独立的方式对犯罪行为的有无及应否追究刑事责任进行规定。换言之，刑事诉讼法对于出罪问题具有独立的法律规范。如前文所述，我国《刑事诉讼法》第16条规定了6种不予追究刑事责任的情形，其中有两项并不属于刑法规制的法定出罪情形，而是由刑事诉讼过程中的各机关依据本法进行独立判定。

其一是第3项规定，本规定要求经特赦令免除刑罚的不追究其刑

[①] 杨明：《程序法"出罪"功能研究》，《中国刑事法杂志》2010年第1期。

事责任即经过特赦令免除刑罚的犯罪嫌疑人可以被宣告无罪。而这一规定与刑法关于罪责必究的要求与原则并不符合。由于特赦的含义是赦免被追诉人的惩罚而非赦免其罪过，不等同于大赦赦其刑亦赦其罪，故根据刑法的相关规定，仍应对其进行定罪处理。然而，《刑事诉讼法》第16条所言明的是这一情形将不予追究刑事责任，追究刑事责任的方式无外乎两种即定罪处刑或定罪免刑，无论是否对于被追诉人施以刑罚进行惩戒，其本质都需要对其犯罪行为进行认定与判决。因此，刑事诉讼法的规定突破了刑法对特赦的限制，从而独立地将经过特赦的被追诉人予以出罪。

其二是第5项之规定即被追诉人死亡的应该不再追究其刑事责任。就传统的刑法学观点而言，我国刑法在犯罪人是否存活问题方面采取风险自甘及罪责自担原则即犯罪嫌疑人一旦死亡，刑法便失去了适用的价值与现实意义，因此，对于停止追究其刑事责任亦无不可。然而，现行的刑法则并未采纳这一观点，对于是否应该追究死亡犯罪嫌疑人的刑事责任并无明确规定。就刑法预防犯罪任务而言，刑法对于犯罪的预防功能具有特殊预防与一般预防两项，而对于已经死亡的被追诉人而言，特殊预防已经失去其实现的可能性，如若对其进行定罪处罚似乎亦能完成刑法对于社会潜在不法分子形成震慑的一般预防功能。就此观点而言，刑法对于追究已死亡犯罪嫌疑人的刑事责任存在其合理性。然而，囿于我国地域宽广、人口众多的现状，我国刑事司法资源处于持续紧张的状态，此时若要求刑事诉讼程序对已经死亡的被追诉人在其无法提供侦讯笔录、被告人最后陈述乃至辩护律师辩护意见的情形下，形式化地对其进行定罪量刑并不具有实际意义亦不符合程序正义的基本要求。同时，此种机械化、形式化的追诉过程将造成我国刑事司法资源的严重浪费，既不具有实体价值更不具备程序价值。故我国刑事诉讼法拒绝对已经死亡的犯罪嫌疑人、被告人予以入罪，以不追究刑事责任的方式予以出罪处置具有现实意义与程序价值的保障作用。

二　刑事和解制度对刑法规定的超越

我国《刑事诉讼法》第288条至第290条规定的刑事和解制度，亦是刑事诉讼法在出罪问题法律制度方面的独立创设。"刑事和解是指刑事案件中的加害人与被害人之间或通过第三方主持，双方达成谅解，以赔礼道歉、经济赔偿等方式，平等地全部或部分解决已然犯罪的程序及实体方法"。① 根据我国刑诉法规定，被追诉人如因民间纠纷触犯刑法分则第4、5章可判处三年以下有期徒刑的犯罪或除渎职犯罪以外可能判处七年以下有期徒刑的过失犯罪，在刑事诉讼各阶段均可通过向被害人真诚悔罪并积极赔偿被害人损失获得被害人谅解与被害人达成和解。对于达成和解的案件，侦查机关、检察机关及审判机关均应在对其进行合法性及和解的真实性、自愿性进行审查后制作和解协议书。处于不同诉讼阶段的案件，则有不同的处理模式。具体而言，当案件尚处于侦查阶段时，公安机关可以向人民检察院提出对于被追诉人从宽处理的意见；而当案件处于审查起诉阶段时，检察机关则拥有两种选择，对于犯罪情节轻微而不需要判处刑罚的案件可以直接作出不起诉决定，而对于其他案件则可以向人民法院提出从宽处罚的建议。值得注意的是，本条文规定中存在检察机关可因犯罪情节轻微，作出不起诉决定的表述，即一般意义上的酌定不起诉。通常认为，酌定不起诉的内涵是要求犯罪情节轻微，然而根据刑法的表述，未经宣判不得宣告任何人有罪，故而其本质是检察机关认定了犯罪事实的存在且被追诉人有罪，但因其情节轻微而"非犯罪化"，对于被追诉人行为作出无罪宣告。这突破了刑法中出罪的法定原因，即"但书"条款仅在审判阶段适用刑事诉讼法与"但书"条款精神一致的程序性法规，具有独立出罪的全部功能。

刑事和解制度的建立具有其合理性与正当性。在我国，刑事诉讼不仅具有惩罚犯罪与预防犯罪的目的，亦有恢复因犯罪行为被破坏的

---

① 李卫红：《刑事和解的实体性与程序性》，《政法论坛》2017年第2期。

社会关系及通过对被追诉人惩罚补偿被害人被侵犯的法益及损失的目的。和解程序的存在给予被追诉人与被害人直接接触并达成谅解的平台与契机，有利于化解二者因犯罪行为造成的怨怼，更有助于被害人获得及时赔偿。由于和解的达成亦可使被破坏的社会关系重归于平静，因此，通过刑事和解程序对被追诉人予以出罪，在恢复因不法行为对被害人之法益造成的损害的同时，彰显刑事诉讼法作为程序法独有的调解价值。不同于以国家为主导的刑事诉讼模式，该制度运行中由双方当事人参与协商与谅解，强调刑事案件双方当事人的参与性及主动性，推动出罪实现。因此，该制度从程序与实体两方面拓展了出罪思路，突破了刑法有罪必罚、违法必究原则，以其独特的程序功能保障了刑事诉讼中所有诉讼参与人对自身权益应有的处分权。值得注意的是，关于刑事和解制度的研究，有观点认为我国应参照与我国刑事法律具有更多相似性的大陆法系国家进行完善。"然而德国的合意制度与法国的刑事和解与中国刑事诉讼法规定的刑事和解不是一回事，从理论上归纳两国的相关规定应当属于协商性司法的范畴，类似于英美法中的辩诉交易"。① 故此，下文将对辩诉交易制度进行进一步阐述以示二者区分。

三 认罪认罚从宽制度对刑法规定的超越

认罪认罚从宽制度作为我国"坦白从宽，抗拒从严"刑事司法特色的法制延续，一般被认为是我国辩诉交易制度的典型体现。论及辩诉交易制度的起源，最早出现于英美法系国家。根据美国法学界的考究，辩诉交易制度最早于1804年出现于美国刑事司法过程中，在多起案件中，检察官与被告人可就罪名种类、罪责数量、罪刑轻重乃至刑期长短进行交易与协商，直至部分案件中，在实际庭审时检察官所指控的某项罪名已经从起诉状上消失。然而，此项制度虽然早已存在于美国诸多州域，但直至第二次世界大战之后的1970年方才由美国

---

① 王洪宇：《法国刑事和解制度述评》，《现代法学》2010年第2期。

联邦最高法院裁定认可辩诉交易的合法性。换言之，在此之前的辩诉交易制度不仅没有实体法层面的法律依据，甚至在程序法方面亦非法定的程序制度。在英国，通过刑事辩诉交易与和解最终使被追诉人不受追诉实现出罪效果的司法实践古已有之，然而时至今日，英国在已经拥有超过170个法律调解机构的情况下，法律仍未认可辩诉交易存在的合法性。换言之，其仍然仅系刑事诉讼程序中的默认规则。辩诉交易的存在给予被追诉人完全基于刑事诉讼程序出罪的可能性（此处的出罪多指广义性的出罪结果），出罪的合理性完全基于其对诉讼程序的配合程度，若完全配合检察官所提议的诉讼程序则可获得实体罪责层面的减轻。"从本质来看，认罪认罚案件办理的过程就是一种认罪协商的过程，可以称之为协商式刑事司法或者合作式刑事司法。"[1]就这一角度而言，我国认罪认罚从宽制度本质上与其并无二致，均是基于犯罪嫌疑人、被告人对于案件诉讼程序的配合以缩短诉讼时间，节约司法资源从而获得的"奖励"性质的出罪效果。

认罪认罚从宽制度作为刑事诉讼制度独特的出罪处遇机制对于提高我国刑事司法效率具有重要作用，然而基于该出罪功能，认罪认罚从宽制度需要获得严格的审查以保障被追诉人在缔结认罪认罚具结书时的自愿性与真实性。"这就意味着，在审判阶段，法官一方面要审查认罪认罚和量刑协商的过程是否合法，确保程序公正；另一方面，要审查认罪认罚的自愿性、具结书内容的真实性和合法性。"[2]根据最高人民检察院发布的指导案例显示，部分地区，甚至出现在48—72小时内完成了刑事诉讼程序从侦查至审查起诉再至审判的全部流程，如此快速的诉讼程序是否真的符合刑事诉讼法的程序规定，是否在犯罪嫌疑人选择缔结认罪认罚具结书的过程中存在程序违法性行为均是值得商榷的问题。如若司法机关对于认罪认罚自愿性的真实性不加严格审查，不仅出罪功能无法实现，其所放纵的严重非正义的程序

---

[1] 胡铭：《认罪认罚案件中的量刑协商和量刑建议》，《当代法学》2022年第2期。
[2] 张威：《认罪认罚从宽制度运用与改进问题的刑事一体化考察》，《法学杂志》2022年第2期。

行为亦使这一制度难以实现刑事诉讼公正、严谨的价值追求。

第五节　刑事一体化理念需要刑法出罪与刑事诉讼出罪制度相协调

如前文所述，我国刑法及刑事诉讼法均对出罪事由及模式作出相应规定。然而，不同于程序法领域以认罪认罚从宽制度代表的轻刑化、以刑事和解制度为代表的息诉化方式实现的刑事诉讼程序出罪功能，我国刑法在近些年司法改革中出现犯罪圈扩大化的倾向。伴随经济的高速发展，我国社会格局亦在不断发生变化，在较为剧烈的社会变革中多种新型犯罪行为频发，功能主义刑法观及传统重刑主义刑事司法观念致使我国对于前述问题采取轻罪化的方式予以应对。"积极刑法观认为应当以法益保护主为前提，通过增设新罪来满足保护法益的需求"。[①] 甚至有观点认为应该将目前部分行政处罚性质的行为纳入刑事法律的规制范围。由此可见，在积极刑法观念的影响下，我国刑事司法中的实体法部分正逐渐扩张入罪范围，并以轻罪化形式处理新产生的社会矛盾。

以程序法视角对实体法加速轻罪化造成大量普通违法行为入罪情形进行审视，无疑这一改革将严重影响紧张的刑事诉讼资源。与此同时，将大量普通违法行为进行轻罪化改革必将使关联公民不仅可能受到刑罚处罚，更可能失去工作、信誉等，受到刑事司法的消极评价，这些对被追诉人及其家庭造成的冲击终将反弹于社会的不稳定之中。在刑事诉讼法出罪功能愈发完善的情形下，使其被动适应刑法轻罪化行为大量增加所带来的影响与冲击并不现实。因此，在刑事一体化理念的指导下，引导刑法出罪机制与刑事诉讼出罪机制相适应显得尤为必要。

---

① 张明楷：《增设新罪的观念——对积极刑法观的支持》，《现代法学》2020年第5期。

一 刑法出罪趋势与刑事诉讼法出罪趋势的背离

我国刑事诉讼法出罪法律规制存在诸多独立运行机制,共性要求是,普遍以对社会危害性较小、犯罪情节较为轻微为事由。而刑法当前改革趋势却是将大量轻微违法事由纳入犯罪范畴加以入罪,对于出罪的审查则毫无变化,甚至部分之前以"但书"条款不认为是犯罪的行为如今亦以刑法修正案的形式明确入刑规制。以危险驾驶罪中的醉驾入罪事由为例,我国自2011年确定醉驾入刑的刑法改革至2020年,以醉驾为主要犯罪情节的危险驾驶罪的结案数量达28.9万件,其数目之多在全国各类型刑事案件中的比例超过四分之一,成为我国名副其实的第一罪,每年因此处理的罪犯数目达30万之巨。如此庞大的犯罪群体毋庸置疑将使其背后的家庭遭受重创,根据最高人民法院发布的一项数据显示,绝大多数醉驾案件的刑事责任人多为20—40岁的青壮年,作为所在家庭经济收入的绝对支撑,亦是社会中劳动力的绝对主力,更是维持社会安定的重要力量。而因为刑法轻罪化改革的影响,许多系偶犯、初犯且未造成严重后果的醉驾行为得以入罪,这对于被追诉人个人而言近乎是毁灭性打击。由于醉驾案件的大多数犯罪嫌疑人在职业生涯中尚处于上升期,被追究刑事责任锒铛入狱之后不仅要面对犯罪行为带来的惩罚,更要接受一系列的附随后果。根据我国多部规范特殊职业的法律法规,一切受过刑事处罚的公民均不得从事上述职业或担任特殊职务,因此,醉驾人员在入罪后如为公职单位公务人员将被开除公职及党籍;囿于其需要接受刑事处罚而不能正常工作,普通职员将被用人单位解除劳动合同;律师、医师、公证员等特殊行业执业、从业者则将被吊销资格证书并不得再次获取。与此同时,其犯罪行为将纳入个人征信记录,其正常的消费、借贷款等均将受到限制与影响。不仅如此,其将无法通过国家公职人员及军队入伍的政治审查,而其子女、近亲属也将在加入中国共产党、报考军校、报考国家公职人员等一系列活动中难以通过政治审查。因此,每年因刑法轻罪化改革造成的社会孤立群体数目达百万之巨。对此,有学者进一步指出,"'醉驾刑'所衍生出的某些规则、规定或有影无形的'软制裁',明显已经沦为道德王国的颠覆性势力,其给'醉驾'人带来的软、硬制裁之重、之狠,有时达到了直接危害宪法上基本权利的地步。"[1]

针对以醉驾案件为代表的轻罪化入罪改革并不可言之谓毫无益处,事实上,仍以醉驾案件为例,自其入刑以来,社会公众对于醉驾行为的接受与认可程度逐年降低,其确实有助于减少交通意外发生及国民综合素质的提高。然而弊端亦是显而易见,其为被追诉人带来的附随后果几乎已经完全超乎了罪行所应受到的惩处。同时,无论案情如何简单,乃至采用速裁程序或简易程序,仍然要耗费大量的人力与物力对案件进行入罪处理,不仅挤占刑事司法资源,更是由于其庞大的案件数量使得追诉成本高企不下。最为重要的是,刑法轻罪化改革所造成的大量实体法入罪与刑事诉讼程序性出罪改革趋势背道而驰,不仅有悖于刑法本身所应遵循的谦抑性要求,更破坏了刑事一体化理念所要求的统一司法改革趋向。

二 刑事一体化理念下出罪机制的改革方向

(一) 程序法方向

事实上,刑法轻罪化改革与扩张从程序法方面并无法对此做出直接规范。而面对实体法的快速扩张带来的危害,理论界亦有观点认为应该注重在程序法方面通过建立一系列配套制度来予以应对,包括但不限于在刑事诉讼进行过程中,修正对轻罪犯罪嫌疑人羁押期限及上浮羁押条件以控制轻罪案件的在押率;设立犯罪前科消灭制度以更好地帮助触犯轻罪的被追诉人回归社会;完善程序分流机制以更快捷地对轻罪案件适用速裁程序及简易程序,以此高效处理轻罪刑事案件。上述观点及建议有其合理之处,然而改革并非一朝一夕间便可得以完

---

[1] 解志勇、雷雨薇:《基于"醉驾刑"的"行政罚"之正当性反思与重构》,《比较法研究》2020年第6期。

成的，需要漫长的机制改革以及熟悉相关业务的专业人员的培养。因此，上述建议对于近期仍处于快速膨胀的刑法轻罪化改革而言实恐难以发挥效用。对于轻罪案件而言，程序法应坚持现有的出罪改革方向，即通过完善认罪认罚从宽机制、刑事和解机制及各阶段出罪的固有模式，使实体法轻罪化改革对社会的不利影响降至最低。具体而言，有如下几点。

其一，以程序为指引，激活部分实体法出罪条款。如前文所述，我国在无罪案件判决中，以"但书"条款作为依据的出罪模式占据了刑法出罪模式的半壁江山甚至更多。而以正当防卫、紧急避险等其他法定事由作为出罪依据的案件数量则十分稀少，因此，如何通过刑事诉讼的程序指导实体法法定出罪事由条款激活便成为这一问题的重中之重。仍以正当防卫为例，2018年发生于江苏省昆山市的"昆山龙哥案"便是这一方式的典型体现。案件本身的细节笔者在此不再赘述，结果是，案件发生后，面对互联网及舆论界的重磅发声与讨论，当地人民检察院主动承担起诉讼职责，在案件侦查阶段指导当地公安机关对"正当防卫"进行认定与判断，最终案件以于海明构成正当防卫为由公安机关作出撤销处理。这一处理结果在程序上体现了后一阶段诉讼机关对前一阶段的诉讼机关进行监督的同时对正当防卫认定条件发挥示范的作用，在此之后，实体裁判中以正当防卫为出罪原因的案件数量逐渐增多，刑法有关正当防卫的条款摆脱了"僵尸条款"的称号。人民检察院作为刑事诉讼程序中承上启下的重要机关，其在进行案件审查时，"必须坚持客观中立的立场，全面考虑影响犯罪构成的各要素。"[①]

其二，完善程序出罪体系，加强诉讼法出罪效果改革。由于《刑法修正案（九）》《刑法修正案（十）》等改革成果多以轻罪的增加为主，而程序法立法者难以直接删除或替换刑法改革中的具体罪名，

[①] 胡立平：《"醉驾"的入罪与出罪》，《法律科学》（西北政法大学学报）2021年第6期。

同时，程序法的出罪机制亦不能亦步亦趋跟随实体法每一次的具体变更。因此，考虑如何完善当前的程序法出罪体系，为更多的轻罪案件提供法定出罪渠道应是值得关注的问题。如前文所述，多数轻罪案件的刑罚本身并不具有过度的严厉性，而其伴随的附随性法律后果方是多数轻罪案件对于社会的冲击之所在，因此，程序法的出罪机制应考虑将上述多以拘役或管制等轻罪轻刑案件的案底封存或销毁纳入程序设计的考量，从而完成程序法对于轻罪案件的独立处遇态度及评价体系。同时继续完善认罪认罚从宽制度及刑事和解制度，提升被害人及被追诉人的参与感，以使其消弭内心怨怼，不仅达成法律层面的出罪更达成精神层面的出罪。

（二）实体法方向

作为引发刑法出罪机制与刑事诉讼出罪机制不相协调的根本，作为实体法的刑法应更为主动地承担刑事一体化理念下的出罪机制改革任务。为达成这一目的，刑法首先需要平衡入罪与出罪的理论构成及认定体系，即要求刑法理论不可在犯罪构成复杂及完善的情形下对于出罪的理论研究及事由多寡予以偏废。相较德日刑法对犯罪构成及出罪事由一视同仁的重视，我国刑法不仅在出罪事由方面规定较少，执行效果亦差强人意。因此，这一情况要求我国必须加强刑法中出罪事由多元化体系的建立。所谓多元化出罪事由体系有两个方面的含义，其一是出罪事由的由来及渊源应该展现多元化特征，不仅应该包括刑法所规定的诸如"但书"条款、正当防卫等法定事由，还应该包含有由最高人民法院或最高人民检察院发布的指导案例所产生的法律约束力的判例积累。"司法实践是发展出罪事由的主战场，无论是具有判例法传统的英美刑法，还是具有成熟的案例研究制度的德日刑法，其丰赡充盈的出罪事由或抗辩事由，都离不开司法机关的提炼与积累"。[1] 其二则是层次性质的多元，不仅应包括刑法总则中有关出罪的相关规定，还应包含有分则中针对特殊犯罪的具体出罪事由。以未

---

[1] 杜治晗：《但书规定的司法功能考察及重述》，《法学家》2021年第3期。

成年人与幼女偶尔发生性关系为例，对于特殊的情形应有特殊的出罪规定，以此解决当前刑法出罪功能苍白单一的问题。

同时，刑法出罪机制的改革尚须注意违法却阻事由对于出罪机制的影响。其中尤其以依法令的行为为重。仍以醉驾案件为例，当前司法实践中，曾出现过处于醉酒状态下的警察按照其上司警官或主管机关的命令在短时间内驾驶机动车的行为。此种情况当然构成以醉酒入罪的危险驾驶罪，然而在审查过程中仍应注意其采取酒后驾车的客观原因是依照本单位或职业的特殊法令进行，故应属于违法却阻性事由而不能认定构成犯罪。"所谓依法令的行为，是指行为人依据法律的明确规定或执行具体指令、命令从事特定活动时，即便该行为符合构成要件，行为的违法性也不存在。"① 除此之外，刑法中有关紧急避险的认定亦应在轻罪化改革的当前予以重视。同样以醉驾案件为例，安徽省芜湖市中级人民法院曾审理的一起案件显示了紧急避险行为对于刑法轻罪的违法性却阻。家住芜湖市的胡某某于2021年5月14日晚与朋友晚餐聚会，聚会结束后，其因饮酒原因本欲找寻代驾载其返回家中，然与之同行的其子突发癫痫，在拦不到出租车的情形下，其自行驾车前往数公里外的医院，后在将其子送至医院的途中被交警截停并做了酒精浓度测试，显示其血液酒精浓度为40.6毫克/100毫升，属于酒后驾车的行为。最终案件以公安机关认定其行为属于紧急避险撤销了案件。紧急避险要求被追诉人在没有其他方式的情形下选择伤害的法益不能超过其所需要保护的法益，而在本案中，其子的生命健康即其所需重点保护的法益，同时，其血液酒精浓度较低且未发生任何交通事故，其所侵害的抽象危险性法益并不足以与其子生命价值等同，故本案认定为紧急避险应属合理合法。值得注意的是，在诸多的轻罪案件中，存在违法却阻性事由的案件并不罕见，由于刑法立法者难以在各种罪名中穷尽每一违法却阻性事由的具体情况，故对轻罪案件进行限缩亦是应有考量。

---

① 周光权：《论刑事一体化视角的危险驾驶罪》，《政治与法律》2022年第1期。

第二章 刑事诉讼出罪与刑法出罪的交互作用机制

出罪制度的设计在司法与学理界均属于热点话题之一,而对于一项法律程序的修改与设计则必然涉及这一程序所牵涉的多方的利益关切。刑法扩张轻罪的范围,限制被告人、犯罪嫌疑人之权利则必然有利于为刑事不法行为所侵害的被害人权益的恢复及社会关系的稳定,但与此同时,给予被追诉人以稳定且可期待的出罪路径与诉讼权利却不一定会损害被害人的合法权益及社会利益。恰恰相反,其有助于为整体社会公民提供更高的安全感以及对司法公权力更高的信任度。因此,出罪制度在刑法与刑事诉讼法双层面的建立与完善对于提高我国刑事司法文明水平,提高我国司法公信力具有重要作用。

同时,仍应注意到,刑事诉讼法具有其独立的程序价值与品格。正如前文所述,非正义程序必然招致非正义的结果。因此,在对出罪机制进行发展的同时不能仅将刑事诉讼法作为实现刑法的工具与器械。而应在刑事一体化理念的引领下,使得刑法与刑事诉讼法在改革方向上趋同与一致,不可背道而驰,更不可重实体而轻程序。因此,为构建刑事法律体系总体的和谐以及保障社会公民享有充分的诉讼权利,"刑事实体法和刑事程序法在遵循相同的立法精神的前提下,应当在各自领域权衡法律利益的大小并进行取舍增强法律体系的内在协调性,保证刑事法律成为人类谋求福祉的手段。"[①]

---

① 杨明:《程序法"出罪"功能研究》,《中国刑事法杂志》2010年第1期。

第三章　刑事诉讼出罪的程序理论与实践根据

第一节　问题的提出

入罪与出罪在刑事司法活动中相互对应，相互联结，现行法律规范中入罪根据在立法及司法方面较出罪的制度根据更为完善，出罪的适用及研究较为缺乏、零散，从犯罪构成要件角度认定危害行为为犯罪行为出罪的研究较为匮乏。世界各国均存在出罪制度的适用，出罪制度往往超越法律更能适应社会需要，司法实践适用出罪制度则更能推动立法发展。大陆法系国家中，"日本的出罪率较低，刑事案件定罪率高，在这种情况下，日本十分注重出罪制度的研究"，[①] 日本众多法学研究者运用罪刑法定主义原则研究限制入罪、保障出罪机制，认为罪刑法定原则是刑事出罪基础，并就犯罪中止、犯罪未遂、违法认识可能性及犯罪预备中止等出罪情形作出论证。违法阻却事由的出罪功能是日本研究出罪制度的内容，主要讨论正当防卫中假想防卫、偶然防卫及紧急避险中相关问题的出罪，阐述司法实践中违法阻却事由运用。另有学者从犯罪主观上故意或过失判断出罪制度适用界限就行为人主观层面作出详细分析，解释故意和限定故意、细分过失，阐述出罪制度适用。

德国在程序中主要通过不起诉制度实现轻微犯罪出罪，其中包含

---

① 储陈城：《出罪机制保障论》，法律出版社2018年版，第40—41页。

两个部分,"一是德国刑事诉讼法规定罪责轻微不起诉原则",[1] 在轻微刑事案件中行为人的危害行为情节轻微且未牵扯到公共利益追诉,经有管辖权的法院允许,检察机关可不进行追诉。如果轻罪未设置最低刑罚,危害行为引起的危害结果轻微,则无须经法院允许。"二是履行负担与指令的不起诉原则",[2] 经有管辖权的法院和犯罪嫌疑人或被告人同意,检察院可以不向法院提起诉讼,向犯罪嫌疑人或被告人处以负担和指令,这些负担和指令应当有利于消除危害行为对公共利益产生的负面影响,并且应当与危害行为的危害程度相当。被告人要承担的负担和指令需要考虑以下几个因素:一、因危害行为造成的损失履行赔偿义务;二、向国家缴纳相关费用;三、其他具有公益性质的给付;四、履行一定的抚养义务;五、积极地与被害人达成和解,尽可能弥补被害人损失;六、参加社会教育课程等。德国自1877年在刑事诉讼法中确立了起诉法定原则以保障公民合法权益,促进刑事司法公正。1924年德国法学家埃明格尔改革引入了罪责轻微不追诉制度,1974年新刑事诉讼法创立了履行负担与指令的不追诉制度,且制度适用可以不经法院同意。通过改革,改变了危害行为情节轻微的限制,拓宽了制度适用范围。

相较于大陆法系,英美法系国家无罪判决率略高,在刑事法庭上陪审团作出无罪判决,这不仅是对刑事辩护的肯定,也是一个国家高标准法治保障人权的体现。无罪判决率是一个国家法治水平的体现,不仅体现司法公正,保障人权,还体现着司法权威。司法超越法律,弥补法律不足,在一定情况下脱离法律以适应社会需要。在19世纪初,"美国就有了刑事司法中辩诉交易的实务。辩诉交易中,检察官与被告人对指控的罪名、罪名数量、罪刑轻重以及刑期长短都可以进行协商,双方在各个方面都可能作出让步。"[3] 但是辩诉交易存在不稳定性和不公正性,案件裁判结果容易受司法人员影响,甚至严重影

---

[1] 王华伟:《轻微犯分流出罪的比较考察与制度选择》,《环球法律评论》2019年第1期。
[2] 王华伟:《轻微犯分流出罪的比较考察与制度选择》,《环球法律评论》2019年第1期。
[3] 杨明:《程序法"出罪"功能研究》,《中国刑事法杂志》2010年第1期。

响案件公正。① 19世纪末，在刑事诉讼程序中出现了双方当事人与司法人员通过明示或默示方式达成协议的案例且后续使用频率逐渐增长。甚至在20世纪上半叶，司法机关同当事人的司法协议得到广泛应用，但其未能在文件或法律规范上明文规定或得到刑事法院认可，在司法实践的运用也暗中进行。第二次世界大战后刑事诉讼通过协议交易出罪成为了法学者讨论和考察研究的课题，法院逐渐接受了谈判交易出罪。20世纪70年代"美国最高法院认可谈判交易的有效性和重要性之后，谈判交易出罪取得了合法性的地位。"② 后美国最高法院批准了辩诉谈判交易的做法，并将它视为有效且令人向往的出罪方式，甚至将其称为刑事司法重要组成部分。在辩诉交易被美国判例法认可前，许多犯罪行为未得到公正审判。美国将辩诉交易纳入法律认可范围，为刑事诉讼程序中的适用提供了合法依据，但在有些国家，类似辩诉交易的谈判交易出罪方式仍然未受到认可。

20世纪90年代欧洲理事会指出，合意性纠纷解决方式已经发展成为可以代替传统对抗型模式的纠纷解决机制。20世纪60年代以来，为了扩充新解决纠纷方式，多方面多角度多层次解决纠纷，节约司法资源，提高刑事诉讼效率，促进刑事司法公正与效率，许多欧洲国家也尝试通过柔性方式实现出罪，刑事调解就是其中之一。20世纪70年代英国刑事司法中开始适用刑事调解，经过长期发展英国刑事调解机构数量攀升，甚至社区也设有刑事调解机构。但在漫长的发展过程中，英国一直未建立起刑事调解法律依据。

在司法实践中罪责轻微不起诉制度得到认可并广泛适用，同时程序法对轻微犯罪已经作出较为全面的规定以配合其适用，但事实上社会经济发展变化为制度适用提出新挑战，程序法的出罪制度适用仅限于罪刑法定适用的补充，适用范围难以达到普通犯罪行为的广泛程度，而且在情节轻微刑事案件出罪制度适用中难以彻底解决面临的问

---

① 孙远：《论程序规则的出罪功能及其限度——以程序违法的实体减轻效果为中心》，《政治与法律》2020年第2期。
② 杨明：《程序法"出罪"功能研究》，《中国刑事法杂志》2010年第1期。

题。因此，刑事诉讼法中出罪制度适用仍应继续完善，借鉴先进经验以促进制度长远发展。

第二节　刑事出罪在我国的实践

一　刑法出罪实践

随着社会公众健康优质生活需求的增加，药品保健品销量增长，假冒伪劣药品销量也随之增长并严重损害了社会公众的生命健康。"实践中鉴于假药鉴定专业性较强的特点，司法机关一般不直接对假药定性，而通常将假药认定的决定权交由药监部门行使[1]"，药监部门难以承担药品认定全部工作，其可靠性和中立性受到质疑。刑事立法为规范药品市场犯罪多次修订法律，扩充伪劣药品犯罪的处罚范围、种类，加大惩罚力度。在生产、销售假药罪中假药的认定十分重要，在司法实践中正确运用该罪，必须厘清假药的内涵，探究生产、销售假药罪的基本内涵、产生的问题和涉及的法益和利益。除了研究犯罪本身，生产、销售假药罪还涉及双重法益，即如何平衡生命健康权与社会公共利益对犯罪行为出罪所产生的的重要影响。根据犯罪基本内容和现实情况探讨情节轻微、危害不大、认罪认罚等生产销售假药行为的一系列从轻情节，为其适用出罪制度提供良好实体和程序法基础，并实现个人法益与社会法益的相对平衡。

生产、销售假药罪的成立必须满足该罪构成要件，即根据刑法认定标准案件所涉药品属于假药的范围并且给社会公众生命健康带来了现实危险。此处所指的危险是现实的危险，只有在具有严重危害性，给社会公众的生命健康带来了现实的危害或者有紧迫的风险时，才属于受刑法规范的假药范围。如电影《我不是药神》中涉及的假药对人体不构成危害且具有较好的疗效，不属于我国刑法认定的假药范围。

---

[1]　许美：《生产、销售假药罪刑法适用调查分析》，《人民检察》2013 年第 17 期。

生产、销售假药罪的刑法出罪，主要集中在三个部分，一是假药的认定，二是刑法中犯罪情节的判定，三是被害人承诺。刑法出罪假药的范围是民间传统配方私自加工药品与国外、境外药品两种，从药品的性质来看，上述药品类型不属于成分不符合国家药品标准的假药或者"存在虚假描述的药品和对药品的名称、成分、功效进行误导或隐瞒性的表达的药品，经刑法认定的假药。"[1] 适用对象是因药品受益的患者，未危及药品受益患者生命健康具有疗效且危害程度低。这两种不对社会公众的生命健康安全产生危险，未使人身法益处于危险紧急状态不作有罪认定。以上所述两种假药未对患者生命健康产生严重威胁且具有一定疗效，不属于病情未见好转或延误病情的情况，属于情节显著轻微、危害不大且不具有社会危害性。

电影《我不是药神》中用药受益人即生产、销售假药罪中的被害人因不具有国家官方渠道药品的购买力，而选择试用境外或民间传统配方私自加工的药品，虽不具备国家认定药品资格，但具有一定的疗效且对人身生命健康不产生较大危害。被害人应当具有药品认识和判断能力，在官方渠道的药品价格昂贵，数量有限的情况下，使用非官方渠道获取民间私自加工的药品成为被害人的最佳选择。"药品管理秩序的设立虽然最终保护国民的身体健康与生命安全，只不过这种保护是一种事前的预防性保护，即使药品是真实且有疗效的，并不能排除事前危险性。"[2] 生产、销售假药罪的既遂状态作为抽象危险犯在符合出罪条件下适用出罪制度是必要的，因为抽象危险行为对抽象法益侵害的危险消除后，就有了出罪的空间。

在司法实践中，公安机关和检察机关对生产、销售假药罪是否构成犯罪持不同意见，检察机关审查起诉阶段多作出不起诉处理。法律规定生产、销售假药罪最高刑为死刑，但未在司法实践中体现。审判阶段生产、销售假药罪大部分判处一年以下有期徒刑或拘役，处以

---

[1] 许美：《生产、销售假药罪刑法适用调查分析》，《人民检察》2013年第17期。
[2] 王俊：《销售无害违规药品行为的出罪机制重构——以违法性认识为视角的分析》，载《苏州大学学报》（哲学社会科学版）2021年第4期。

1000元至2000元罚金。药品安全的监管应当得到重视，假药可能延误病情甚至发生严重后果。司法实践中生产、销售假药罪轻刑化没有遏制假药的流通，未实现假药的全面监管，因此，重构生产、销售假药罪的刑罚认定标准是必要的。我国重入罪轻出罪的现状导致生产、销售假药罪中的入罪途径远远广于出罪，出罪途径主要集中在但书规定的无罪判决中，但其数量少、规模小在适用过程中仍存在许多问题，阻碍了出罪制度价值的发挥。换言之，未经国家统一监管标准审查的药品不能因私自加工具有疗效且没有对生命健康产生危害而扩张生产、销售假药罪的出罪范围，放宽出罪范围会对经济社会秩序产生消极影响，更不利于刑事司法公正，而对社会公共安全和人身生命健康没有危害的个案出罪可以实现刑事司法的公正，达到社会效果与法律效果的结合。

二　刑事诉讼程序出罪实践

随着社会经济水平提高，社会公众汽车拥有量大增，在为全社会提供高效便捷服务的同时，汽车交通案件频发，交通肇事、酒驾、醉驾案件屡见不鲜。刑法已将交通肇事行为以过失犯罪纳入规制范围，在过失条件下产生严重危害结果构成交通肇事罪。"若行为人主观上持故意态度，则可能构成以危险方法危害公共安全罪，要满足以危险方法危害公共安全罪犯罪构成要件，一般情况下要求产生严重危害结果"，[①] 仅发生危险行为而未产生严重危害结果，不构成该罪。近年来，醉酒驾驶给社会公众生命安全带来极大威胁，醉酒驾驶机动车行为入刑，一方面维持了良好的社会公共交通秩序，醉驾交通事故量有所减少；另一方面，国家专门机关加大醉驾监管力度，对社会公众起到良好的教育宣传作用。

最高人民法院规定，并非所有的醉驾都应当进入刑事诉讼程序定罪量刑，情节显著轻微危害不大的作不予定罪处罚或可以免除刑事处

[①] 龚光发：《浅析轻微醉驾行为的出罪化》，《法制与经济》2018年第5期。

罚处理。醉驾行为在社会生活中不局限于饮酒后驾车行驶形成的醉驾行为，还有如醉酒隔夜后驾驶经检测血液酒精浓度仍在法定醉酒范围之内的行为；醉酒后叫代驾驾驶车辆，代驾工作人员走后，醉酒司机挪动车辆位置的行为；在人流量极少的路段低速醉酒驾驶行为；因突发紧急状况不得不醉酒驾驶行为等。以上这些行为情节轻微可不作为犯罪行为处理。理由是，一方面上述"情节显著轻微其未发生交通事故，产生交通事故可能性极小，若将其强制纳入犯罪行为会给整个社会带来不良影响，甚至引起社会公众的不满。"[1] 另一方面，对情节轻微醉驾行为予以训诫，作出相应行政处罚，已经可以实现惩罚危险行为的目的，不必再浪费司法资源，尽可能提高司法效率。

　　侦查阶段，公安机关按照醉驾犯罪构成的法定标准进行侦查处理，除符合上述情节轻微情形外，对构成普通醉驾即危险驾驶罪的醉酒驾驶行为进行侦办，侦查终结后移交检察机关。在法定醉驾标准下，衍生出许多疑问，个人酒量不同，醉酒的标准也不同，对酒量小的人来说，即使在法定醉驾标准以下，仍已经处于醉驾状态，反之，对酒量大的人来说醉酒驾驶的限度远远高于法定醉驾标准，即使是在法定酒驾标准以上，也能够保持清醒的头脑，仍能够正常掌握路况并进行汽车驾驶。因此，公安机关在判断和处理醉驾案件时是否需要考虑这类因素造成的差异性？答案是否定的，法律具有普适性，法律无法准确规定不同酒量的个人醉驾标准，只能在一个相对合理的普遍标准上规定醉驾行为标准。血液浓度酒精测试结束后，分析判断行为人的行为是否属于情节显著轻微危害不大的范围，如果属于该范围公安机关可以决定不再追究。公安机关对于情节轻微的醉驾可以不予立案依法对其行政处罚和训诫，也可以立案侦查后以案件情节确属轻微为由不移交检察机关审查起诉或作撤案处理。如果不属于情节轻微则要继续侦办案件。这样，一方面，可使公安机关将精力重点放在普通醉驾案件上，以对普通醉驾的刑罚惩处警示其他机动车驾驶者，起到教

---

[1] 龚光发：《浅析轻微醉驾行为的出罪化》，《法制与经济》2018年第5期。

育和预防醉驾的作用。另一方面，情节轻微的醉驾行为如果被认定为犯罪行为，经刑事诉讼程序定罪量刑后承担刑事责任，甚至面临刑罚处罚措施，会对个人造成巨大的压力和负担。既然醉驾行为属于情节轻微状态，说明其未制造紧迫的现实的危险，而这种行为承担刑事责任也是不合理的。① 试想，行为人看到代驾司机未停放好车辆，而在停车场车位上自行挪动车辆，这一行为未侵犯社会公共安全，但受到刑事法律的追究，意味着行为人留有刑事案底，严重影响本人和亲属未来的发展。而且，行为人承担刑事责任并遭受刑罚处罚，会让行为人对法律规定产生不满，从而滋生报复心理甚至危害社会公共安全，也有可能在刑罚处罚过程中接触到社会危害性较大的犯罪分子，难免会受到潜移默化的影响，增加行为人犯罪可能性。② 因此，情节轻微的醉驾行为适用刑事诉讼出罪制度是合理且必须的。

检察机关在审查起诉阶段对情节轻微的可作出酌定不起诉决定，诉讼程序就此终止，完成醉驾在刑事诉讼程序的出罪。同侦查阶段一样，尽早结束刑事诉讼程序能够让国家专门机关将更多的精力集中在其他案件中，节约司法资源，提高司法效率。

在刑事审判阶段可以适用《刑法》第 13 条的规定，情节显著轻微危害不大的危害行为，不认为是犯罪。司法机关在判断危险驾驶中的醉驾行为能否构成危险驾驶罪，应当满足危险驾驶罪的构成要件，是否满足该罪构成要件，是否侵害了社会公共安全，情节轻微的醉驾行为并没有给公共安全造成太大威胁，属于情节轻微的危害社会公共安全，以此可以完成醉驾行为在刑事诉讼中的出罪。醉驾行为予以出罪并不是不构成危险驾驶罪，而是因情节轻微危害不大免于处罚并实现出罪。

三 刑法出罪与刑事诉讼程序出罪的关联性

刑事诉讼中刑事案件的审判是实体法与程序法结合运行的结果，

---

① 龚光发：《浅析轻微醉驾行为的出罪化》，《法制与经济》2018 年第 5 期。
② 梁根林：《"醉驾"入刑后的定罪困扰与省思》，《法学》2013 年第 3 期。

其中刑事诉讼的程序性条件对案件审判发挥重要作用。在实体方面，"出罪能够使实施危害行为的犯罪嫌疑人或被告人免于犯罪刑事责任的认定及刑罚的适用，让危害行为人免于刑事诉讼程序中被追究刑事责任或不被实际执行刑罚"，① 具体来说，更改或减轻了犯罪嫌疑人所要承担的义务与责任。在程序方面，在保障犯罪嫌疑人实体性权利时，尽早结束刑事诉讼程序，一定程度上兼顾了司法公正与效率。公正并不是刑事诉讼唯一追求的目标，效率的提高节约了刑事司法资源，通过充分利用有限司法资源，实现预防犯罪目的。刑事诉讼出罪是刑法与刑事诉讼法综合运行的结果，刑事诉讼出罪制度适用和目的受刑事实体法引导，具体程序运行受刑事程序法规制并对刑法出罪制度作相应补充，保障刑法出罪制度有效运用。

刑法出罪尽可能促进出罪制度在情节显著轻微危害不大司法案件中的适用，实现刑事司法的效率与公平。而刑事诉讼法出罪是尽程序法所能，弥补刑事实体法中关于案件细节问题规范的不足，激发刑事实体法在程序法运行过程中的出罪潜能，形成一加一大于二的效果。反之，刑事诉讼出罪的适用不仅未能实现程序法规定的法律效果，还影响了实体法功能的发挥，使制度运用产生的法律效果低于实体法的预期效果，② 如非法证据、刑讯逼供等程序违法问题很大程度可能会引起社会公众对程序法的不满，甚至抗拒刑事诉讼程序的运用。因此，为改善诉讼程序运行不足的问题，更好地在刑事诉讼法与刑法共同作用下充分实现刑事诉讼制度出罪，刑事诉讼法在程序运行中须承担起程序公正的责任。刑法与刑事诉讼法之间是目的与手段的关系。刑事司法的目的是惩罚犯罪、保障人权，对犯罪嫌疑人或被告人危害社会秩序、侵害社会公共利益的危害行为给予否定性评价并定罪量刑处罚，由此实现犯罪嫌疑人或被告人的改造教育、再犯罪预防，同时

---

① 孙本雄：《入罪与出罪：我国〈刑法〉第13条的功能解构》，《政治与法律》2020年第4期。
② 孙远：《论程序规则的出罪功能及其限度——以程序违法的实体减轻效果为中心》，《政治与法律》2020年第2期。

通过使被害人损失获得赔偿，减轻危害行为造成的损失、尽可能消除社会危害、恢复社会秩序，对社会公众起到了宣传和警示作用，引导整个社会和谐发展。

刑法与刑事诉讼法相互独立又相互依存，共同促进出罪制度的适用，实现司法效率与公平。因此，刑法与刑事诉讼法应当具备共同的目的、理念和价值，二者必须明确其目标即为情节显著轻微危害不大的刑事案件实现出罪。在适用出罪制度的过程中，二者更应相互协调，使刑事诉讼法在刑事诉讼程序中促进刑法法律价值的实现。[①] 一般情况下，刑事诉讼法出罪效力弱于刑法出罪效力，危害行为经刑法认定为犯罪行为实现入罪，又要经过刑法规定使用非刑罚处罚措施承担责任以实现出罪。但是在有些情况下适用刑事诉讼法出罪，其效力要强于刑法。例如适用非法证据排除规则、刑事和解程序、已过诉讼时效的出罪程序等，都是为保护更大的法益而舍弃了较小法益或没有按照刑法规定惩罚犯罪，而在刑事诉讼中追求了出罪的法律效果，这一出罪效果兼顾了被害人利益以及刑事司法公正和效率，弥补刑法的滞后性、权威性、抽象性，显然该出罪效果要明显强于刑法出罪。因刑事诉讼法在立法时就已经充当了实体法的工具，司法机关在实践中根据案件具体情况予以灵活处理，兼顾实体法与程序法，实现法律效果与社会效果的统一。

第三节　刑事诉讼出罪的法律依据与认识

一　刑法和刑事诉讼法依据

从刑法角度看，出罪具有充分的依据。出罪制度是行为人刑事责任的承担方式之一，是对实施危害行为的行为人应承担刑事责任的否定性评价。出罪是司法机关根据法律规定，在满足一定条件的基础上提前终止对刑事案件的追诉。"出罪制度看似未完成承担实施犯罪行

[①] 杨明：《程序法"出罪"功能研究》，《中国刑事法杂志》2010年第1期。

为的刑罚,实则通过实体与程序相结合的方式,使犯罪嫌疑人承担了相应的责任。"① 在刑事诉讼出罪过程中,专门机关通过对轻微刑事犯罪以撤案、不起诉及要求被追诉人对被害人及其家属做出积极补偿获取被害人谅解等多种方式予以处理,来修复和弥补被损坏的社会关系,表面上看似犯罪嫌疑人或被告人未受到法律的制裁,实质上仍然体现了行为人要为自己犯罪行为承担责任的本质。在刑事诉讼程序中,各专门机关按照诉讼程序完成刑事案件的出罪。侦查阶段经侦查活动调取证据,完成案件事实性质、量刑情节等的初步核查并通过初步判断,认为其应当通过刑事诉讼程序追究其刑事责任的,移送检察院审查起诉,检察阶段检察机关将审查后符合起诉条件的刑事案件移送审查起诉,司法机关作出终局性判决。刑事责任并不一定完全由刑罚构成,对犯罪行为持否定谴责态度的评价,如非刑罚处罚方式可以成为刑事责任的实现方式。

(一) 出罪的刑法制度依据

《刑法》第13条规定,一切危害国家主权、领土完整和安全,分裂国家、颠覆人民民主专政的政权和推翻社会主义制度,破坏社会秩序和经济秩序,侵犯国有财产或者劳动群众集体所有的财产,侵犯公民私人所有的财产,侵犯公民的人身权利、民主权利和其他权利,以及其他危害社会的行为,依照法律应当受刑罚处罚的,都是犯罪,但是情节显著轻微危害不大的,不认为是犯罪。其中但书规定是出罪的制度依据,"一切……都是"是"立法者旨在通过刑法立法规定打击犯罪,追诉犯罪的范围,通过刑事诉讼程序规定具有刑事责任、刑罚处罚性的行为为犯罪。"② 但书规定了刑法犯罪成立条件中情节显著轻微危害不大的犯罪行为,限制了刑罚处罚权的范围。

但书是司法实践中将情节显著轻微危害不大的刑事案件排除在犯

---

① 孙本雄:《出罪及其正当性根据研究》,《法律适用》2019年第23期。
② 孙本雄:《出罪及其正当性根据研究》,《法律适用》2019年第23期。

罪刑罚处罚之外的出罪规定。其中"但……不认为是犯罪"是指立法机关在法律规范中向司法机关人员赋权，针对刑事案件的具体情况给案件作出实质性认定，司法机关人员就刑事案件事实和性质进行审查评估后，确定其属于情节显著轻微危害不大的，可以作出不认为是犯罪的结论。"不认为是犯罪"是指刑事案件中的危害行为本身构成犯罪，"实质上属于刑法所禁止的危害行为，只是立法者因其情节显著轻微危害不大不将其作为犯罪处理了，并非其本身不构成犯罪。"①在情节显著轻微危害不大的刑事案件中，若把危害行为不认为是犯罪不加以约束，则可能会造成刑法与民法或行政法的衔接断层，即危害行为不属于或未达到刑法的约束标准，也难以受到民法或行政法的规制，这种情形下不利于约束危害行为，损害社会关系并影响社会公众对违法性及刑罚处罚性的认识。刑法规定把一切危害行为都认为是犯罪并进行刑罚处罚，这是立法者对制定刑法的预期和希望，旨在规范法律秩序，增强社会公众的法律意识。在具体司法实践中刑事案件很难完全符合立法者预期，具体情况会更加复杂多样甚至可能会超出法律现有规定。刑事案件中危害行为是否被认定为犯罪，如何定罪量刑，通过刑罚处罚或非刑罚处罚处理等问题，应当由司法人员根据具体情况行使自由裁量权为案件作出裁判。②司法人员行使裁量权不仅尽可能使案件实现刑事责任和社会效应的平衡，还可以维护法律公正，增强司法公信力。

　　出罪制度对情节显著轻微危害不大的刑事案件在满足刑法实体法和程序法的要求上达到平衡，案件处理结果不仅是刑法内涵和精神内核的体现，还是刑事诉讼法程序公正的表达。情节显著轻微危害不大的刑事案件通过适用非刑罚处罚措施能够达到刑罚处罚所实现的效果，可以提前结束诉讼程序，一则情节轻微的刑事案件其本身侵害的

---

① 孙本雄：《入罪与出罪：我国〈刑法〉第13条的功能解构》，《政治与法律》2020年第4期。
② 陈伟、钟滔：《刑法"但书"出罪的功能失调及其规范适用》，《四川师范大学学报》2020年第3期。

法益不严重，可以通过非刑罚处罚的方式代替刑事责任的实现，同样达到了弥补被害人损失，修复社会关系的目的；二则适用出罪制度提前终结刑事诉讼程序，节约了司法资源。上述适用出罪制度，提前终结刑事诉讼程序是出罪制度适用中对刑法制度依据的具体化和司法化，这种具体化和司法化是在犯罪构成标准体系下，通过刑事诉讼程序中刑事案件所要承担的刑事责任实现出罪。

有观点认为刑事出罪制度不具有理论合理性，是在消极的、抽象的犯罪构成、刑事责任、刑罚方面理解出罪制度依据中的但书，并且存在认定出罪制度刑事案件的其他标准，而出罪制度首先是刑事案件中的危害行为是犯罪行为。[1] 在认定犯罪行为的过程中，不论是采用哪种承担刑事责任的方式，其认定犯罪标准都是统一的，都是以符合犯罪构成要件来认定犯罪的标准，不存在因出罪制度而有别于其他刑事案件的认定标准。情节显著轻微危害不大的案件的出罪，要根据案件具体情况，危害行为性质、给被害人带来的损害以及危害行为造成社会关系损害的修复难度进行分析，多方面综合判断适合犯罪嫌疑人或者被告人的刑事责任实现方式，以最大限度实现最优化解决刑事案件损害的目的。

（二）出罪制度的刑事诉讼法依据

刑事诉讼程序中各专门机关在办理刑事案件的过程中，相互配合，明确分工。在出罪制度中，公安机关和检察机关分别进行案件的立案侦查，移送检察院审查起诉和向法院提起诉讼等工作，刑事案件很可能在公安机关办理阶段或者检察机关审查阶段经专门机关审查后不立案或者不审查起诉，"分工负责要求将侦查权、审查起诉权和裁判权予以分开行使。此种分权模式使出罪主体变得广泛。"[2] 若刑事案件可以在立案侦查阶段或者审查起诉阶段实现出罪，一方面能够提高刑事诉讼效率，促进司法公正尽早实现，另一方面可以更快更有质

---

[1] 孙道翠、黄帅燕：《从程序角度看正当化事由的出罪机制》，《东南司法评论》2012年第5卷。

[2] 孙本雄：《出罪及其正当性根据研究》，《法律适用》2019年第23期。

量地保障被害人合法权益的实现。各专门机关相互配合追究犯罪嫌疑人、被告人的刑事责任并予以出罪，共同推动刑事诉讼活动的进行，不仅实现了查明案件事实，正确适用法律，运用刑事诉讼程序追诉犯罪的目的，通过诉讼程序中的程序措施，督促犯罪嫌疑人用刑罚或者非刑罚处罚措施承担刑事责任，而且实现保障人权，保障犯罪嫌疑人或被告人及其他诉讼参与人的诉讼权利的目的。在犯罪行为情节轻微时，适时适用出罪制度，要求犯罪嫌疑人或被告人承担相应的刑事责任，尽早终结刑事诉讼程序，实现司法公正的目的。

各专门机关在刑事诉讼程序中相互促进，彼此递进并相互制约。出罪制度的适用不仅要经过专门机关的允许，也应当考虑被害人及其近亲属的意愿，对于不适合或不符合出罪条件的刑事案件，有权要求通过刑事诉讼程序继续追究犯罪嫌疑人或被害人的刑事责任。出罪制度中主体监督实为制约制度适用，良好的制约机制不仅可以使符合出罪条件的刑事案件及时得以出罪，使不符合条件的案件不得任意适用出罪制度，还可以促进各专门机关办理刑事案件的廉洁性，适用出罪制度刑事案件应当经专门机关严格审核，确保无虞，防止专门机关滥用权力。专门机关在办理刑事案件时应当审查案件情况，经审查后确定适用出罪制度的可尽快终结刑事诉讼程序，若认为需要进入下一诉讼程序的刑事案件移送下一专门机关，移送机关可以就刑事案件具体情况向下一专门机关说明，可以建议其作出出罪决定。在专门机关根据刑事案件具体情况作出出罪决定后，"被害人或者近亲属就案件出罪决定产生争议的，可以要求作出出罪决定的专门机关说明理由或向下一阶段专门机关提出追诉申请"，[1] 要求通过刑事诉讼程序继续追究犯罪嫌疑人或者被告人的刑事责任。同样地，犯罪嫌疑人或者被告人及其近亲属认为刑事案件符合出罪条件应当适用出罪制度，在专门机关仍通过刑事诉讼程序追诉犯罪情况下可提出异议，专门机关应当受理。

---

[1] 孙本雄：《出罪及其正当性根据研究》，《法律适用》2019 年第 23 期。

出罪的本质是不再继续追究刑事责任，且不仅限于追究刑罚责任。出罪的目的是通过刑事诉讼程序追诉犯罪、惩罚犯罪的方式使犯罪嫌疑人或被告人积极补偿被害人，尽力挽回所损害的法益，修复被破坏的社会秩序。整个出罪过程不仅使被害人的损失有所弥补，社会关系得以修复，更使犯罪嫌疑人或被告人改善了危害行为带来的负面影响，得到了教育，更有效地降低了再犯可能性。

（三）但书规定目的的认识以及刑事诉讼出罪的实体法扩展认识

《刑法》第13条的前半部分"一切……都是犯罪"是入罪的立法性规定，将成立犯罪构成要件，社会危害性大的危害行为规定为犯罪行为；后半部分的但书与其相反，但书是规定出罪，将成立犯罪构成要件却情节显著轻微危害不大的危害行为不作刑罚处罚，以另外的方式让犯罪嫌疑人或被告人为实施的危害行为承担责任。[①] 入罪与出罪相互对应，国家专门机关对于情节轻微、社会危害性较小的案件，作出撤销案件、不起诉或无罪判决方式完成出罪，终结刑事诉讼程序，对危害行为的社会危害性进行弥补并将社会关系加以修复。但书实际上是立法者在为司法实践中遇到的具体问题提供法律保障，为司法人员在诉讼程序中适用出罪赋权。

《刑法》第13条但书部分赋予了司法出罪权，旨在通过刑事司法程序将符合刑法规定的情节显著轻微危害不大的刑事案件适用出罪制度进行非刑罚处罚。出罪制度一方面是为了惩罚犯罪，通过处罚和惩治犯罪行为，震慑犯罪和社会公众，预防犯罪，维护社会秩序并修复社会关系；另一方面教育和改造实施危害行为的犯罪嫌疑人或被告人，减轻行为人犯罪行为带来的危害，降低再犯可能性。但书中出罪制度适用于刑事诉讼层面主要归因于以下几个原因，一是刑法规范实体立法层面的要求，犯罪行为一定要满足该罪的构成要件方能构成该犯罪，实体法已经通过法律规范作出了详细的规定，向社会公众明确

---

① 陈伟、钟滔：《刑法"但书"出罪的功能失调及其规范适用》，《四川师范大学学报》2020年第3期。

第三章 刑事诉讼出罪的程序理论与实践根据

具体的行为界限,使公众判断自己的行为是否属于犯罪行为或属于情节显著轻微危害不大的情形来规范自己的行为。二是在立法中不宜将出罪制度阐释明确,因为刑事实体法在立法方面既有严格性和明确性,不能存在模糊或模棱两可的情形,否则便会造成社会公众无法参照法律规范自身行为,同时实体法不明确会造成刑事诉讼程序混乱或错判漏判等情形,影响司法公正。而出罪制度的适用主要取决于刑事案件的性质,危害行为及犯罪嫌疑人或被告人在危害结果发生后的态度,综合考量确定行为人所承担的责任。在案件的定论并无明确规定的情况下,司法人员享有自由裁量权,出罪制度更适合适用于刑事诉讼阶段。

但书中犯罪行为予以出罪主要考虑两个方面:一是将危害行为认定为犯罪行为,再根据出罪条件予以出罪,主要是为了保证危害行为认定为犯罪行为的标准一致,不因不予刑罚处罚而将危害行为排除在犯罪行为之外;二是司法人员在司法实践中根据具体情况作出出罪处理,在侦查阶段撤销案件,检察阶段不提起诉讼,审判阶段对情节轻微案件作出无罪判决,实现法律效果和社会效果相结合的公正、效率的纠纷解决方式。因此"危害行为先入罪后出罪十分必要,这是对违法性统一的要求,如果有不同标准的违法性认识,会造成社会公众违法认识的偏差"[1],法律规范不能很好地引导人们的行为,甚至助长了犯罪行为人的侥幸心理,影响法律效果。另外但书为司法人员提供了自由裁量权,赋予司法人员出罪的权力,使被害人的合法权利得以保障,犯罪嫌疑人或被告人承担相应责任并终结诉讼程序,提高了刑事纠纷解决的效率。在出罪制度的运用中,出罪的程序简洁明了、目标明确,即将违反刑法规范的危害行为用尽可能简短的刑事诉讼程序完成入罪到出罪的过程,并且取得让各方当事人都满意的效果。适用出罪制度时司法机关积极鼓励案件当事人及近亲属、社会公众都参与

---

[1] 孙本雄:《入罪与出罪:我国〈刑法〉第13条的功能解构》,《政治与法律》2020年第4期。

到出罪程序中来，利用非刑罚处罚方式解决刑事纠纷，并且尽可能地实现被害人的诉求，促进犯罪嫌疑人或被告人认罪悔罪，这种加强教育的方式不仅使其得到教训，更重要的是达到预防犯罪的目的，降低再犯可能性，最终产生良好的社会效果。

出罪制度适用区分了犯罪行为情节轻重程度相应的处理方式，情节显著轻微危害不大的犯罪不应当与普通刑事案件一样判处刑罚处罚。司法实践中刑事案件具体多样，根据危害行为及行为人的社会危害性，行为人事后态度等多方面综合考虑，进而对犯罪行为适用相关法律规范并判处刑罚处罚。若明文规定情节轻微的危害行为不构成犯罪，无疑会提高构成犯罪的条件，放纵犯罪行为。通过法律规范中的但书，为刑事诉讼中的出罪制度提出了制度基础，司法人员可依据具体情况行使自由裁量权，通过危害行为的情节、危害程度、行为人的态度及再犯可能性等多方面，综合判断危害行为的犯罪性及是否适用出罪。[1] 刑事诉讼程序中适用出罪制度，有助于防止立法者通过提高构成犯罪行为条件将情节显著轻微危害不大的危害行为排除在犯罪范围以外，以损害被害人合法权益，放纵犯罪，扰乱社会秩序。

第四节　刑事诉讼出罪制度建构的必要性与制度框架

一　刑事诉讼出罪制度建构的必要性

刑事诉讼法通过刑事诉讼程序完成对犯罪行为的事实认定和定罪量刑以保障刑罚实现，整个过程为侵害人身权利和财产权利的危害行为实现入罪。若不论犯罪行为情节轻重将犯罪行为一律纳入完整的刑事诉讼程序进行审判会过于机械，专门机关将难以通过程序中主观能动性弥补实体法的不足，难以通过自由裁量权作出合理公正的判决。因

---

[1] 参见陈伟、钟滔《刑法"但书"出罪的功能失调及其规范适用》，《四川师范大学学报》2020年第3期。

此，区分犯罪行为的性质及情节轻重以确定合适的处理方式是必要的。

侦查机关在处理情节显著轻微危害不大、行为人已受域外刑罚处罚或犯罪行为人死亡的案件时，为维护社会秩序稳定和维系社会关系和谐作出撤销案件的处理，以不追究危害行为人的刑事责任且免受刑罚处罚的方式实现出罪。

检察院对办理不起诉案件作出了具体规定，未成年人、老年人犯罪，社会危害不大的，主观恶性小的；以及因人际关系产生纠纷的轻微案件中，犯罪嫌疑人认罪态度良好，主动积极赔偿并与被害人和解达成一致，且行相应的赔偿责任，社会危害不大；初犯且主观恶性较小的；因特殊情况偶然实施情节轻微的犯罪且危害不大的等。司法人员发挥主观能动性，行使自由裁量权，目的是将刑事案件的法律效果和社会效应相结合，利用尽可能少的司法资源实现犯罪行为在刑事诉讼程序中的出罪，突出显现刑法的权威性、强制性，最大可能实现程序正义的刑事诉讼程序，不仅体现出刑法的完备性、谦抑性，还在很大程度上体现出刑事诉讼程序的公正性、工具性以及高效性。因此，司法实践中不同出罪事由适用刑事诉讼出罪制度的范围广泛，健全刑事诉讼出罪制度是必要的。

在审判程序中司法机关对不具备实质违法性或不具有实质法律可谴责性而不作犯罪处理的刑事案件作无罪判决。不具有实质违法性和实质可罚性是司法机关看刑事案件是否符合形式上的规范性标准，不符合即作出出罪处理，如形式上符合规范性标准，再审查是否具备社会危害性，不具备即出罪，如具备社会危害性但不具有实质可罚性，也可作出罪处理。无罪判决的产生主要包含两种情况，一是满足法律规定的无罪判决条件，二是存疑的无罪判决。本文主要涉及但书规定的情节轻微刑事案件满足法定条件的无罪判决，无罪判决应当契合司法规律，结合刑事实体法和刑事程序法在刑事诉讼程序中作出。在情节轻微刑事案件中，行为人犯罪行为造成的危害本身不大，社会危害性较小，但在刑罚处罚犯罪行为和维护社会公共利益之间产生了分歧，平衡惩罚犯罪与保障人权两者的关系需要刑事司法作出判断，司法机关作无罪判决完成出罪，正好可以平衡情节轻微危害不大刑事案件的两难选择，既维护了社会公共利益，又让行为人为实施危害行为承担了相应法律责任。

无罪判决具有刑事判决的稳定性，能够给社会公众确定的安全感，有利于树立刑事司法的权威，有利于维护刑事司法秩序的稳定和社会关系的和谐。严厉打击情节轻微的刑事案件，不仅不利于行为人悔罪及承担相应法律责任，加重其责任负担，还不利于刑事司法的有序推进，扰乱社会秩序。

刑事和解在确立之初只适用于自诉案件，由于自诉案件数量较少，适用刑事和解制度的更是少之又少，长期以来，和解制度未能得到社会的关注。"公诉案件的刑事和解一直以来没有明确的法律规定，且早期普遍认为公诉案件适用和解制度以出罪是有碍司法公正的，因此在司法实践中也鲜有适用。"[1] 后我国社会经济发展迅速，众多经济实体及个人发展势头蓬勃，更注重自身利益的保护，在当时法律规范难以紧跟发展势头情况下，刑事司法难以保障组织、团体及社会公民自身的利益，整个社会中法律修正的需求愈加迫切。在社会大发展时期，社会公共利益的维护日益重要，刑事司法中被害人利益及社会公共利益的需求迅速增长。在这种情况下，国家开始为被害人及社会公共利益保护作出尝试，使被害人能够及时得到补偿并安抚被害人，免受讼累，在犯罪行为情节显著轻微危害不大的情况下，承担被害人的赔偿费用，犯罪嫌疑人或被害人与被害人自愿达成和解，对案件作出不予起诉、撤案、免于刑事处罚等措施。[2] 随着司法实践的发展，刑事和解在公诉案件轻罪中的运用逐渐广泛，全国多地对轻微刑事案件的处理作出了具体规定，且案件范围逐渐从刑事和解扩展到其他领域如盗窃、交通肇事等。而且刑事和解后产生了良好的社会效果，及时恢复了受损的社会秩序

---

[1] 储陈城：《出罪机制保障论》，法律出版社2018年版，第80—81页。
[2] 参见汪建成、杨微波《论犯罪问题非犯罪化处理的程序机制》，《山东警察学院学报》2006年第5期。

和社会关系，社会公众对出罪的容纳程度高，认可程度高，促进了刑事诉讼和解出罪的全面适用。

二 刑事诉讼出罪制度的基本框架

虽然刑法的司法实践可以从但书制度规定中推出刑事诉讼出罪，但毕竟还是比较间接，而且刑法作为实体法出罪一般适用于例外情形，作为应对刑事诉讼特殊情形的出罪制度就需要对其特殊适用条件加以明确规定，形成完善的制度。制度的核心是适用要件的规定。在法律制度上，尤其是在刑事诉讼出罪程序上缺失其应有的规范性，就很容易受到正义性质疑。

（一）关于刑事诉讼出罪的适用范围

刑事诉讼出罪适用范围一般在轻罪范围之内，出罪是要将满足出罪条件的刑事案件以与处理普通刑事案件不同的定罪量刑方式处理，达到行为人承担相应刑事责任的方式来处理部分刑事案件，本质是利用除普通刑事诉讼程序定罪量刑及承担刑事责任的方式来达到惩罚犯罪并实现相应的社会效应。因刑事诉讼出罪制度不仅是为了让情节轻微的刑事案件免于刑罚处罚，还有相应社会效应，修复被侵害的社会秩序以维持和谐稳定的社会关系，"并非所有的刑事案件都可以适用出罪制度，刑事诉讼出罪制度的适用应当得到限制"。[①] 因此，社会危害小、情节轻微的刑事案件适用刑事诉讼出罪制度，因轻微刑事案件的法益以及社会秩序侵害性较小，除判处刑罚承担刑事责任外，还有其他可以被社会公众和被害人接受的解决方式，能够更利于犯罪嫌疑人及被告人积极补偿被害人，改善自身行为并尽快地回归社会，社会公众对轻微刑事案件容忍程度较高，社会秩序的危害易被修复弥补。此外，轻微犯罪行为给被害人带来的伤害较小，侵害的合法权益有限，可以用多种方式赔偿被害人损失，以节约司法资源，促进司法

[①] 孙本雄：《入罪与出罪：我国〈刑法〉第 13 条的功能解构》，《政治与法律》2020年第 4 期。

程序能够更好地，更大程度地为刑事诉讼服务，适用刑事诉讼出罪制度，能够较好地解决刑事纠纷，除实现法律公正外，有效地提高刑事诉讼案件的处理效率。① 刑法中轻微刑事案件的划分标准为3年以下有期徒刑，在该范围内的刑事案件可以适用刑事诉讼，实现司法资源的优化配置。

（二）刑事诉讼出罪适用的案件范围

如果任何一种犯罪行为不论社会危害性或情节轻重程度，都可以根据犯罪嫌疑人认罪或获得被害人及近亲属的谅解而不受到追诉，就可能出现社会危害性大或严重危害社会秩序的犯罪行为再犯可能性高，给社会带来危害的风险将无法预估。若不能将犯罪行为经国家司法机关追诉并定罪量刑，不能通过司法手段教育、改造犯罪嫌疑人或被告人以降低其再犯可能性，预防犯罪，将社会危害性降低，将实际危害尽可能消除，则刑法未能发挥其应有的作用，未完成刑法立法的目的，也难以实现维护社会秩序和社会公共利益的目标。为了"避免刑法失去其原本效用，刑事诉讼出罪制度的适用不能适用于所有刑事案件"，② 为规范所有犯罪行为，出罪制度的适用仅仅限制在情节显著轻微危害不大的刑事案件范围之内，通常为判处3年以下有期徒刑的刑事案件。为了保持刑事司法的协调性、公平性和统一性，刑事诉讼法在司法实践中适用出罪制度的案件限制在情节显著轻微危害不大的犯罪行为范围内，主要针对积极地补偿被害人的损失或退赃退赔，社会公共利益的危害性较小，社会影响较小且包容程度高的犯罪行为。不能说刑事诉讼出罪制度的适用改变或颠覆了刑事法律中犯罪规定或刑罚适用，"降低了刑事诉讼程序的地位和运行前景，成为了普通犯罪行为应对模式的一种补充机制"，③ 其实刑事诉讼出罪制度的

---

① 参见孙远《论程序规则的出罪功能及其限度——以程序违法的实体减轻效果为中心》，《政治与法律》2020年第2期。
② 杨明：《程序法"出罪"功能研究》，《中国刑事法杂志》2010年第1期。
③ 汪建成、杨微波：《论犯罪问题非犯罪化处理的程序机制》，《山东警察学院学报》2006年第5期。

第三章　刑事诉讼出罪的程序理论与实践根据

本质是刑事诉讼程序中克服刑事实体法灵活性和具体性不足的一种方式，在刑事诉讼程序中满足刑事实体法的谦抑性的需要。刑法是犯罪行为认定，经过刑事诉讼程序进行定罪量刑作出判决，实施刑罚处罚的依据。由于刑法无法在制定过程中就考虑到现实中刑事案件的方方面面，其有一定的滞后性是不可避免的，也难以准确规定司法中的具体、特殊情况作出。刑法的强制性、权威性不可改变，意味其一定在某些方面存在不足，由刑事诉讼法规范诉讼程序中发生的具体情况并进行程序操作，不仅可以使犯罪行为在程序中正确地适用法律，保障刑事司法公正，还可以使刑事实体法中的不足之处在诉讼程序中经司法人员行使自由裁量权作出相应判决得以弥补。

在情节轻微的案件中，不论犯罪嫌疑人或被告人侵犯何种法益，只要其满足情节显著轻微危害不大，能够及时补偿，退赃退赔或获得被害人谅解，社会危害性小、社会包容程度较高时可以适用刑事诉讼出罪制度。如果危害行为情节轻微，但是造成的损失难以弥补或者后续还会衍生更大的危害，无法排除其危害的，根据司法人员判断不满足出罪条件的，不能适用刑事诉讼出罪制度。一般情况下，出罪制度适用于国家司法机关认为犯罪嫌疑人或被告人的危害行为虽为犯罪行为，但因犯罪行为情节轻微危害不大，行为人事后态度良好，积极补偿退赃等尽可能弥补了被害人损失和社会危害性，因为产生了良好的效果，司法机关没有必要再去为犯罪嫌疑人或被告人实施刑罚处罚措施，一是由于犯罪行为情节轻微所产生的损害已经得以弥补，社会关系得以修复，社会秩序不存在隐患，行为人也可以回归社会生活，二是国家司法资源有限，社会影响较小，再犯可能性小的犯罪行为，司法机关可以采取处刑罚处罚外其他有效措施使被告人承担相应责任，国家司法机关可以节约司法资源，兼顾司法效率与公正，犯罪行为适用出罪制度能够有效地促进刑事案件中程序法与实体法结合。[1] 但这并不意味着国家不将行为人实施的危害行为认定为犯罪行为。如果危

---

[1] 孙继科：《论法定犯出罪机制的建构》，《福建警察学院学报》2022 年第 1 期。

害行为不符合犯罪构成要件，难以成立犯罪行为，则不适用出罪制度，可以用更轻的处罚方式甚至不适用处罚措施去处理危害行为。

（三）刑事诉讼出罪适用的对象或客体范围

刑事诉讼法在适用中并不完全依附于刑法，具有相对独立性，与实体法共同作用于刑事案件诉讼程序的全过程。在实体正义与程序正义难以兼顾的情况下，程序正义不一定要让步于实体正义，在一定情况之下程序正义更需要维护。"为了实现程序正义，刑事诉讼程序中适用出罪制度时独立分析具体犯罪行为适用标准，保证刑事诉讼程序适用具体，标准统一。"[1] 为了刑事诉讼出罪制度在司法实践中有具体、统一、完备的适用条件须明确制度适用的对象或客体范围。

刑事诉讼出罪适用的对象或客体范围是但书规定中的情节轻微危害不大的刑事案件，但书规定中提出"将情节显著轻微危害不大的不认为是犯罪"其中"不认为是犯罪"并不是情节轻微刑事案件本身不具有违法性，不属于犯罪行为的范畴，而是危害行为属于刑法上的犯罪，只是为了维护社会公共利益和社会秩序，实现相应社会效应，立法机关将情节显著轻微危害不大的危害行为划分在犯罪行为以外，将其不作为犯罪处理，因此其本质还是属于刑法所禁止的行为，尚未达到可罚程度将其排除在处罚范围之外。刑事案件的处理并不是只有罪与非罪的划分，而是但书在法律规定犯罪最低标准，形成"灰色"处理方式，即情节轻微的案件可以实现刑事诉讼出罪制度的适用，实现危害行为非犯罪化。根据刑事处罚政策的要求、危害行为造成损害严重程度、行为人人身危险性和再犯可能性多种因素考虑，国家专门机关就轻微案件具体情况行使自由裁量权作出撤销案件、不起诉或无罪判决时产生良好的社会效应，不仅能够给行为人缓冲的空间，加强行为人思想教育降低其再犯可能性，还可以产生良好的社会效应，维护社会秩序稳定和社会关系和谐并节约司法资源，更好地应对疑难案

---

[1] 杨明：《程序法"出罪"功能研究》，《中国刑事法杂志》2010 年第 1 期。

件，缓解司法机关的压力。

刑事诉讼出罪制度在司法实践中的适用涉及各大主体的关系，若为犯罪嫌疑人或被告人提供照顾措施，使其最大可能免受刑罚处罚，免于承担刑事责任，不利于被害人合法权益及国家专门机关追诉权的实现；若给予被害人过度保护扶持，可能会损害犯罪嫌疑人和被告人的合法权利，影响社会秩序的稳定。因此，在犯罪嫌疑人或被告人、被害人、社会利益三者主体间达到利益平衡十分必要。法律规范的价值是让社会秩序稳定，社会关系和谐，刑事诉讼出罪制度正好在多方主体利益保护中寻求平衡，实现主体利益协调，产生良好的社会效应。

（四）刑事诉讼出罪程序启动的主体

刑事诉讼出罪程序启动是刑事诉讼中的专门机关在办理刑事案件的过程中，按照刑事诉讼程序，分别行使权力，各专门机关在行使职权上保持相对独立性，公安机关、检察机关和司法机关分别行使侦查权、审查起诉权和裁判权。在这种情况下，"公安机关和检察机关行使出罪权在很大程度上节约了司法资源，尽早地解决了刑事纠纷"，[①] 从而促进了法律公正的实现。在刑事诉讼程序中，公安机关和检察机关在受理轻微刑事案件后，按照案件性质和情节程度决定不移送检察院审查起诉或者不向法院起诉，通过简易刑事诉讼程序或者非刑事诉讼程序处理案件，这种专门机关行使裁量权的行为可以认为是一定程度上的出罪权。

在公安机关侦查阶段、检察机关审查起诉阶段以及司法机关审判阶段适用刑事诉讼出罪制度都需要经过出罪程序启动，审查是否满足出罪制度条件以及决定是否适用刑事诉讼出罪制度三个阶段。出罪程序的启动应当由被害人行使启动权。被害人经过行为人事中事后的态度，因危害行为向被害人主动积极地赔偿，退赃退赔得到被害人的谅解，双方就承担法律责任及经济补偿等达成一致，被害

[①] 孙本雄：《出罪及其正当性根据研究》，《法律适用》2019 年第 23 期。

人基于此向国家机关提出行为人不被追究刑事责任，不被判处刑罚处罚的申请。① 被害人提出申请后，国家机关就行为人实施的危害行为是否满足出罪制度中要求的情节显著轻微危害不大的条件，评估其社会危害性和再犯可能性，双方当事人是否达成一致的和解协议、经济补偿协议，行为人是否真实悔过得到教育，自愿与被害人达成一致等进行严格审查，审查决定行为人实施的犯罪行为是否适用出罪制度。经司法机关进行实质性审查，案件双方当事人自愿达成一致并产生了良好的效果，司法机关批准被害人的申请请求，作出撤案、不起诉或不适用刑罚处罚的决定以终止刑事诉讼程序，实现出罪。

在刑事审判阶段，司法机关对但书规定的情节轻微危害不大，法定刑低于3年以下有期徒刑刑法的轻罪作无罪判决，产生出罪效果。但书实质上是否认社会危害性较小、违法程度较低行为的可罚性，为维护社会秩序和社会关系而对轻微案件适用出罪制度尽早终结刑事诉讼程序，但无罪判决适用应当严格按照刑事司法实践状况，否则无罪判决制度便会成为冤假错案的源头。无罪判决的产生在审判程序中涉及被害人与行为人之间的利益权衡，如要切实保障被害人合法权益，就要处罚行为人赔偿被害人损失，如为了维护社会秩序和社会关系稳定，在轻微刑事案件中可以予以行为人宽容，因此，利益权衡要以值得刑法保护的利益为前提，不能仅因某一方当事人利益而随意出罪。在审判阶段，一审无罪判决情节轻微的公诉案件禁止检察院抗诉，由国家承担一审无罪判决带来的损失责任，二审无罪判决因当以情节轻重作为再审判断标准。审判程序中不仅承担着其他刑事诉讼程序的公正与效率，还负担着刑事判决的权威性和稳定性，无罪判决不得被轻易改判或推翻。因此，无罪判决的产生应当谨慎且具有稳定性。

（五）刑事诉讼出罪申请提起的程序

刑事诉讼出罪包含多种具体的出罪事由，如无罪判决引起的出罪

---

① 参见王敏远《司法改革背景下的三机关相互关系问题探讨》，《法制与社会发展》2016年第2期。

以及刑事和解出罪等特定事由,不同的情形根据其特殊情况具体分析才能确定在刑事诉讼程序中的哪一具体阶段适用出罪制度。情况复杂的刑事案件可能需要司法机关进行综合判断符合相应构成要件才能启动出罪程序。公诉案件之所以受到国家追诉,是因为公诉案件中犯罪行为不仅侵害被害人及其近亲属的合法权益,还侵犯了社会公共利益,为了社会公共利益的维护和社会秩序的稳定,国家代表社会公共利益主体追诉危害行为,有效地惩治和预防犯罪。

在刑事诉讼中,自诉案件可以由被害人向法院提起诉讼,请求法院依据法律维护其合法权益,犯罪嫌疑人或被告人可以主动向被害人进行赔偿、退赃以得到被害人的谅解。在公诉案件中,必须由国家司法机关追诉犯罪行为,因为公诉案件不同于自诉案件法益侵害性较小,社会公共利益影响较小,如果公诉案件没有受到国家司法机关追诉,则可能面临一系列冤假错案的局面,"国家司法机关追诉犯罪不仅可以在全国范围内统一司法标准,促进司法公正,还可以行使公平的追诉权,实现追求公平和效率的目的。"[1] 其次是否行使追诉权,启动刑事诉讼出罪程序不完全按照当事人及其近亲属的意愿。自诉案件中受害人可自行决定是否向法院提起诉讼。公诉案件中国家司法机关在适用出罪制度的过程中会在情节显著轻微危害不大的案件中着重关注犯罪嫌疑人或被告人是否向被害人做出赔偿并得到谅解,由此判断是否应当追究犯罪嫌疑人或被告人的刑事责任。

我国目前适用刑事诉讼出罪制度主要限制在可能被判处3年以下有期徒刑的轻罪案件中,在适用出罪制度后,法律一般情况下不会再允许追诉该刑事案件的犯罪行为,此时该刑事案件已经完成实质出罪的任务。一般情况下,刑事案件要满足犯罪嫌疑人或被告人认罪并向被害人赔偿损失、退赃退赔,得到被害人的谅解,双方当事人达成和解,"由司法机关人员主持并投入大量的时间精力指导、协助双方当

---

[1] 杨明:《程序法"出罪"功能研究》,《中国刑事法杂志》2010年第1期。

事人完成程序,在必要情况下签订经济赔偿协议"①。犯罪嫌疑人或被告人在刑事和解方面想得到被害人谅解时,赔偿标准应当按照被害人损害或者国家规定的相关标准进行,由此才能尽可能地实现公平。在双方当事人达成刑事和解以后,检察机关经审查可以退回公安机关撤案,以终结诉讼程序。我国目前出罪程序未能得到具体法律规定的指引和约束,理论研究上不完善,未能形成统一、具体、全面和权威理论指导刑事司法和立法。

一般情况下,情节显著轻微危害不大的刑事案件,在侦查、审查起诉、审判刑事诉讼阶段适用刑事诉讼出罪效果。在公安机关侦查阶段案件情节轻微社会危害性不大的情况下,可以由公安机关进行撤案以达到出罪目的,因此刑事诉讼程序中侦查阶段也可以适用出罪制度。通常出罪制度的实质内容在检察机关审查起诉阶段展开,在这一阶段有足够的证据证明犯罪嫌疑人或被告人的危害行为真实存在,因为行为人认罪并自愿弥补损失,退赃退赔,为检察机关使用不起诉方式处理案件提供了基础。犯罪嫌疑人或被告人不一定能及时认罪并做出赔偿,尤其是在司法机关未掌握充分的证据证明犯罪事实的存在,如果在侦查阶段犯罪嫌疑人或被告人就能及时承认犯罪行为并及时赔偿损失,获得谅解的情况下就可以尽快完成出罪条件,经司法机关允许适用刑事诉讼出罪制度,有利于双方当事人尽早回归正常的社会生活,减少讼累,恢复正常社会秩序。在审判阶段前犯罪嫌疑人或被告人与被害人都未能达成和解,不妨碍双方在审判阶段和解,进入审判阶段后,司法机关根据案件情节、性质仔细分析属于情节显著轻微危害不大的刑事案件时,对刑事案件作出无罪判决,实现出罪。② 不论在刑事诉讼程序哪一阶段适用刑事诉讼出罪制度都能够实现恢复性司法的价值理想,这与司法机关定罪量刑的一般诉讼程序相比,通过撤销案件、不起诉、无罪判决等方式实现刑事案件的出罪更能够体现对

---

① 杨明:《程序法"出罪"功能研究》,《中国刑事法杂志》2010年第1期。
② 叶青、杨慧妍:《非罪化的程序法进路研究》,《犯罪研究》2022年第3期。

社会公共利益的维护，凸显了出罪制度的价值。

（六）刑事诉讼出罪的制度规范方式

刑事诉讼法能够将刑法抽象概括性的法律规范具体化，通过刑事诉讼程序将刑法的法律价值和精神内核展现出来。刑事诉讼出罪制度是将刑事实体法规定为犯罪行为的危害行为不按照犯罪行为进行处罚而突破常规程序的做法，这种做法必须有强有力制度保障和合理价值取舍。刑事诉讼出罪是为了满足更需要保护的个人法益或社会法益，法律应当持赞同态度。不同的刑事案件涉及不同的犯罪种类和不同的出罪条件，要是将犯罪行为作出罪处理更有利于维护社会利益就有必要适用刑事诉讼出罪制度。换句话说，如果打击惩罚犯罪行为不利于实现社会整体利益，应当根据刑事诉讼法灵活处理具体犯罪行为允许刑事诉讼法将实体法规定的犯罪行为作出罪处理。[①] 在适用刑事诉讼出罪制度时应当有效规范制度的适用。在刑事诉讼程序中的侦查阶段、审查起诉阶段或审判阶段中的任一诉讼阶段对满足出罪条件的情节轻微案件作出罪处理，应通过法律规范设定的出罪制度适用主体、适用程序等要件进行规范，以保障刑事诉讼出罪制度适用的规范性，与此同时每个诉讼阶段中专门机关人员在适用刑事诉讼出罪制度时，必须严格按照满足出罪制度的条件进行出罪处理，规范司法实践中出罪制度适用。将犯罪行为作非犯罪化的处理本身存在一定的落差，如果司法实践中出罪制度的适用不公开或不合理，出罪制度难以得到有效规范，个人利益和社会利益都难以得到保障，不利于出罪制度在刑事诉讼中的发展，这个落差需要国家专门机关在立法上和司法上都更严谨，法律规范更全面，司法实践更成熟，更有利于司法公正的实现。

在现代诉讼法理念制度设计下，为了在刑事诉讼程序中及时满足出罪的条件，适用出罪制度，切实维护诉讼主体的权利，实现诉讼程序公正，不仅要求诉讼程序透明，适用出罪制度合理合法，还需要诉

---

① 陈兴良：《入罪与出罪：罪刑法定司法化的双重考察》，《法学》2002年第12期。

讼程序展现司法公正。不仅要求通过适用刑事诉讼出罪制度使当事人合法权益得到保障，情节显著轻微危害不大的案件经双方当事人刑事实现出罪，利于维护和谐稳定的社会关系。尽管在司法实践中刑事诉讼出罪制度的适用超越了实体法规范，突破了刑事诉讼法程序在出罪处理时的完整性和司法机关人员的自由裁量权，但出罪制度仍不能与普通犯罪行为适用刑法和刑事诉讼法规范和程序一样规范化、合理化和公正化，没有强有力且合理的法律规范的保障，出罪制度在适用中难免会面临复杂、不确定甚至不公正的局面，要想出罪制度稳定发展，建立相应的规范体系十分必要。只有建立完整、具体且合理的出罪规范体系才能通过适用刑事诉讼出罪制度达到维护社会秩序的稳定和长期稳定的社会发展。

（七）违反刑事诉讼出罪的法律后果

刑事诉讼出罪制度的客体范围是法定刑在 3 年以下有期徒刑的犯罪行为，即情节显著轻微危害不大的犯罪行为。行为人已经承担应承担的刑事责任，不需要继续通过刑事诉讼程序追究行为人实施犯罪行为所应承担的刑事责任，满足刑事诉讼出罪条件可以适用出罪制度。能否适用刑事诉讼出罪制度的标准是是否达到了刑事诉讼出罪条件，刑事纠纷的解决程度、被害人对适用出罪制度的态度、行为人是否已经承担该承担的刑事责任、社会容纳程度、侵犯的社会关系和社会秩序是否得以修复等都是除客观要件外决定是否适用刑事诉讼出罪制度的重要因素。

在满足情节显著轻微危害不大的刑事案件范围且双方当事人达成一致，行为人积极承担相应的非刑罚处罚责任时，"国家专门机关工作人员应当支持刑事案件适用出罪制度并严格审查适用出罪制度的各项条件",① 审查后各项条件都符合出罪标准并作出适用刑事诉讼出罪制度决定，终结刑事诉讼程序。在司法实践中违反刑事诉讼出罪制度，将不具有出罪资格的刑事案件进行出罪处理，作出无罪的判决结

---

① 杨明：《程序法"出罪"功能研究》，《中国刑事法杂志》2010 年第 1 期。

第三章　刑事诉讼出罪的程序理论与实践根据

果,导致犯罪最终不被惩罚。违反刑事诉讼出罪制度的适用条件会必然导致一部分犯罪不被国家专门机关追诉刑事责任,不被定罪处刑,而被永久性的出罪,逃脱了法律的制裁。这与刑事诉讼出罪制度设立的初衷相违背,与刑法的法律价值相违背,与惩罚犯罪、保障人权、维护司法公正、弘扬法治理念相违背,与实体公正和程序公正背道而驰。违反刑事诉讼出罪制度,导致刑法和刑事诉讼法的法律价值被破坏,影响法律权威。

第五节　刑事诉讼出罪制度具体实施的综合考量

刑事诉讼的出罪机制使得制度的具体实施与其他非出罪的诉讼制度相比具有更多的柔性考量,尤其是在刑事诉讼出罪机制得以明确之后,出罪的适用将大量增加,也就需要司法机关在具体案件程序出罪之前对其适用予以慎重考量。

一　以融贯思维指导配套法律的制定,发展和完善刑事诉讼法

刑事诉讼法在司法实践中运用广泛,刑事诉讼出罪制度适用面临对情节显著轻微危害不大犯罪行为具体且全面的了解,从犯罪行为性质、范围、情节及社会危害性多方面进行评估,通过司法发挥主观能动性进行变通处理,作出符合情理的判决,故刑事诉讼程序的完备性影响刑事司法。刑事诉讼法律规范应当适应刑事案件的变化,以便能够及时解决刑事纠纷,使刑事诉讼程序中法律问题有法可依。程序是刑事法律制度的重要组成部分,刑事诉讼法为刑法服务并充当刑法的工具价值,保证刑法规范的正确实施并保证刑法实体正义,通过程序的运行使刑法实体实现惩罚犯罪,保障人权的价值目标。为了实现实体公正,刑事诉讼会限制甚至剥夺犯罪嫌疑人或被告人的财产权、人身自由权和生命权,因此适用刑事诉讼程序应当谨慎,在刑事诉讼出罪制度中发展和完善刑事诉讼法,各国家专门机关在不同刑事诉讼程序阶段不断完善、鼓励和支持出罪制度适用,尽力用刑事诉讼法规范

国家专门机关人员促成出罪制度的适用，维持社会秩序，促进和谐的社会关系，刑事诉讼法需要立法机关以融贯思维指导配套法律的制定，根据不同的法律制度逐步进行完善和发展，以便更好地为刑事诉讼程序服务。不仅如此，刑事诉讼程序还具有独立性，能够独立解决刑事诉讼程序中的问题，面对多样的刑事纠纷要想解决纠纷并实现程序正义，刑事诉讼法需要随着刑事司法的发展而发展，诉讼程序才会更加丰富、更加全面、更易实现程序正义。

二　以融贯思维查漏补缺、填补漏洞

我国刑事诉讼出罪制度的研究还不完善，出罪制度适用目标和理念较为缺乏，依靠刑事诉讼法去解决刑事诉讼出罪制度中的各类程序性问题还明显难以协调各个主体利益之间的关系，难以达到出罪制度设立的初衷。在刑事诉讼不同环节中对法律规范的理解和适用也不尽相同，难以平衡兼顾法律主体利益和司法效率与公正。[1] 解决这类问题还需要刑事诉讼法不断在司法实践中查缺补漏，完善法律规范，保护诉讼程序主体的诉讼权利，实现刑事诉讼的程序公正。

刑事实体法的公正需要依靠程序法来展现，没有刑事诉讼程序，刑事实体法所要实现的实体公正将不复存在，实体公正的实现必须要通过刑事诉讼程序展现出来，诉讼程序中体现了刑事实体法正确定罪量刑，承担刑事责任和判处刑罚处罚。在刑事诉讼程序中启动刑事案件的侦办，推进诉讼程序的运行，正确认定刑事案件事实，正确适用法律规范，刑法的具体规范才能得到落实，其法律价值才能得到体现。刑法的法律规范对于社会公众来说比较难以接触，或者说难以直接看到刑法中对案件事实的认定，法律适用是否准确，能够直接看到的是刑事诉讼程序，因此一定程度上社会公众要通过刑事诉讼程序来判断刑法的实体正义是否得以实现，也即刑事诉讼程序不仅代表了诉

---

[1] 孙国祥：《由形式入罪到实质出罪：实质刑法观的新征程——评刘艳红教授〈实质出罪论〉》，《人民检察》2021年第13期。

讼程序推进的合理性以及程序正义的实现，还代表了实体正义实现的外化。如果在刑事诉讼程序中保障和促进实体性权利得到了令社会公众满意的成果，那么充分行使程序性权利后的实体性权利的保障就容易实现。

三 以统一思维处理好《刑事诉讼法》与《刑法》之间的关系

法律的实施离不开实体法规范与程序法规范的结合，要落实刑事诉讼出罪制度，实现情节轻微危害不大的犯罪行为的出罪，更离不开刑法和刑事诉讼法的保障。"出罪是一系列司法行为过程及结果的总称，其条件依据和效果是实体性的，而操作依据具有明显的程序性。"[1] 刑法和刑事诉讼法相互联系，相互包容。在刑事司法中，刑法对犯罪成立标准，犯罪构成要件，犯罪行为适用的刑罚措施作出具体规定，刑事诉讼程序中依据法律规定对犯罪行为作出处理，刑法法律规范为刑事司法提供了依据。刑事诉讼法对刑事诉讼程序中的国家专门机关的职责及具体程序作出规范，促进了国家刑罚权的实施，保障了人权法律价值的实现。刑法法律规范未明确规定出罪制度，因此想要适用出罪制度，除了在刑法法律规范中挖掘出罪机制制度依据之外，刑事诉讼法对出罪制度适用也产生了实质性的影响。实体法的落实需要配备相应的程序法，展示实体法精神内核的程序才能更好地为实体法内容服务。如果没有程序法在具体案件的适用，实体法也不能实现其法律价值，法律效力也难以实现。刑事诉讼法是刑法的内容表现形式，最大程度展示刑法内容，与刑法法律价值相契合才能实现。在刑事司法中，实体与程序，内容与形式两个层面达到内在协调，在适用中相互联系，相互补充，促进刑事司法公正实现。为了保持与刑法相同的立法精神，刑事诉讼法也应当在利益冲突时进行权衡，来决定符合刑法规定的犯罪构成要件的行为会否应当追究。若程序法与实体法未达到契合或程序法落后于实体法的发展，则会阻碍实体法的发

---

[1] 孙本雄：《出罪及其正当性根据研究》，《法律适用》2019年第23期。

展，刑事司法中的司法公正和效率难以实现甚至刑事实体法难以落实，影响整个刑法法律体系。

在立法过程中，刑法和刑事诉讼法共同受刑事政策的引导，刑事政策是国家意志在刑事法律方面的体现，实体法和程序法从本质上说都是为国家统治阶级的意志服务，必须与国家意志相契合，与刑事政策相违背的法律规范无效。在司法过程中，依然需要刑法与刑事诉讼法相配合形成合力，共同实现刑事司法的发展。刑事实体法和程序法相互联系，相互支撑，双方形成内在协调，相互配合形成完整体系，促进刑事政策的落实。

第四章　侦查阶段出罪

第一节　问题的提出

《刑事诉讼法》规定刑事侦查证据收集需全面。侦查过程中，可能发现和案件事实相关的有罪证据，也可能发现证明犯罪嫌疑人无罪的证据，没有证据证明案件事实发生，应撤销案件。"'撤销案件'，指侦查机关在侦查过程中发现不应追究刑事责任的情形，撤销已立案侦查的案件，终结对犯罪嫌疑人的刑事追究及诉讼程序的一种制度。"①刑事侦查活动在案发后进行，如果个别案件积年已久，证据无法收集，犯罪行为已过追诉期限，还有部分轻微伤害案件犯罪事实清楚、危害不大且双方当事人已达成和解，基于诉讼效率应及时撤销案件。

《刑事诉讼法》第163条规定："侦查过程中，发现不应对犯罪嫌疑人追究刑事责任的，应当撤销案件。"刑事诉讼撤案制度原理在于，辩证唯物主义认识论认为，人的认知能力是有限的。刑事案件侦查活动对已发生犯罪事实展开追溯，是由已知探索未知的反向侦查方式，客观实际不可逆性以及侦查人员主观认识能力局限性决定不可能所有案件经侦查都能达到事实清楚、证据确实充分的证明标准，总有部分案件纵使竭尽一切现存技术和法律允许的侦查手段，仍无法证明案件事实，或已过追诉时效，只有侦查机关及时撤销案件才符合效率原则。撤销案件制度也体现证伪思维在侦查过程的运用。侦查过程

---

① 谢进杰：《撤销案件制度研究》，《四川大学学报》（哲学社会科学版）2005年第2期。

中，不仅要求侦查人员具有证实思维，即收集证明犯罪嫌疑人有罪的证据，还要求充分运用证伪思维，收集证明犯罪嫌疑人无罪、罪轻的证据。侦查机关深入侦查，证实犯罪嫌疑人没有作案时间或案发时不在现场，甚至案件事实根本没有发生，应该撤销案件。[1] 此条规定表明侦查阶段具备出罪功能。侦查阶段撤销案件有助于保护犯罪嫌疑人合法权益，缩短犯罪嫌疑人羁押时间，使被采取强制措施的犯罪嫌疑人尽早回归正常社会正常生活。提前终结刑事诉讼程序，避免公诉作出不起诉决定、审判阶段宣告无罪的程序运行，节约司法资源，提升诉讼效率。

侦查阶段出罪在刑事诉讼程序中具有重要地位。侦查阶段撤销案件，贯彻无罪推定原则，体现刑法谦抑性，有利于保障犯罪嫌疑人及被害人人权，提升诉讼效率，但目前《刑事诉讼法》关于侦查阶段刑事撤案程序规定不够完善，不合理撤案、不及时撤案、不监督撤案等现象成为司法实践中亟待解决的问题。这些现存问题，不仅受法律规定漏洞影响，还受侦查人员、检察人员法律意识及执法水平等多方面因素限制。

侦查阶段撤案制度是学界近几年兴起的研究热点和前沿问题。有观点认为可以通过借鉴和考察其他国家法律，对我国侦查阶段撤案制度提出具体立法设想。[2] 亦有观点针对侦查阶段撤案程序中个别环节进行探讨，认为应当设置当事人权利保护程序、完善撤案监督立法，以解决不同情形下侦查阶段出罪机制的难题。[3] 但是，现有研究缺乏对侦查阶段出罪问题深层次探索，涉及侦查阶段出罪实际运行、监督及相应救济措施等方面挖掘有所欠缺。

反观域外相关立法更注重侦查阶段出罪实际运行、监督方向规

---

[1] 刘立霞、钱洪良：《刑事诉讼撤销案件立法的缺陷及完善》，《当代法学》2008年第4期。

[2] 谢进杰：《终止刑事案件与刑事追究制度及其启示》，《人民检察》2005年第7期。

[3] 廖伟、王娟：《审查起诉环节中刑事撤案制度的反思与重构》，《重庆大学学报》（社会科学版）2014年第5期。

定,《俄罗斯联邦刑事诉讼法典》第122条、第213条对需要终止刑事案件的法定依据和酌定依据作出规定。在涉及撤案的法条中,对被告人和受害者的合法权益保障明确规定。规定撤案恢复制度,即"被撤销的案件并不是不能被推翻,在一定条件下,完全可以重新恢复。"[1]《德国刑事诉讼法典》第153条、第154条对撤案的程序集中规定,第三编上诉救济中赋予被害人抗告与起诉的权利。[2]《日本刑事诉讼法典》第248条对撤案原因进行具体规定。[3] 前述相关侦查阶段的立法表明,域外撤案制度以维护刑事被害人合法权益,维持犯罪嫌疑人与被害人利益平衡为前提。

因此,阐述侦查阶段出罪合理性,明晰侦查阶段出罪概念,论证其是符合刑法原则、提高程序正义与诉讼效率、保障人权必不可少的手段。厘定侦查阶段出罪机制类型,包括侦查机关自主决定出罪、检察机关决定侦查出罪、侦查机关自主决定和检察机关决定相结合三种类型。通过侦查阶段出罪机制实证考察。以轻伤害案件侦查监督撤案为例进行具体探讨。明确轻伤害案件具体概念及其在侦查阶段出罪的意义,通过相关案例分析其在侦查阶段撤案时存在的问题。运用图表、表格等方式体现检察机关积极行使监督撤案权保障刑事诉讼实施,界定侦查监督撤案具体适用范围及其存在问题。探讨侦查阶段出罪救济制度,结合实践中发现的问题,借鉴域外相关规定,提出完善侦查阶段出罪的具体措施。

主要运用文献分析研究法、案例分析法、比较研究法。运用文献分析研究法搜集大量国内和域外侦查阶段出罪论著、期刊,利用已有研究成果,聚焦侦查阶段出罪制度进行深入、系统探讨。运用案例分析法,在中国裁判文书网、中国检察网搜集有关侦查阶段出罪案例,找寻导致各机关撤案意见不一的原因,分析侦查阶段撤案存在的问题。运用比较分析法将域外相关规定与我国相比较,总结侦查阶段出

---

[1] 《俄罗斯联邦刑事诉讼法典》,黄道秀译,北京大学出版社2008年版,第149—151页。
[2] 《德国刑事诉讼法典》,宗玉琨译,知识产权出版社2013年版,第93—94页。
[3] 《日本刑事诉讼法》,宋英辉译,中国政法大学出版社2000年版,第144—145页。

罪类型，分析具体规定的优势和劣势，从中汲取完善我国侦查阶段出罪制度的制度经验。

第二节　侦查阶段出罪的合理性

"出罪"是将有罪判为无罪。刑事诉讼程序由多环节组成，包括立案、侦查、审查起诉、审判、执行等不同阶段，侦查机关作出撤案决定后，刑事诉讼程序随之终止。撤案条件主要分为三类，绝对撤案、微罪撤案和存疑撤案。绝对撤案情形包括：经侦查发现没有犯罪事实、犯罪情节显著轻微、危害不大，不认为是犯罪的案件、出现刑法规定的免予刑事处罚的事由以及侦查机关立案后发现没有管辖权的案件。微罪撤案指侦查过程中，虽然发现犯罪嫌疑人的行为构成犯罪，但依照《刑事诉讼法》规定，该案件符合人民检察院依法可以不起诉的情形，即终止侦查程序活动。存疑撤案指搜集的定罪证据存在疑问，无法查证属实，不能证明犯罪构成要件，或证据之间存在矛盾的情形。由于证据不足，侦查机关不得不中止侦查程序，放弃继续侦查。此外，存疑撤案属相对撤案，实践中赋予侦查机关一定自由裁量的权利，是否撤案须根据具体情况判断。撤案后，重新发现印证犯罪嫌疑人有罪的确切证据，侦查机关可以申请重启立案程序，对犯罪嫌疑人继续侦查，追究犯罪嫌疑人刑事责任。[①] 作为侦查阶段一项重要制度，侦查阶段出罪机制已运行多年，获得理论界及实务界普遍认可。

一　侦查阶段出罪制度符合我国法律原则
（一）侦查阶段出罪体现无罪推定原则
无罪推定原则是人权保障要求在事实认定领域的反映，无罪推

---

① 彭现如、邢永杰：《侦查阶段证据不足案件撤案程序之构建》，《中国刑事法杂志》2010年第3期。

定原则创立和深化了证据裁判规则,即明确被告人罪行须经依法证明才可确定。无罪推定原则强调任何人被判定有罪,必须经过确实的证据证明,无证据或证据不足不得作出有罪判决。因而,证据裁判是当代诉讼中无罪推定原则的表现。[①] 证据不足时赋予侦查机关撤案权恰巧为侦查阶段无罪推定提供落实方法。根据该原则规定,是否应当追究犯罪嫌疑人刑事责任,必须严格依照所搜集证据,遵循"疑罪从无"要求作出判断。侦查机关如果缺乏有利证据证明犯罪嫌疑人有罪,规定和申请侦查期间届满之时,案件将无法移送检察院进行审查起诉,因为此时犯罪嫌疑人无论从程序还是法律规定上都处于无罪状态。法律亦规定,搜集证据时,侦查人员不仅须搜集不利于犯罪嫌疑人的证据,也要注意搜集无罪、罪轻证据。该规定全面保障侦查阶段无罪推定原则的适用。因此,侦查机关撤案权集中体现侦查阶段无罪推定理论,无罪推定理论是刑事撤案制度存在和发展的重要法理依据之一。

(二)侦查阶段出罪体现刑法谦抑性

刑法谦抑性指:"立法者应当力求以最小的支出——少用甚至不用刑罚(而用其他刑罚替代措施),来获取最大的社会效益——有效地预防和控制犯罪。"[②] 刑法作为和平时代国家对公民最严厉的非难手段,须迫不得已才被适用。当穷尽其他手段均无法调控社会关系秩序,才可动用刑法。日本借助判例创立可罚违法性理论,即违法行为必须具备值得刑法处罚的程度才应纳入刑法评价视野。[③] 在日本,刑法动用条件是行为符合惩罚价值,虽然行为造成法律所预设的法益侵害结果,但因不具备惩罚价值,可能被判定不可罚。所以案件进入审判阶段前,刑法谦抑性原则通过撤案程序得以体现。

轻微伤害案件多适用侦查阶段出罪程序予以办理,这类案件好

---

① 黄维智:《刑事证明责任分配的三项基本原则》,《社会科学》2007年第3期。
② 陈兴良:《刑法研究》(第三卷),中国人民大学出版社2021年版,第472页。
③ 何荣功:《我国轻罪立法的体系思考》,《中外法学》2018年第5期。

发于朋友、邻里之间。当事人的行为虽构成违法性要件，但主观恶性小，社会危险性不大，并非一定具备惩罚价值。用交付刑事审判方式处理该类案件，有时反而容易激化矛盾，转用温和的处理方式替代刑事处罚，积极组织当事人调解，适当给予被害人相应补偿，既达到惩治目的，又能维护社会关系。有观点认为只要发现刑法条文所记载的违法行为，就应当受刑法处罚。然而事实并非如此，不论英美国家，还是德国日本，法律均没有限定犯罪成立需达到的违法数量或程度，但并不意味着被纳入刑法调整的轻微犯罪类型将被定罪量刑。《刑事诉讼法》第16条有类似规定：犯罪嫌疑人的犯罪情节显著轻微、危害不大，不认为是犯罪的，可以不追究刑事责任，已经追究的，应当撤销案件，或者不起诉，或者终止审理，或者宣告无罪。侦查阶段撤案程序提前终结案件，使犯罪嫌疑人免受严厉制裁，帮助犯罪嫌疑人早日重返社会，提前恢复被破坏的社会关系。

二　侦查阶段出罪符合程序正义要求

程序正义系"看得见的正义"，要求审判机关按照实体法规定和原则，正确、公正地判决案件，案件审理过程应尽力使当事人感到公平和合理。侦查阶段，侦查人员严格按照证据判断犯罪嫌疑人是否有罪，很大程度上不受主观方面影响，使当事人深切感受公平正义的存在，充分体现程序正义。

域外《刑事诉讼法》规定，侦查机关对案件所涉证据和事实问题所作判断不得超过法定期限，必须根据侦查活动所收集的证据和相关事实决定刑事追诉是否继续。[①] 刑事侦查活动虽以案件发生为基础，以发现案件事实为目标，但不应仅注重实体正义，还应该全面审视侦查行为本身合法性以及侦查活动证据传播过程的合规性，侦查阶段出罪因此具有程序正义的本质特征。根据无罪推定原则要求，

---

① 谢进杰：《撤销案件制度研究》，《四川大学学报》（哲学社会科学版）2005年第2期。

刑事侦查应在实体正义和程序正义追求方向有所取舍,《刑事诉讼法》强调侦查阶段撤销案件机制以证据为基础,可以打消侦查机关用"有罪"思维进行侦查,为搜集犯罪嫌疑人有罪证据故意延长审理期限的念头,有效避免诉讼拖延,保障程序正义。[1] 侦查阶段撤销案件所遵循的法定程序积极指引侦查机关作出合理判断,限制侦查机关工作人员自由裁量权限,使侦查阶段出罪机制具备更强可操作性和可预见性。

三 侦查阶段出罪有利于保障犯罪嫌疑人基本人权

侦查阶段出罪可使部分犯罪嫌疑人及早摆脱繁琐的刑事诉讼过程,帮助他们更快回归社会,保障犯罪嫌疑人基本人权的实现。羁押犯罪嫌疑人超过法定期限一直被视为侦查机关强制措施适用的痼疾,虽然历经多次专项治理,但仍未完全根除。从立案开始,侦查机关一系列侦查活动均围绕发现案件真相进行,侦查机关必须积极调查、收集案件证据,使案件事实的证明标准能够达到公诉和审判要求。人认识事物的能力与客观现实间存在差距,虽然可以通过现代科技手段弥补证据侦查手段,但个别情况即便使用科技手段也无法达到预期效果。穷尽所有手段仍无法认定案件事实,继续侦查变得毫无意义,终结刑事侦查程序自然而然地成为最好选择,既可节约司法资源,也保障犯罪嫌疑人人权。

"撤销案件不仅关系侦查权行使的公正性,更关涉犯罪嫌疑人及被害人合法权益保障。"[2] 侦查阶段撤销案件,完成出罪,与侦查阶段主要任务完整契合。域外刑事立法强调,犯罪嫌疑人人权保障在侦查阶段出罪机制中应有所体现,作为犯罪嫌疑人人权保障内容的重点,人身权、财产权这些基本人权复归为犯罪嫌疑人重回社会提供充

---

[1] 刘立霞、钱洪良:《刑事诉讼撤销案件立法的缺陷及完善》,《当代法学》2008年第4期。

[2] 刘立霞、钱洪良:《刑事诉讼撤销案件立法的缺陷及完善》,《当代法学》2008年第4期。

分保障和前提。部分侦查机关工作人员为查清案件事实，避免证据丢失，对犯罪嫌疑人先行采取强制措施，限制其人身自由，事后发现犯罪行为并非犯罪嫌疑人所为，导致犯罪嫌疑人被错捕错拘。还有部分工作人员过分强调打击犯罪，即使证据不足，事实不清仍向检察机关申请审查起诉，造成错诉、误判情况发生，犯罪嫌疑人被迫脱离社会，陷入漫长的刑事诉讼活动中。侦查阶段撤案可有效截断诉讼程序，达到"使无辜者不受不应有之追究"的目的，防止错捕、错诉、误判等情况发生。

侦查机关须依法进行侦查活动，侦查过程中侦查人员可适当使用涉及犯罪嫌疑人人身权利、财产权利的强制措施，这些措施也成为侦查机关查明犯罪事实的有力工具。强制措施是一把双刃剑，须严格规制才能发挥积极作用。因此，法律虽允许侦查机关使用强制措施，但为防止其滥用权利，另行规定：发现不应对犯罪嫌疑人追究刑事责任的，应当撤销案件。这说明，侦查机关开展侦查活动不应单纯以定罪为目的，为查清事实动辄使用强制措施，延长审查期限，而是要充分关注犯罪嫌疑人基本权利保障。侦查阶段作为刑事诉讼活动首个环节，在全面收集证据，揭露和证实犯罪等实质性活动方面发挥着重要作用，为后续诉讼阶段开展提供基础，尽管案件经办过程其他诉讼环节有同侦查阶段出罪相似的程序保障措施，如审查起诉时不起诉、审判环节宣告无罪等，但侦查阶段撤案使犯罪嫌疑人更快摆脱困境，及时弥补犯罪嫌疑人人身、财产、名誉、工作等方面遭受的损害，避免犯罪嫌疑人处境更加不利。对维护被告人正当权益，恢复正常社会关系所产生的作用是其他阶段不能替代的。

四 侦查阶段出罪有效提升诉讼效率

刑事诉讼过程始终面临公平与效率的博弈，全力保障公平、公正，使整个司法程序运行效率最大化，成为理论界和实务界多数人的共同目标，侦查阶段出罪既兼顾公平又符合效率要求，刑事案件由侦查阶段转入其他阶段的条件为事实清楚，证据确实充分，侦查阶段出罪机制按此要求将不合规案件及时分流，促进刑事诉讼过程的公平公正。同时，作为整个刑事诉讼环节开端，审查起诉阶段决定不起诉或者审判阶段被判决无罪的案件，如果在侦查阶段得到终结，能从源头上预防错误发生，使不起诉和被宣判无罪的案件尽快从诉讼源头被过滤和分流，将大大提升诉讼效率。

公正乃诉讼最古老的价值命题，效率则是时代赋予诉讼的重任，二者相辅相成、缺一不可。效率为传统公正价值填补时代思想，使公正命题重现全新活力。著名法学家庞德曾强调，法的目的和任务在于以最少的牺牲和浪费尽可能多地满足相互冲突的利益，以一定司法资源投入换取尽可能多刑事案件的处理，加速刑事程序的运作效率，降低诉讼成本，减少案件积压和诉讼拖延。[①] 侦查机关充分行使撤案权，可有效解决案件积压问题。把更多资源投入重大疑难案件中，既合理配置人力物力，又有效提升诉讼效率，节约国家司法资源。在哲学领域，客观现实提供的物质资料有限，仅有物质资源只能供应限量服务。目前，司法资源也处于"以谋求更大价值的方法来执行和应用"的处境。在侦查阶段长期人少案多，相关配套设施无法完全适应当前形势状况下，涌入侦查机关的案件却有增无减。侦查机关必须利用侦查阶段出罪机制，筛选大量案件，把不合格案件尽早排除在外，将有限资源投入犯罪情形恶劣、影响较大的案件，才能实现司法资源最大化利用。

第三节　侦查阶段出罪机制类型

世界各国刑事立法在正式审判前规定相应的审前刑事案件筛检机制或者"过滤机制"，无论何种机制，存在意义均为在侦查阶段终结刑事诉讼程序。根据决定侦查阶段出罪机关不同，将侦查阶段出罪机

---

① 陈兴良：《刑法研究》（第三卷），中国人民大学出版社2021年版，第614页。

制大致分为三类，侦查机关自主决定出罪，检察机关决定侦查出罪，侦查机关自主决定和检察机关决定相结合。

一　侦查机关自主决定出罪

针对不符合移送检察机关起诉的案件，俄罗斯《刑事诉讼法》第212条规定出两种适用程序，分别是终止刑事案件，终止刑事追究。[1] 终止刑事案件和刑事追究须具备俄罗斯《刑事诉讼法》第24条至第28条第1款规定的情形才能适用。终止刑事案件的情形，包含五种，分别为犯罪事实不存在的；行为人实施的犯罪行为缺乏犯罪构成要件的，包括在刑事判决生效前，已有行为的有罪性质与应受刑罚的性质已被新的刑事诉讼法律排除；追究刑事责任的诉讼时效届满；犯罪嫌疑人或被告人已死亡的案件，但当事人提出的诉讼请求是恢复死者名誉的刑事诉讼除外；依照法律规定只能由被害人自诉才处理的刑事案件中被害人不告诉的，但犯罪行为依附从属于其他案件或被害人因其他原因不能告诉的除外。[2] 作为补充，俄罗斯《刑事诉讼法》第213条还将酌定情形进行规定，包括：因达成和解致使双方同意终止刑事案件；对涉嫌被指控构成轻罪的犯罪嫌疑人，如果与被害人通过和解达成协议，且同意赔偿受害人损失，可由受害人或者其法定代表人申请，停止对犯罪嫌疑人提起诉讼调查；由于情况改变而终止刑事诉讼，即首次被控犯轻微罪行的人，因法律规定或社会情况改变使所犯罪行不再受到追究，也不再具有社会危害性的，可以终止对其提起刑事诉讼侦查活动。[3] 终止刑事追究和终止刑事案件相比，终止刑事追究意味着刑事追诉终止，而终止刑事案件指本次刑事立案后侦查终止。

与俄罗斯相比，美国法律虽规定侦查阶段撤销指控出罪机制，却并未形成类似俄罗斯的完备体系。该机制主要规制强制性侦查行为，

---

[1] 《俄罗斯联邦刑事诉讼法典》，黄道秀译，北京大学出版社2008年版，第149—151页。
[2] 《俄罗斯联邦刑事诉讼法典》，黄道秀译，北京大学出版社2008年版，第149—151页。
[3] 《俄罗斯联邦刑事诉讼法典》，黄道秀译，北京大学出版社2008年版，第149—151页。

由警察决定是否提出指控。美国法律规定，警察可以训诫犯罪嫌疑人，撤销指控。① 犯罪嫌疑人已被逮捕，则不适用此规定，被逮捕犯罪嫌疑人指控的撤销只能由检察官决定。

二 检察机关决定侦查出罪

与其他国家不同，法国实行检警一体化，原则上警察机关不具备与大陆法系侦查机关类似的立案权力，因而撤销案件制度也不被警察机关执行。法国规定附条件不起诉制度，又称暂缓起诉程序，是否适用由检察机关主导，法国暂缓起诉的存在基础和俄罗斯理念一致，均为恢复性司法理念使然，条件都为被害人有效参与并获得补偿。

《法国刑事诉讼法典》第170条规定案件不予追诉制度，预审法官认为犯罪事实既不构成重罪，也不构成轻罪或者违警罪，或者行为人仍未查明，或者指控受审查人证据不充分时，便会裁定程序无法继续。② 第175条规定，终结侦查程序需预审法官的审查、批准。③ 侦查终结裁定一经做出，预审法官停止对案件管辖。主办预审的法官须立刻通知案件当事人、律师、检察官等，告知侦查活动已经结束。检察官须在法定期限内发表与撤案决定相反意见，否则裁定生效。被审查人及其他当事人享有阅卷复印和发表意见的权利。预审法官听取检察官及被审查人、民事当事人意见后，须核查罪名是否成立，并决定能否继续审查，以及案件是否达到不起诉或不移送起诉条件。预审法官所作决定，检察机关及案件当事人均有权向法院上诉。《法国刑事诉讼法》第188条、第189条、第190条对撤案救济方面有所规定"凡经预审法官确认不再被继续侦查的行为人，侦查机关不可因相同

---

① 卞建林、刘玫主编：《外国刑事诉讼法》，中国政法大学出版社2008年版，第207—208页。
② 陈兴良：《刑法研究》（第三卷），中国人民大学出版社2021年版，第709页。
③ ［法］卡斯东·斯特法尼、乔治·勒瓦索、贝尔纳·布洛克：《法国刑事诉讼法精义》，罗结珍译，中国政法大学出版社1999年版，第680—681页。

事实再次对其追查，但新证据出现除外。经预审法官审查确认，书面材料、证人证词及电子数据资料，可以补强原有证据，或者为查明事实真相带来新进展，则可视为新证据。"法国通过完善规定，使暂缓起诉制度得以良好运行。

三 侦查机关自主决定和检察机关决定相结合

日本并未规定侦查阶段出罪制度，但有微罪制度，不符合法定起诉条件的微罪案件经相应程序机制后会被撤销。[1] 日本《刑事诉讼法》第248条规定"根据犯人性格、年龄及境遇、犯罪情节轻重和犯罪后表现，没有必要追诉时，可以不提起公诉。"[2] 这表明，日本除侦查机关拥有微罪出罪处分权外，检察官也可依据法律规定作出终结案件决定。与日本类似，德国《刑事诉讼法》也有相关刑事撤销案件程序的规定，侦查机关、公诉机关、审判机关均有权作出撤案决定成为德国刑事撤案程序显著特征。[3] 我国《刑事诉讼法》规定侦查、公诉、审判均有独立程序出罪功能，但部分案件，尤其是轻伤害案件，侦查机关移送检察机关公诉后，检察机关经审查，认为可以不起诉的，应通知侦查机关撤销案件。[4] 这充分证明我国侦查阶段出罪是侦查机关自主决定出罪与检察机关决定出罪相结合的类型。

国内侦查阶段实行检察机关决定出罪类型较多，侦查机关自主决定出罪类型相对较少。侦查机关自主出罪类型主要体现为《刑事诉讼法》第16条只需根据客观情况便可作出判断的特殊情形，包括案件犯罪嫌疑人、被告死亡的、已过诉讼时效的、被特赦而免除刑罚的。这些情形中不涉及案件实体情况认定问题，根据法律常识及客观事实就可得出结论，且侦查机关自由裁量空间有限，即使赋予

---

[1] 参见彭勃《日本刑事诉讼法通论》，中国政法大学出版社2002年版，第144—145页。
[2] 《日本刑事诉讼法》，宋英辉译，中国政法大学出版社2000年版，第58—60页。
[3] 彭海青：《刑事诉讼程序设置研究》，中国法制出版社2005年版，第140—141页。
[4] 孙本雄：《出罪及其正当性根据研究》，《法律适用》2019年第23期。

侦查机关撤案权也极少出现因为主观因素介入导致滥用撤案权的情况发生。这些案件按照正常诉讼过程处理，必须经过检察机关审查起诉阶段。检察机关平时不仅负责自侦案件侦查活动还对公安机关的侦查活动展开监督，工作强度极大，侦查阶段赋予侦查机关出罪权利，可以有效缓解检察机关人少案多的工作压力，合理分配诉讼资源，提升诉讼效率。

检察机关决定出罪的类型主要包括由公安机关办理，属于法律规定应当撤案的轻伤害案件；侦查期限届满但犯罪事实仍无法查清或犯罪行为并非犯罪嫌疑人所为的案件，案件被公安机关受理，人民检察院发现可能存在不应立案而立案情况，应通知公安机关以书面形式阐述立案原因。检察院收到公安机关所做立案理由后需进行审查，经审查立案理由不成立，经检察长同意可以撤销案件。犯罪事实并非犯罪嫌疑人所为的案件，检察机关应作撤案处理，同时采用书面方式说明撤案理由，一并将案件材料退回公安机关并建议公安机关补充侦查。公安机关办理的轻伤害案件，双方当事人已达成和解，向办案机关提出希望从宽请求，公安机关认真审查和解协议真实性及双方当事人自愿性后，再向人民检察院提出撤销案件申请并说明理由。检察机关须审查案件是否属于法律规定轻伤害案件范围，结合和解协议内容及犯罪嫌疑人履行情况作出判断。如果案件不属于可撤销的轻伤害案件或和解协议不是双方真实意思表示，经检察长决定后，通知公安机关继续侦查，移送审查起诉。犯罪嫌疑人不积极履行和解协议中赔偿项目，检察机关可以督促其履行并根据履行情况决定是否撤案，避免出现犯罪嫌疑人假意签订和解协议的行为。

检察院建议撤案的类型主要应用于检察机关自侦案件。人民检察院负责捕诉的部门发现本院负责侦查的部门应该撤案的，向负责侦查的部门提出建议，建议不被采纳时须报请检察长决定。

自行撤案模式、通知撤案模式、建议撤案模式构成了我国当前刑事撤案基本制度框架。① 根据立法者的设想,刑事撤案制度需要以自行撤案为主,由通知撤案为自行撤案填补不足,而建议撤案则被看作是检察机关内部之间撤案问题操作的基本形式。

第四节 侦查阶段出罪机制实证考察

侦查阶段撤案根据《刑事诉讼法》第16条规定的六种情形运行。其中,情节显著轻微、危害不大、不认为是犯罪的情形,容易受主观因素影响,需重点关注。刑事诉讼法规定,行使刑事侦查权的机关有权撤案,即公安机关和人民检察院。人民检察院除对某些特定犯罪行使侦查权外,还可以根据《人民检察院刑事诉讼规则》对本院侦查部门及公安机关的撤案权进行监督。但现行法律侦查监督机制规定尚不完善,极易导致权力制衡乏力现象发生。因此,本文将着重从轻伤害案件及侦查监督撤案两方面对侦查阶段出罪机制展开具体分析。

一 轻伤害案件侦查阶段出罪现状

轻微伤人案件大部分为突发事件,当事者多为邻居,甚至亲朋好友,司法机关介入前或者审理过程中,当事人可能早已达成调解协议。但司法实践中,大部分轻伤害案件,依然按照普通刑事诉讼程序办理,不仅违背当事人意愿而且会浪费司法资源。

(一) 轻伤害案件处理规则及犯罪特征

轻伤害案件为故意伤害罪重要组成部分,指行为人实施损害他人身体行为,致使被害人身体损伤程度达到轻伤的案件。轻伤害案件能否撤案,需根据情况区别对待。轻伤害案件满足《刑事诉讼法》第16条所规定"情节显著轻微,不认为是犯罪"的情形且双方当事人

---

① 韩晗:《检察权能新拓:撤案核准的内涵阐释与模式展望——兼论刑事撤案与监察撤案的制度建构》,《法律科学》(西北政法大学学报)2020年第2期。

同意和解，可以撤案。双方当事人已经和解但不满足"情节显著轻微，不认为是犯罪"的情形，则不应撤案，应当移送检察机关。检察机关根据《刑事诉讼法》第177条规定及具体案情分析后，对不需要判处刑罚的，可以作出不起诉决定。

轻伤害案件显著特征之一为突发性。轻伤害案件犯罪嫌疑人与被害人多因琐事引发矛盾，双方争执中产生肢体冲突，且双方当事人没有意识到行为将导致犯罪。打人者并非事先有动手想法，他们大都临时起意，没有预判后果，对结果持间接故意心态。[①] 轻伤害案件证据搜集困难，轻伤害案件发生后，犯罪嫌疑人常常拒绝供述案件真实情况，将责任归咎于被害人自身过错。被害人因受到伤害，心存怨恨，可能会隐瞒纠纷真实原因和现场状况，把伤害行为进行夸大性描述。又因为轻伤害案件好发于邻里纠纷、婚姻纠纷、财产纠纷，存在缺乏证人、客观证据不足的境况。即使证人在场，也往往持"多一事不如少一事"的心态，侦查机关调查取证时他们可能选择回避或不予理睬。

（二）轻伤害案件侦查阶段出罪的意义

1. 有利于合理配置司法资源，保障社会和谐稳定

轻伤害案件在侦查阶段出罪可以合理配置司法资源，保障社会和谐稳定。正常案件审理过程，首先要经过侦查机关立案侦查，然后由侦查机关将搜集的证据及相关书面材料移送检察机关，检察机关整合这些资料后再决定是否审查起诉。如果案件属于不应当立案而立案的，则案件重新退回侦查机关并通知其撤案。若案件符合起诉条件，则检察院依法向有管辖权的法院提起诉讼。之后，经过一系列庭前准备工作及法庭审查环节，法官依法作出判决，当事人不再上诉，案件才算终结。普通案件审理过程需经过大量刑事诉讼环节，消耗大量诉讼资源。使轻伤害案件在侦查阶段出罪，可以免去繁琐的诉讼过程，降低司法资源投入。侦查阶段将轻伤害案件分流还可以保障被害人自

[①] 蔡庆丰：《适用自愿和解方式处理轻伤害案件探析》，《人民检察》2005年第6期。

诉权，法律规定轻伤害案件当事人，除可以要求侦查机关处理案件外，还可以自行向法院起诉。其次，侦查阶段分流轻伤害案件，符合刑罚轻缓化要求。既避免因刑罚处罚给犯罪行为人就业生存造成消极影响，又尊重被害人自由选择程序的权利，避免行为人和被害人矛盾再度升级。[①] 行为人也会因获得被害人原谅产生感激心理，促使各方以平心静气的状态解决问题，推动社会和谐稳定。

2. 有利于加害人尽快回归社会

从加害人角度讲，和解撤案会防止被烙上犯罪印记而不至于脱离社会。轻伤害案件中，加害人主观恶性较小，人身危险程度较低，再犯可能性不大，不使用刑罚方式完全能实现惩戒和预防犯罪意图。加害人借助赔礼道歉、赔偿损失等手段与被害人达成调解、博得被害人宽恕。双方同意和解情况下，侦查机关无视当事人想法，采取强制措施，将案件移送审查起诉，极有可能诱发加害人对司法部门产生不满和对抗，严重影响司法公信力，也违背刑法谦抑性原则。侦查机关应充分考虑行为人犯罪特点、社会危害性，依据对此类事项的审查，确认可否对犯罪嫌疑人采取强制措施。轻微刑事案件经双方和解，矛盾已基本解决，且此类犯罪行为社会危害性较低，通过不起诉或采取其他非刑罚处罚措施足以实现对犯罪嫌疑人的惩罚目的。用最短时间，使被追诉者摆脱漫长的刑事程序，尽快回归社会，才更有利于预防和减少违法犯罪行为。

3. 有利于赔偿被害人损失

从被害人视角看，和解撤案可帮助被害人更好地弥补损失。刑事案件中，被害人虽不受国家强制力管制，但亦是案件当事人，提倡犯罪嫌疑人权利保障时，也不应忘记维护被害人合法权益，作为重要当事人，被害人理应获得对案件程序处理的根本性权利。[②] 轻伤害案件中，被害人因侵害行为导致肉体损伤，但其精神创伤同样不可忽视。

---

① 赵祥东：《我国轻伤害案件诉讼模式之改进》，《中国刑事法杂志》2006年第4期。
② 兰跃军：《被害人视野中的刑事案件撤销制度》，《西南大学学报》（社会科学版）2010第5期。

现行诉讼追偿程序结果表明，精神损害赔偿在诉讼阶段往往难以获得认同。而侦查阶段，因当事人协商一致达成和解协议，为保障当事人意思自治，赔偿数额不会受法定范畴和标准束缚，被害人可以向加害人提出精神损害赔偿。因此，侦查阶段和解协议中所约定赔偿数额往往超过人民法院判决中指定的赔偿数额。倘使加害人同意被害人提出的赔偿请求，便可取得被害人谅解，还可能不被追究刑事责任。这样做有益于减轻被害人心中怨恨，尽早给予被害人合理补偿，恢复被犯罪行为影响的社会关系，真正意义上做到案结事了、定纷止争，推动法律效果与社会效果相统一。

4. 有利于提升侦查机关办案效率

对侦查机关而言，和解撤案可有效提升办案效率。公安机关作为刑事案件的首要侦查部门，常面临案多人少、经费紧张、技术不足等现实情况。司法资源有限状况下，高效配置资源，用较少支出解决案情简单、情节轻微案件，全力以赴侦破破坏性严重、社会影响重大案件，是值得进一步探讨的问题。给予公安机关轻伤害和解案件撤案权，可以大幅减少解决类似案件应付成本，节省侦查人员和当事人参加诉讼的时间、精力和财力，提升办案效率。侦查阶段有效分流轻伤害和解案件，可显著降低起诉、审判程序审理的案件数量，提升检察机关、审判机关的诉讼效率。[①] 显而易见，轻伤害案件和解撤案合乎繁简分流、轻案快办的总体精神。

（三）现阶段轻伤害案件侦查阶段出罪存在问题

轻伤害案件侦查阶段出罪的路径并不平坦，存在诸多问题。

第一，立法漏洞，导致出罪困难。法律规定，轻伤害案件被害人可以选择通过自诉保护自身权益。然而，刑事诉讼法仅用四条条文来规定自诉案件的操作方式，包括适用条件及庭审要求等。由公安机关审理的轻伤害案件，在侦查阶段或人民检察院审查批捕、起诉阶段被害

[①] 彭现如、邢永杰：《侦查阶段证据不足案件撤案程序之构建》，《中国刑事法杂志》2010年第3期。

人与犯罪嫌疑人依真实想法自愿达成和解,通过公安机关或人民检察院撤案还是运用自诉程序由被害人单独就刑事部分向人民法院提起自诉,欠缺明确法律规定和司法解释。公诉与自诉自由改换制度规定缺失,导致公安机关将所有轻伤害案件一概而论,交由检察机关审查起诉,使部分本应被害人自诉的案件成为公诉案件。刑法是维护法治、实现公平正义的利器,同时还是一把"双刃剑",如果适用不当,不分轻重,动辄得咎,并不一定能收到良好社会效果,利用犯罪化、刑法化手段处理这些因人民内部矛盾所引发的轻伤害案件,不仅不利于刑事目的实现,也不利于和谐社会建设。[1] 轻伤害案件普遍发生于邻里间、亲戚好友间,案件发生后双方都比较后悔,如若依托中间人帮助双方友好协商将矛盾予以化解,破损关系将及时得到修复。像普通案件一样用公诉程序解决,需经过漫长繁琐的诉讼环节,包括由公安机关主导下的侦查阶段、检察机关审查起诉阶段及人民法院审判活动,即使顺利经过一系列程序,判决结果也可能不会令双方满意。被告人是否主动修复关系、积极赔偿成为公诉程序审理时考量主观恶性的重要参考依据,如果被告人积极赔偿被害人损失,便会被判处较轻刑罚。反之,将被处以实刑,这极易诱发滋事一方不满,即使肇事方屈服于司法威慑力积极承担赔偿义务,也会导致当事人双方隔阂加深、矛盾升级。

第二,为追求破案率而忽视诉讼效率的现象尚未绝迹。破案率作为检验公安机关办案能力的一项重要指标,与公安机关工作人员绩效紧密联系。为保障利益,"应立不立""不破不立""不应立而立"成为个别公安机关片面追求高破案率的不恰当做法。[2] 侦查阶段出罪预示着不应当追究犯罪嫌疑人刑事责任的情况出现在已立案案件中,犯罪嫌疑人所做行为不构成犯罪,案件不成立,代表公安机关前期调查期间采取拘留逮捕犯罪嫌疑人的行为可能发生错误,如此一来将拉低

---

[1] 曾国东:《公诉环节故意轻伤害案件和解制度的探索》,《法学》2006年第4期。
[2] 董邦俊、马君子:《公安机关刑事立案问题及对策研究》,《中南民族大学学报》(人文社会科学版)2016年第5期。

公安机关破案率考核分数。《吉林省公安机关执法质量考核评议细则》中规定，破案率高或撤案率低则考核时应予以加分，但出现不应当立案而立案的情况，每起扣0.5分。① 《山东省公安机关执法质量考核评议细则》中，案件质量考核分数占总评分比例的50%，其中第11条规定不应立案而立案的，每起减10分，第21条规定不符合刑事拘留条件而予以刑事拘留的，每人减20分。② 面对严格的考核评议，个别公安机关工作人员为避免考核成绩过低，审理轻伤害案件时，不会积极主张双方进行和解，而是采用其他侦查手段积极推进诉讼程序进行。比如发生于云南省昆明市崇高县的丁老汉伤人案，丁老汉77岁基于赡养费等原因与儿媳小蒋发生冲突，丁老汉一时头脑发热将儿媳小蒋刺伤，经鉴定小蒋伤势为轻微伤。案发后，丁老汉后悔不已，投案自首。公安机关将案件移送检察院审查起诉前曾组织二人见面，两人见面后抱头痛哭，一起请求司法机关对丁老汉从宽处理并达成和解。然而当地公安机关并没有向检察机关提出撤案申请，而是继续以故意伤害罪为由将案件移交检察机关，检察机关提起公诉前，认为该案符合和解撤案情形，作出免予起诉决定。个别侦查机关过度追求高破案率和低撤案率，成为引发本应出罪轻微刑事案件入罪的关键因素。片面追求办案效率，造成他们办理轻微刑事案件时不予积极调解，反而草率定罪，使这些案件进入公诉程序，让案件处理变得复杂化，案件最终审理结果也恐怕难以全面体现被害人意志，无形中浪费司法资源，破坏案件办理的社会效果。③

第三，部分侦查机关工作人员一向在工作中受"从重从快"以及"严打"政策思想禁锢，办案时过分注重打击犯罪分子，反而忽视社会效益。根据北京市顺义区人民检察院公诉部门统计数据显示，该区公

---

① 吉林省公安厅：《吉林省公安机关执法质量考核评议实施细则》，http://gat.jl.gov.cn/zwgk/wjfb/201801/t20180105_3583028.html，2022年8月14日。

② 山东省公安厅：《山东省公安机关执法质量考核评议实施细则》，https://wenku.baidu.com/view/8781a8af65ce050877321315？aggId=a9a6857b383567ec102de2bd960590c69fc3d842，2022年8月14日。

③ 曾国东：《公诉环节故意轻伤害案件和解制度的探索》，《法学》2006年第4期。

安机关对事实不清,证据不足仍强行移送审查起诉的案件仅2004年就有12起,[1]客观上导致了司法权威受损。办理轻伤害案件时亦是如此,一些侦查机关工作人员过分遵循严厉惩罚犯罪的思维定式,面对轻微刑事案件时对当事人不予积极调解,常忽视社会效益,不适宜采取强制措施,致使轻微伤害刑事案件犯罪嫌疑人羁押期限过长,脱离社会。以邹城市公安局为例,2012年至2016年5月来,立案侦查的轻伤案件650起。其中,采取拘留强制措施507起,占轻伤害案件总数的78%;被检察机关批准逮捕351起,占拘留总数的70%;在轻伤案件中,直接采取取保候审156起,占轻伤害案件总数的25%。[2]这部分侦查机关工作人员审理轻伤害案件时,无视当事人意愿,一意孤行采取强制措施,使本能通过和缓手段解决的案件变得复杂化,给犯罪嫌疑人重新回归社会产生不良影响,也不利于正常社会关系的恢复。

第四,轻伤害案件中非自愿和解情况屡有发生。轻伤害案件取证困难,侦查机关搜集客观物证的困难较大,可能搜集到的大多数证据为证人证言、被害人陈述等言词证据。而言词证据一般容易受主观和客观因素影响呈现虚假或失实情况。例如:在(2013)大刑初字第350号案中,大理经济开发区满江办事处夏家村廖某某家与夏某林家因宅基地归属问题产生争议并发生互殴事件,夏某林的姐夫杨某宾从地面拾起砖块扑向廖某某,后被人拉开,廖某某紧接着用木棒与夏某林妹夫杨溢打斗,后杨某宾也持木棒参与其中,周围还有其他人参与揪扯扭打,当时局面失控,两方均有人员负伤,杨某宾眼镜被打掉,鼻子受伤,廖某某头部受伤。经鉴定,杨某宾为轻伤,廖某某为轻微伤。被害人杨某宾提起诉讼,要求廖某某对其进行赔偿,法院通过调查发现可以证明被害人杨某宾鼻子被廖某某打伤的证据只有被害人杨某宾所作陈述及其妻子的证言。同时,事发后公安机关询问环节中,

---

[1] 王立德、李旺城:《透视"撤案"程序危机提高法律监督能力——对顺义区近三年公诉阶段公安机关撤回案件的实证研究》,《中国检察官》2006年第2期。
[2] 刘延强:《公安机关办理轻伤案件疑难问题研究》,硕士学位论文,南昌大学,2018年。

杨某宾与其妻子曾经都作出不清楚何人打伤杨某宾鼻子的供述,如今却一口咬定被廖某某所伤,二人前后陈述之间相互矛盾。最终,法院以证据不足为由,判决撤回起诉。实际办案过程中,部分侦查机关办理轻伤害案件,往往疏于有关物证的搜集及保护,相反更重视言词证据搜集。但受犯罪嫌疑人拒绝供述、被害人陈述通常具有虚假性、证人证言缺乏等因素影响,轻伤害案件极易陷入僵局,面对这种僵局部分公安机关工作人员本着"严打"理念,会采取拘留等不利于犯罪嫌疑人的强制措施。此时,犯罪嫌疑人及其家人为早日摆脱监禁之苦保住名誉,往往选择花钱了事,即使被害人存在过错或者被害人提出高价赔偿金他们依旧表示同意。[1] 这间接促成轻伤害案件中大量非自愿和解情况产生。非自愿和解将助长个别公安机关工作人员执法的随意性,由于有和解制度保障,一些办案人员侦办理此类案件时抱着能拖就拖、能推就推态度进行证据搜集,致使案件证据出现缺失,这种随意性导致法律的严肃性付之东流。[2] 本应结案的轻伤害案件被迫陷入久拖不结,难以查明事实之境地,案件双方当事人不得不采取"私了"方式,以求尽早结案。

二 侦查监督撤案现状

近年来,检察机关监督撤案情形逐年上升,监督撤案已经与提起公诉、不起诉一起成为检察机关终结审查起诉的一种方式。根据最高检发布的一季度检察机关主要办案数据显示,2022年1月至3月,全国检察机关向公安机关开展立案(撤案)监督1.5万件,同比上升6.7%;监督后公安机关已立案(撤案)1.2万件,占监督数的80.9%,同比增加8.2个百分点。[3] 分析这些数据可看出监督撤案具

---

[1] 苏州市平江区人民检察院课题组、崔进文、叶芊:《刑事和解法律监督问题研究》,《法学杂志》2008年第5期。
[2] 彭现如、邢永杰:《侦查阶段证据不足案件撤案程序之构建》,《中国刑事法杂志》2010年第3期。
[3] 中国最高人民检察院网上发布厅:《2022年1至3月全国检察机关主要办案数据》,https://www.spp.gov.cn/spp/xwfbh/wsfbt/202204/t20220419_554526.shtml#1,2022年8月9日。

有重要地位。因此，研究侦查监督撤案对保障犯罪嫌疑人权利，实现司法公正，推进我国法治建设都具有重要意义。

以下是部分年度检察机关通过检察监督撤销案件情况汇总。

表4-1　2003—2020年检察机关侦查监督撤案情况统计

年份	侦查监督撤案数（件）	每五年总数（件）	
2003	—	2003—2007年	18266
2004	2699		
2005	—		
2006	4569		
2007	—		
2008	6774	2008—2012年	56248
2009	—		
2010	10702		
2011	11867		
2012	—		
2013	25211	2012—2017年	77000
2014	17673		
2015	10384		
2016	10661		
2017	13071		
2018	18385	—	—
2019	—		
2020	24000		

数据来源：1997—2021《中国法律年鉴》，1997—2021《最高人民检察院工作报告》，2019—2021《全国检察机关主要办案数据》。

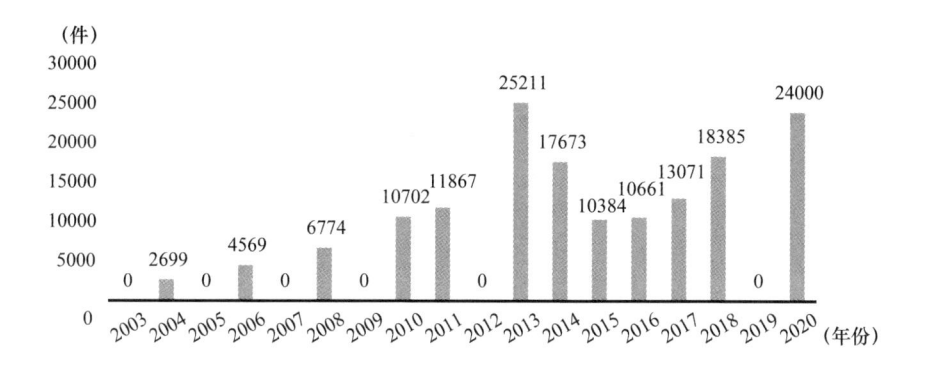

（件）
30000
25000　　　　　　　　　　　　　25211
20000　　　　　　　　　　　　　　　　　　　　　　　　　　　　24000
　　　　　　　　　　　　　　　　17673　　　　　　　18385
15000　　　　　　　　　10702 11867　　　　　　13071
　　　　　　　　6774　　　　　　　　10384 10661
10000　　　4569
5000　 2699
　　0　　　0　　　0　　　0　　　　　　　0　　　　　　　　　　　0
　0
　　2003 2004 2005 2006 2007 2008 2009 2010 2011 2012 2013 2014 2015 2016 2017 2018 2019 2020（年份）

图 4-1　侦查监督撤案数

根据《刑事诉讼法》规定，检察机关介入侦查阶段进行法律监督，不仅须监督纠正侦查活动中违法行为，还须进行立案监督以起到分流案件的作用，即检察机关监督过程中发现相关人不构成犯罪，或现有证据不足，可以采取不批准逮捕决定来分流案件，或者建议撤销案件，以保证案件质量，节约司法资源。为进一步加强和发挥法律监督的重要作用，最高人民检察院、公安部认真贯彻落实中央司法体制改革部署，积极推进执法司法制约监督体系、执法司法责任体系建设，于 2021 年 10 月 31 日联合制定下发《关于健全完善侦查监督与协作配合机制的意见》，文件出台后更有利于实现公安机关与人民检察院联动配合，加强刑事侦查与审查逮捕、审查起诉等诉讼环节的衔接配合，便于司法机关统一执法司法理念，推动刑事诉讼依法进行，切实提升办案质效。

（一）监督撤案类型

侦查阶段监督撤案的类型主要有三类，分别为不构成犯罪或不应追究刑事责任的案件类型、不批捕后未及时撤销案件的类型、检察机关自侦案件撤案类型。[①]

不构成犯罪或不应追究刑事责任的案件。犯罪行为必须同时具备

[①] 赵靖：《日本不起诉制度对完善我国不起诉制度的启示》，《西南大学学报》（社会科学版）2011 年第 5 期。

主客观要件才构成犯罪，追究犯罪嫌疑人责任还须确保不存在客观违法阻却事由和主观责任阻却事由。案件初期侦查活动中，要求侦查机关根据所搜集的证据判断犯罪嫌疑人否构成犯罪，是否应对其进行刑事追究。但部分嫌疑人反侦查能力极强，很难搜集证明其有罪的客观证据，因此公安机关不得不先将案件移送检察机关。检察机关依法行使监督权，根据现有证据分析整合的结果，决定是否撤案。因一直无法搜集到有效证据，个别公安机关执法人员决定对犯罪嫌疑人采取强制措施或监视居住、取保候审等变通措施，以获取更多搜证时间，该撤案时不撤案。出现这种情况时需检察机关适时介入，行使监督撤案权来保障侦查程序合法性与正当性。

检察机关通知公安机关撤案但公安机关未执行撤案案件。检察机关将撤销案件书连同证据材料送达公安机关，公安机关应该核实撤销案件书的依据及理由，没有异议应及时撤案并释放犯罪嫌疑人。[①] 然而实践中，部分公安机关收到撤销案件书后出于各种原因可能出现既不提出复议、复核也不撤销案件的情况。反而将强制措施改为取保候审、监视居住等相对轻缓措施，将案件搁置"挂案"，鲜少立即撤案，等待取保候审期结束后再将案件做进一步处理。出现这种情况，检察机关理应履行监督职责，自收到撤销案件书15天后仍没有撤案的公安机关，检察机关应该发送纠正违法通知书予以纠正。收到纠正通知书一定期限内，公安机关仍未采取任何行动的，可以报请上一级检察机关协同同级公安机关处理。

检察机关自侦案件。检察院自侦案件监督撤案权利，由本院负责捕诉的部门提出建议。人民检察院负责捕诉的部门发现本院侦查部门立案错误，应当建议侦查部门报请撤销案件，建议不被采纳的，应当报请检察长决定。

(二) 监督撤案意义

监督撤案可以有效防止部分侦查机关工作人员为追求高破案率，

[①] 谢进杰：《撤销案件制度研究》，《四川大学学报》（哲学社会科学版）2005年第2期。

采用违规侦破方式审查案件的情况发生。避免侦查机关工作人员采取多种酷刑方式审讯犯罪嫌疑人，利用"按图索骥"的逆向侦查手法，违背通常侦查思路和轨迹，通过走访附近人群，简要摸查犯罪嫌疑人社会关系后，依据被害人简单叙述、时空偶然、犯罪嫌疑人陈述漏洞、邻里纠纷的前因、男女情感纠葛等联系和感官推断觅得一个"理想"嫌疑犯，遵循有罪推定思考模式"固定"证据，利用逼供、诱供、威吓等方法，获得虚假证据，确立一套貌似切当的"证据体系"，以达到"侦破"案件目的。[①] 即便部分侦查机关工作人员仍采取不合法手段侦查案件，检察机关的及时介入，也可以阻隔这类案件步入后续诉讼阶段环节。因此，监督撤案对保障和维护司法公正，防止冤假错案发生具有重要意义。

监督撤案有利于减少不必要的诉讼环节，避免造成诉累，保障案件公正处理。被最高检评为优秀立案监督案例的包头稀土高新区撤案监督案中，犯罪嫌疑人刘某某与被害人冯某某系同居关系，二人已办结婚酒席但未领结婚证，2019年7月二人因家庭矛盾感情破裂。分手后，刘某某居住于父亲刘某甲家里，在此期间冯某某为向刘某某讨要曾经支出的彩礼钱屡次到该住所进行骚扰，刘某某曾因被侵扰而报案。2020年4月26日22时许，冯某某饮酒后赶去刘某某与其父亲刘某甲的居住处敲门，因刘某甲拒绝令其进入屋内，冯某某与刘某甲爆发争执且欲强行闯入，双方开始厮打。期间，刘某甲头部被打伤。为避免刘某甲再次遭受伤害，刘某某从厨房找出一把菜刀并将菜刀放置于门前鞋架上要求冯某某离去，遭拒后，其拾起菜刀将冯某某左眼部砍伤。经鉴定，冯某某人身损伤程度为轻伤二级。公安机关以刘某某涉嫌故意伤害罪向检察机关移送了案件。

包头稀土高新区检察院从正当防卫的起因、时间、对象、意图和限度条件进行分析，表示冯某某曾反复到刘某某住所滋扰，且曾因滋

[①] 刘静坤：《如何防止无辜者被强迫认罪——兼论不被强迫认罪权的程序要素》，《政法论坛》2021年第3期。

扰有报警记录。案件发生当日冯某某深夜喝酒后意图非法闯入他人住宅，当住宅主人清楚表达不答应其进入的情况后与刘某甲发生肢体冲突，该行为属于正在进行的、现实存在的不法侵害，刘某某作为力量偏弱的女性，为守卫其住宅安宁，保护其与年事已高父亲的人身安全，持刀砍伤身强体健、正值壮年的冯某某，其行为是有防卫目的的、针对正在进行的不法侵害人所实施的防卫行为，引起冯某某轻伤二级的后果没有超过必要限度，也没有造成重大损害，应认定刘某某行为系正当防卫，依法不负刑事责任。随即作出不构成犯罪的决定，通知公安机关撤案。

包头稀土高新区检察院坚持"法不能向不法让步"，准确把握正当防卫适用条件，依法作出不捕决定。表明检察机关将坚决履行法律监督职能，及时监督公安机关撤案，减少不必要诉讼环节，保障案件公正处理。切实纠正"谁能闹谁有理""谁死伤谁有理"的错误倾向，积极保护公民合法权益，弘扬社会正气。

（三）刑事撤案监督运行机制存在的主要问题

通过整理北京市朝阳区人民检察院监督撤案所涉罪名，可以发现检察院行使撤案监督所涉的罪名覆盖率较少，其中侵犯财产类犯罪和妨害社会管理秩序类犯罪所占比重较大，分别为45%和30%。侵犯公民人身权利犯罪案件仅占比4%。其余案件类型为危害公共安全类犯罪。[1] 从这些数据中可以得出结论，相对全国四百多项刑事罪名的总量而言，侦查监督撤销案件范围主要集中于侵害财物犯罪和扰乱治安等方面，涉及领域比较狭窄。因此，检察机关侦查撤案时，应该拓宽侦查的触角，积极探索新型犯罪侦查出罪机制。

与该立案不立案监督相比，撤案监督的总体成功率偏低。监督案件总量少于立案监督，涉案罪名种类也偏少，仅在某些财产类犯罪中成功率较高。论其原因主要是面对争议较大、社会关注度高、侦破系

---

[1] 孙伟、王昭、王妍：《刑事撤案监督运行机制实证研究——以司法体制改革后B市C区人民检察院为例》，《北京政法职业学院学报》2021年第1期。

数高案件，侦查机关往往会投入更多精力，办案态度更为谨慎。投入大量人力、物力、财力后，他们很难提出撤案申请，移送审查起诉时会精心准备相关材料，给予检察机关监督撤案的可能性较小。一些侦查机关工作人员为搜集更多有效证据选择"疑案从挂"的侦查方式，使案件久侦不结，严重侵害犯罪嫌疑人人权。检察机关发现侦查机关侦查期限届满后仍无法查清案件事实或确定嫌疑人，应该要求侦查机关撤案，停止对犯罪嫌疑人已经或将要采取的强制措施，发现新证据后再重新进行立案处理，这样才能保障司法公正。

根据公安部公布数据，全国公安机关刑事立案呈逐年增长趋势，尽管检察官队伍也在不断壮大，但明显低于刑事立案的增长率。[①] 检察机关工作人员每日受理案件数量庞大，高强度办案压力下，检察官们需超负荷工作才能保障批捕、起诉按时办结，这导致一些检察官缺乏精力去履行监督职责。其次，从立法来看，检察机关所采取的监督方式仅仅包括提出意见、建议两种方式，对公安机关所实施侦查活动只展开事后结果监督而不是办案全过程监督，公安机关侦查活动基本上完全脱离检察机关的监督。这将造成部分检察机关工作人员对刑事诉讼监督工作重要性认识不足，政治站位不高，监督主动性和积极性不强，没有树立起"在办案中监督、在监督中办案"的理念，监督工作成效不明显。

监督撤案的后续跟踪落实情况不佳，案件移送检察机关后，检察机关必须仔细审查案件详细情况，判断出哪些案件可以被撤案后并不意味着监督撤案工作已经完成。检察机关还应该时刻关注撤案手续办理进程，直到所有工作顺利完成，监督撤案才算结束。然而实践中，检察机关对公安机关撤案监督的执行力度仍不够强，向公安机关发布撤案建议后，相关工作人员很少继续跟进落实，监督撤案推进慢，监督流于表面，既不利于保护当事人法益，又削弱司法监督的权威性和严肃性。因为立法中撤案程序运行期限规定不明，加之存在人力物力

---

① 雷鑫洪：《刑事立案监督实证研究》，《国家检察官学院学报》2016第6期。

财力不足等客观因素，侦查人员往往分身乏术，不得不将案件搁置一边，导致迟迟不撤案现象得到助长。监督撤案后续跟踪机制不健全，以及受检察机关人少案多情况影响，导致检察官们没有精力投入更多时间和耐心督促撤案办理、跟进监督，监督撤案成效不明显。

第五节　侦查阶段出罪救济制度

一　完善侦查阶段出罪立法规定

侦查阶段被害人与被告人达成和解的轻微伤害案件，由公安机关出罪，检察院撤案，还是由被害人提起自诉，《刑事诉讼法》没有明确规定，也没有司法解释可供参考，由此导致这类案件实践中出罪运行障碍。[1] 纵观域外各国，已经赋予侦查机关对涉当事人和解轻微案件处理的权利，例如日本规定微罪处分制度，俄罗斯规定终结刑事案件和刑事追究制度。在我国，刑事和解的轻伤害案件不属于法定撤案范畴，侦查机关没有实质处分该类案件的权利，案件符合移交审查起诉条件，侦查机关应将案件移交检察机关审查起诉。尽管《刑事诉讼法》修改后加入有关当事人和解程序的条款。但这一条款实质上并未赋予侦查机关可根据调解协议作出撤销案件决定的权利。即使轻伤害案件在侦查阶段达成和解，也需经检察机关作出不起诉决定，才能提早结束。侦查阶段，如果案件当事人双方不存在"花钱买刑"情况，自愿达成和解协议，可以考虑提前调解，建立侦查阶段的和解撤案机制。此举既能迅速解决案件，又能尊重当事人意愿，保护受害人权益，使刑事诉讼制度的功能价值充分发挥。

《刑事诉讼法》第16条所列举撤案范围，仅规定不应当追究刑事责任的案件应予以撤案，侦查中没有发现犯罪事实或者犯罪事实并非犯罪嫌疑人所为的情况是否应该撤案没有明确规定。《意大利刑事诉讼法》第415条规定："当现有证据无法证明该案由犯罪嫌疑人所为

---

[1] 赵祥东：《我国轻伤害案件诉讼模式之改进》，《中国刑事法杂志》2006年第4期。

时，在6个月期限内，公诉人可以向法官提出撤销案件或者继续侦查的请求，由法官决定撤销案件还是继续侦查。"[1] 我国应该借鉴这种思维将发现犯罪事实不清或者犯罪嫌疑人无法确认案件如何处置的问题在立法中分别予以明确规定。公安机关立案侦查的案件，若法定期限内无法查清事实，公安机关应在立案后六个月内，向检察机关提出撤案申请或继续侦查请求。检察机关自行侦查的案件，则应向上一级检察部门提出申请。负责审核的检察部门作出撤案决定后，提出申请的公安机关和检察机关应当立即释放犯罪嫌疑人。

二 转变侦查机关对撤案权行使的认识及态度

目前，侦查机关处理轻伤害案件时主要存在以下问题。首先，为追求高破案率，以及受"严打"思想影响，极个别侦查机关工作人员审理轻伤害案件时，审理认定发现不应当追究犯罪嫌疑人刑事责任的，不会选择立即办理撤案手续。各类工作考评、办案考核接连不断，侦查机关工作人员迫于应对各种实务及考核评比，难以对轻伤害案件做出精细化处理，不得已只好先以绩效为主导，有选择性地优先办理更易"出成果、好侦获"的案件。[2] 其次，一些侦查机关面临人少案多困境，相对于轻伤害案件，他们更倾向把警力分配给影响力重大或者情节更加严重的大型案件中，疏于对轻微伤害案件物证搜集与保护，导致轻伤害案件所搜集证据多为言词证据，存在虚假、失真、易变情况，容易导致案件陷入僵局。最后，侦查监督案件，检察机关受理案件数量庞大，高强度办案压力下，检察官们通过超负荷工作才能将批捕、起诉案件按时办结，难以投入更多精力履行监督职责。办案过程中个别检察机关工作人员疲于应付，存在"重办案、轻监督"倾向，导致侦查阶段出罪制度执行困难。

思想和态度决定案件处理的方向、方法与效果。侦查机关、检察

---

[1] 《意大利刑事诉讼法典》，黄风译，中国政法大学出版社1994年版，第128—129页。
[2] 雷鑫洪：《刑事立案监督实证研究》，《国家检察官学院学报》2016年第6期。

机关工作人员必须适时转变态度及观念才能使侦查阶段出罪制度更好运行，撤案作为正常诉讼程序，不应被视作评判侦查工作成效的负面指标且与侦查机关工作人员切身利益挂钩，不能把撤案与错案、破案率相联系。因为立案过程中，只须达到有犯罪事实发生的标准即可立案，导致侦查机关自身对犯罪事实认识不够细致全面充分。认识是一个渐进的螺旋式上升过程，后续发现前一侦查阶段判断存在错误，并不一定代表之前办案程序存在问题，只能说明立案时认识到的事实在过程中被推翻。部分侦查机关工作人员应改变"应立不立""不破不立""不应立而立"做法，改变"重大案、轻小案"思维模式。① 办理轻伤害案件时，应拓宽证据收集渠道，结合轻伤害案件本身特点取证，重视实物证据搜集。可以充分利用信息技术、鉴定技术来击破轻伤害案件突发性的特点，及时提取犯罪嫌疑人指纹信息，通过技术手段获取相关视听资料、电子邮件等证据。改变"由供到证"的证据收集过程，重视实物证据，使定罪量刑证据链更加完整。应将收集的有利信息及时整合审查，使其成为具有证明力和证据能力的证据。侦查机关必须从立案时起保持积极态度，给予轻伤害案件与其他重大案件同等关注度，甚至证据搜集过程须付出更多努力，才能保障侦查阶段出罪机制有效运行。刑事立案监督权是法律赋予检察机关的重要权利，刑事立案活动不符合法律规定或可能产生司法不公时，检察机关须依法介入进行司法救济，届时刑事立案监督权将显现出制约作用。对待这样一项牵涉我国司法公正，人权保障的特殊权利，检察机关执法人员务必端正态度，不能疲于监督，要充分认识监督工作重要性，切实保障侦查阶段撤案制度有效运行。

三 保障犯罪嫌疑人及被害人权利

（一）保障犯罪嫌疑人权利

保障犯罪嫌疑人申诉权是司法公正的基本体现。刑事案件中公众

---

① 杨洪梅：《建议撤案的考察及完善》，《中国刑事法杂志》2010年第12期。

普遍对被害人表现出怜悯之情，对犯罪嫌疑人心存厌恶，觉得他们罪有应得。因此，涉及撤案问题时，会更多关注如何最大限度保护被害人权利，而忽视犯罪嫌疑人权利的保障。撤销案件不仅关系犯罪嫌疑人人身自由，也关系犯罪嫌疑人社会名誉。① 发现应该撤案而不撤案情况时，法律必须赋予犯罪嫌疑人及其近亲属、法定代理人申诉的权利。犯罪嫌疑人及其法定代理人、近亲属对撤案决定存有异议的，可以向上级人民检察院提起申诉。人民检察院直接处理的案件，可以向上级检察机关提出申诉。人民检察院应当适时地对案件进行调查，发现确有其事，应当通报相关部门改正。个别公安机关为追求破案率，采取"长期从挂"做法侦办案件，对犯罪嫌疑人超期羁押，且尽管取消了羁押，但犯罪嫌疑人却因案件未撤案，而在各类活动及利益方面遭受制约或损害，客观上形成"隐形羁押"效果，② 侵犯犯罪嫌疑人人身自由，犯罪嫌疑人及法定代理人、近亲属既可以对侦查期间侦查机关采取的强制措施提出申诉。也可对强制措施法定期限届满，仍不予释放行为进行申诉。

应保障犯罪嫌疑人的合理求偿权，《国家赔偿法》第17条规定"违反规定对公民拘留、拘留超过法定时限和逮捕后决定撤销案件的，案件受害人有要求国家赔偿的权利。"具体案件审理过程中，一些公安机关常采用迂回方式避免国家赔偿产生，处理一时无法侦破的轻微伤害案件，公安机关不会对犯罪嫌疑人逮捕和拘留，可能选择用监视居住或者取保候审等办案方式控制犯罪嫌疑人。撤销案件的理由和条件更是各异，犯罪嫌疑人缺乏法律知识，被捕后渴望早日恢复正常生活，撤案后很少有人主张国家赔偿，即便主张也会因缺乏有力事实得不到认可。因此，须加强对犯罪嫌疑人求偿权保障，当存在超期羁押

---

① 彭现如、邢永杰：《侦查阶段证据不足案件撤案程序之构建》，《中国刑事法杂志》2010年第3期。
② 彭现如、邢永杰：《侦查阶段证据不足案件撤案程序之构建》，《中国刑事法杂志》2010年第3期。

或者违规执法行为时必须给予犯罪嫌疑人补偿。① 这不仅使侦查机关在立案阶段更加谨慎，有所顾忌，也符合社会发展的必然要求。

名誉作为社会评价直接影响公民的人格尊严和社会地位，侦查机关应当为犯罪嫌疑人的名誉恢复做出积极帮助。犯罪嫌疑人已经为所犯错误承担了相应责任，案件撤销后应该将犯罪嫌疑人与正常公民同等对待。犯罪嫌疑人作为社会组成成员，在社会关系里发挥着特有作用。被立案侦查后他们名誉权或多或少会受到影响，为使犯罪嫌疑人尽快恢复原有生活，融入社会，侦查机关撤案的同时也应该在恢复犯罪嫌疑人名誉方面做出一些努力。案件被公安机关撤销后，犯罪嫌疑人有权要求公安机关出具撤案情况说明，犯罪嫌疑人求职时遇到困难，侦查机关有义务及时出具证明提供帮助。

确保犯罪嫌疑人在规定时间内会见律师，可促进侦查阶段出罪机制运行，保障案件公正审理。犯罪嫌疑人被捕后，往往不能及时得到律师帮助，实现诉权存在困难。这与当前诉讼侦查环境有关，侦查机关、检察机关的诉讼地位远高于律师，虽然我们赋予律师参与诉讼程序权，但行使类似会见权、阅卷权等重要权利时，律师仍须征得侦查机关或者检察机关同意。犯罪嫌疑人接受第一次询问时，律师不能及时赶到，甚至犯罪嫌疑人被刑事拘留时，律师也无法第一时间知晓，消息的滞后性使他们无法及时为犯罪嫌疑人提供法律服务和应有帮助。法律并没有赋予被告人沉默权，面对高压审讯环境，犯罪嫌疑人难免因为紧张害怕作出不真实供述，影响案件后续走向。保障犯罪嫌疑人第一时间接触代理律师，才能真正保障控辩双方在同一起跑线上进行诉讼活动，保障案件公平公正处理。

（二）保障被害人权利

被害人知情权是其他权利得以实现的前提，党的十七大报告提出要保障人民"知情权、参与权、表达权、监督权"，"知情权"被放于首位，足以凸显其重要性。其他几种权利的实现以知情权保障为前

---

① 谢进杰：《撤销案件制度研究》，《四川大学学报》（哲学社会科学版）2005年第2期。

提，离开知情权，参与权、表达权、监督权根本无法实现，被害人知情权是撤案制度最重要的一项权利。被害人因为违法行为受到身心伤害，渴望犯罪嫌疑人得到惩罚。① 侦查机关行使撤案权，将导致犯罪嫌疑人不再受刑事责任追究。这种举措，不保障被害人知情权，会使被害人产生不满情绪，被害人将通过重复起诉或信访方式抗议。② 如此一来，既浪费司法资源，也不利于社会安定平稳。监督权以知情权为基础，如果被害人对为什么撤案的具体信息无从知晓，就很难行使提出异议和申诉的权利。因此，侦查机关行使撤案权要明确告知被害人撤案具体原因、撤案时间、撤案过程、人员参与情况，告知其有提出异议和申诉的权利，同时告知被害人提出申诉的方式及期限。保障被害人知情权，才能使公众对司法程序和司法结果保持信服，才能保障程序和实体正义。

侦查阶段撤案，必须重视被害人异议权。《刑事诉讼法》第112条规定，人民法院、人民检察院或者公安机关对已经立案案件，认为没有犯罪事实，或者犯罪事实显著轻微，不需要追究刑事责任的，不予立案，同时须将不立案原因通知控告人。控告人不服的，可申请复议。立案时法律赋予被害人提出异议的权利，但撤案时能否听取被害人意见，法律并未作出规定。侦查阶段撤案，事关被害人合法权益保障。撤案致使刑事诉讼程序终结，被害人追诉请求落空，可能使其实体权益遭受诸多不利影响。③ 被害人作为案件直接利害关系人最了解案件真实情况，应该准许其行使法律规定的异议权。除因客观因素导致无法追究犯罪嫌疑人刑事责任的案件外，轻伤害案件撤案以双方当事人达成和解为重要依据，被害人可能因受威胁和逼迫签下和解协议，还有的犯罪嫌疑人为撤案故意同意被害人要求，事后根本不去履行。由此

---

① 兰跃军：《被害人视野中的刑事案件撤销制度》，《西南大学学报》（社会科学版）2010年第5期。
② 彭现如、邢永杰：《侦查阶段证据不足案件撤案程序之构建》，《中国刑事法杂志》2010年第3期。
③ 兰跃军：《被害人视野中的刑事案件撤销制度》，《西南大学学报》（社会科学版）2010年第5期。

可见，必须赋予被害人提出异议的权利。被害人所提异议，公诉机关必须认真审查。意大利刑事诉讼法中，当公诉人要求法官撤销案件时，必须同时将这一通知告知被害人，被害人收到通知后须在固定时限内提出异议，并可以要求公安机关继续展开侦查。再次侦查的结果、内容、过程都应当记录在案。通过完善合理的程序设计，使被害人能有效行使异议权，即使最终撤案被害人也不至心存不满。

保障被害人申诉权是维护司法公正的有力武器。如果被害人提出的复议没有被相关部门采纳，可被害人仍觉得撤案结果有误，无法接受，法律就理应为被害人提供一条补救措施。赋予被害人申诉权完全可以解决这一问题。相关法律规定公安机关在侦查阶段所作撤案决定，经过复议后仍作出撤案决定的，被害人可以向同级检察机关或上一级公安机关申诉。检察机关自侦案件在侦查阶段被撤案的，可以向上一级检察机关申诉。对申诉审理结果还是不满的刑事被害人，也可以直接向人民法院提起诉讼。

四　明确有关轻伤害案件双方和解规定

轻伤害案件和解过程中，常常有非自愿和解现象出现，非常不利于侦查阶段出罪制度运行。完善轻伤害案件和解程序是保障侦查阶段撤案顺利进行的重要举措。

刑事和解适用条件涉及主观、客观和罪刑三个方面。主观要件有：犯罪嫌疑人主动认罪道歉动机和双方自愿和解的意思表示。刑事和解目的在于抚慰被害人心灵，同时给予被告人一种快速回归社会的方式。适用刑事和解，应当考虑犯罪嫌疑人是否承认行为由其所实施以及对受害人的损害程度其是否认识清楚。如果双方和解协议通过胁迫、利诱等手段达成，则不能达到刑事和解的目的，更不符合和解撤案主观条件。[1]刑事撤案和解客观条件以犯罪事实与证据为基础，刑事和解适用的案件

---

[1] 宋英辉、郭云忠、李哲、罗海敏、何挺、向燕、王贞会、冯诏锋：《公诉案件刑事和解实证研究》，《法学研究》2009年第3期。

应当为法律条文所规定轻微伤害案件。只有将撤案和解制度中涉及的主客观及罪刑条件都明确界定,才能确保撤案和解协议有效性。

参与案件调解的人应当符合资格,一般必须为被害人、加害人本人。被害人或加害人为未成年人,应由其监护人或法定代表人出席。参与调解的当事人必须确保意思表示真实、自愿。刑事和解以自愿和知情为基本前提。《关于在刑事事项中采用恢复性司法方案的基本原则》第7条规定,"在有足够证据指控罪犯及受害者和罪犯自由和自愿的同意的情况下,才可以使用恢复性程序。在诉讼过程中,受害者和犯罪人应当有权在任何时候撤销这种同意。""自愿"指被害人和加害人通过刑事和解解决矛盾时没有受压制胁迫,而"明知"指被害人和加害人双方均清楚刑事和解的结果。如果参与调解者是征得当事人同意与案件无关的第三方,应明确第三人与其他当事人所签和解协议对其有效。调解现场情况瞬息万变,有时即使被害人提出过高要求犯罪嫌疑人也会表示同意,有时被害人不需要金钱赔偿而希望犯罪嫌疑人当面道歉,但是如果当事人委托别人替自己进行和解,首先可能会因使对方感觉不真诚而影响和解进程,其次委托人很难体会被害人及犯罪嫌疑人真实感受,针对另一方提出的某些要求他们会不予认可,导致和解失败。让适格当事人参与撤案和解是保障侦查阶段撤案制度行使的重要手段。

刑事和解主持者需由当事人自行选择。刑事和解主持者由公、检、法机关的办案人员来担任,还是由人民调解员主持担任应由当事人自行选择。办案人员担任刑事和解主持者具有的优势是对案情和当事人都较为熟悉,法律素养较高,具有权威性,有助于达成和解协议。但"案多人少"情况下,担任和解主持人将占用办案人员大量时间,且可能与其在刑事诉讼程序中的角色相冲突。人民调解员时间较为充裕,可以引社会资源以补司法资源之缺点,对协商与说和有较多丰富的经验,但是对刑事诉讼程序不熟悉,权威性较差。[①] 因此,

---

[①] 宋英辉、郭云忠、李哲、罗海敏、何挺、向燕、王贞会、冯诏锋:《公诉案件刑事和解实证研究》,《法学研究》2009年第3期。

轻伤害案件和解程序主持人应当由当事人自行选择，不能指定或强制。

刑事和解协议中，各方当事人应当依法确定权利义务，不能违反社会公序良俗。协议内容方面，可以参照德国相关法律。对受害人、第三者赔偿特定物，以补偿对方所受损失。协议中分别约定赔偿的种类、方式、期限，注明被害人接受赔偿后会积极配合犯罪嫌疑人向侦查机关提出撤案申请。必须在协议中明确各方权利义务，避免出现利用和解行为获得投机性利益的事件，违反公共利益和道德。

五 加强对侦查机关撤案权监督

关于侦查阶段出罪救济制度，域外已有相对成熟的规定，首先表现在刑事撤案监督方面。俄罗斯《刑事诉讼法》第214条规定有关终结刑事案件和终结刑事案件追究决定的监督制度，[1] 包括检察官监督和司法监督两种，[2] 充分表明对侦查机关出罪的谨慎态度和权力限制。第214条规定当事人可以申诉提起司法审查程序，[3] 第214条第1款第1条对犯罪嫌疑人平反程序进行规定。[4] 日本《刑事诉讼法》设置侦查机关微罪处置报备制度对侦查阶段出罪制度及时监督，[5] 其次，在刑事撤案救济制度方面进行规定，赋予当事人申诉的权利。[6] 反观我国侦查阶段撤销案件程序的监督和救济权利规定相对不完善，主要由《刑事诉讼法》第178条、第179条、第182条，以及公安部《公安机关办理刑事案件程序规定（2020修正）》第186条到第190条进行规制，总体上都是内部监督权利，外部监督有限。

（一）强化刑事撤案监督的权力行使

诉讼监督的先决条件为多个部门之间全面达成刑事诉讼内容共

---

[1] 《俄罗斯联邦刑事诉讼法典》，黄道秀译，北京大学出版社2008年版，第149—151页。
[2] 《俄罗斯联邦刑事诉讼法典》，黄道秀译，北京大学出版社2008年版，第149—151页。
[3] 《俄罗斯联邦刑事诉讼法典》，黄道秀译，北京大学出版社2008年版，第149—151页。
[4] 《俄罗斯联邦刑事诉讼法典》，黄道秀译，北京大学出版社2008年版，第149—151页。
[5] 彭勃：《日本刑事诉讼法通论》，中国政法大学出版社2002年版，第144—145页。
[6] 彭勃：《日本刑事诉讼法通论》，中国政法大学出版社2002年版，第144—145页。

享。检察机关须做到以下三个方面，才能缓解检警之间资料闭塞的处境。其一，绑定案件办理平台，做到互联互通，从技术层面消除刑事案件法律备案和有关证据材料查阅困难的障碍，同时推动达成案卷材料网络化。其二，拓宽原有授权，落实跟踪监督，充分利用派驻执法办案中心检察室的前沿阵地功能，拓展检察官对目前平台和网站查看权限。其三，确立刑事案件信息通报制度，公安机关向检察机关出示近期或年度报告，检察官须遵照真实情况安排监督领域和重心，并每月或每季度向公安机关下发刑事撤案监督情况公报，指出警检在案件定性与程序中产生的差异及整改措施。

敦促问责权可有效保障监督刑事撤案后获得实际效果。检察机关如若想利用诉讼监督手段有效限制侦查权的"扩张性"和"失控性"，就必须让法律授予其敦促问责权。该项权利包含敦促和问责两个层面。一方面，检察院已经向侦查机关提出要求撤案的决定，规定期限内侦查机关没有提出复议、复核、也没有撤销案件的，人民检察院可以向其发布纠正违法通知，并要求侦查机关立即将被采取强制措施的犯罪嫌疑人释放。另一方面，若造成严重影响刑事撤案监督案件办理的恶劣情况出现，人民检察院还具有提出调整承办人、职务评估降级等问责权。

（二）细化刑事撤案监督的监督内容

将监督公安机关终止侦查情形纳入刑事撤案监督考核领域内。《刑事诉讼规则》第287条第2款表明，监督公安机关对有关犯罪嫌疑人终止侦查可以视为广义"监督撤案"，是有关涉及犯罪嫌疑人或者案件使用刑事立案措施失当的监督与改进，在维护司法公正、维护公民合法利益方面具有重要价值。最高人民检察院党组书记、检察长张军同志提出人民检察院的基本执法理念为实事求是、依法准确、客观公正。所以，检察机关在刑事撤案监督的过程中，应该核实犯罪线索，拓宽工作思路，实现依法监督、全面监督。[1] 要改变现阶段刑事

---

[1] 孙谦：《刑事立案与法律监督》，《中国刑事法杂志》2019年第3期。

撤案监督权主要分布于侵犯财产类犯罪和妨害社会管理秩序类犯罪的现状，努力拓展监督撤案罪名，保障监督撤案权行使。

（三）重视监督撤案的具体细节

一要正视对案件当事人权利救济。权利救济的先决条件为案件资料向大众公示。人民检察院要在接待室内配置刑事撤案监督案件资料查阅平台，方便案件控告人、被害人利用已有线上渠道和移动设备进行查询，保证案件相关人第一时间借助信息公开系统了解案件办理过程。二要利用媒体推广途径，向社会公示维权方法，便于群众轻松传达自身诉求，提供刑事撤案监督所需证据。三要按时发布刑事撤案监督案件数据，将近期案件高发领域进行总结，提升群众自我保护意识，并明确告知群众维权的手段及方法。① 四是公安机关制定的撤销案件决定书，要及时发放给案件当事人并送达检察机关，这项举措有效保障犯罪嫌疑人名誉权、被害人知情权以及检察机关监督权，是保证司法透明切实有效的方法，有利于各方对侦查阶段撤案行使监督。

---

① 孙谦：《刑事立案与法律监督》，《中国刑事法杂志》2019 年第 3 期。

第五章　检察阶段出罪

第一节　问题的提出

公诉权是检察权的一项重要权能，不起诉权作为公诉权重要内容之一，其制度的设立，追根溯源于起诉便宜主义，主要价值在于实现诉讼经济、保障人权、修复社会关系、维护司法公正、促进国家法治建设。但是，由于检察机关内部考核制度不完善、检察人员素质参差不齐、相关立法尚存在一定空白、相关制度不健全及配套措施不完善等多种原因，导致不起诉制度存在使用率较低、制度使用时而混淆、实际操作有偏差等实践问题。

1979年制定《刑事诉讼法》时，在第101条中正式确立免于起诉制度，该制度适用对象仅限于依照刑法不需要判处刑罚或者免除刑罚的犯罪嫌疑人，因此制度内容比较单一。20世纪八九十年代，改革开放向纵深进行，经济社会快速发展促使一些新事物产生，导致某些新类型犯罪出现。此时，概括规定免于起诉制度已经无法完善地处理现实生活中复杂而又种类繁多的案件。因此，1996年《刑事诉讼法》被重新修改，其中就不起诉制度予以进一步完善，明确规定不起诉制度包括法定不起诉与酌定不起诉制度，并同步取消免于起诉制度。由于缺乏起诉与不起诉过渡空间，经过两年试点工作，2012年正式将附条件不起诉制度写入《刑事诉讼法》修正案。

经过长时间完善，不起诉制度已从单一的免于起诉制度演变为四种制度同步发展局面。有观点认为该制度在适用过程中存在适用率较低、使用绝对数量较少等问题，同时基于立法、司法分析，从政策、权力组织以及制度建设等多个角度提出相应措施。亦有观点认为建立内外监督体系、发挥公开听证保障作用及文书说理作用会进一步推进不起诉制度的正确适用。此外，亦有针对正在运行中的不起诉制度，提出可以借鉴域外相关制度完善我国不起诉制度：（1）借鉴美国暂缓起诉制度，结合现行附条件不起诉制度建设情况，限制该制度适用主体，即将未成年人排除在外，以保障附条件不起诉主体适用独特性特点，进而保证该制度补充功能不改变。（2）借鉴日本检察审查会制度，主张三方主体参与不起诉制度审查，以事后审查方式保证不起诉决定合理性和合法性。（3）借鉴别国起诉标准，明确将损害公共利益作为起诉标准之一。

本书正是基于这样的理论背景和实践情况展开研究。首先，正确认识检察机关公诉职能及表现形式，结合检察机关监督侦查、推动审判作用提出检察阶段出罪具有均衡性这一特征，并据此对检察机关提出两个原则性要求。其次，针对起诉主体和公诉机关转变历程，以英国、美国、法国、德国、日本等国家为例归纳总结英美法系和大陆法系国家检察阶段出罪机制。再次，反思并总结现行不起诉制度发展历史、程序性质和制度设计，探讨酌定不起诉、附条件不起诉制度存在的问题及成因，并对此提出立法、司法等方面建议。最后，用图表方式分析得出我国现行不起诉制度发展趋势良好的结论，借鉴国外不起诉制度对现有制度建设提出事前完善、事后监督措施，以保障不起诉制度在司法实践中能够良性发展。

第二节　检察阶段出罪均衡性

"公诉权作为检察职能中一项基本性权力，是指国家对犯罪进行追诉与否权力。"[1] 刑事诉讼出罪中，检察阶段公诉职能起承上启下

---

[1] 童建明：《论不起诉权合理适用》，《中国刑事法杂志》2019年第4期。

的重要作用,按照世界各国制度设计,检察机关既可以自行作出不起诉决定,也可以决定侦查机关撤销案件,对不应或者无须起诉案件作出不起诉决定。因而可将刑事诉讼中检察阶段出罪视为后续审判阶段是否进行的前提。一方面,"起诉权与不起诉权就像一枚硬币的两面,是公诉权一体两面,如果说起诉权是一种积极公诉权,那么不起诉权可视为一种消极公诉权,两者都是公诉权重要组成部分。"[1] 另一方面,"伴随着不起诉权丰富和完善,检察机关不起诉裁量空间逐步延展,与起诉法定主义基本理念互补衔接,使得公诉权兼具了原则性与灵活性。"[2] 因此,不起诉权作为公诉权的重要部分,不起诉制度完善的同时必然促进检察机关公诉职能的发展。

根据不同理解可以将不起诉分为两类,一种仅指检察机关在公诉阶段终止刑事诉讼程序,不将案件移送法院审判;另一种是除检察机关不将案件移送审判外,将检察机关已经公诉法院审判后撤回公诉情形,这种情形主要包括德国刑罚令制度、美国辩诉交易制度等。但在司法实践中常将检察阶段出罪单纯理解为检察机关作出不起诉决定。追根溯源,主要基于起诉法定主义和起诉便宜主义两个原则划分不起诉制度,而"相对于起诉法定主义规定起诉法定性、强制性,便宜主义原则意味着针对符合诉讼条件刑事案件,检方对被指控人是否起诉有自由裁量权,即便检方已经掌握充分证据并具备起诉要件,如果检方认为不必要起诉,仍然可以不起诉。"[3] 不论上述何种情形,检察阶段出罪主体内容被取消都意味着检察机关基本职能被暂时剥夺。

在刑事诉讼发展历程中,刑事公诉的基本形式是起诉法定主义,相对而言,基于起诉便宜主义产生的不起诉制度只是公诉补充和例外。其中创设于1996年的酌定不起诉制度适用更为广泛,一方面该制度表现出检察官被赋予公诉选择权,另一方面说明该制度作为审判前过滤器,持续为司法公正和效率均衡发展提供重要保证。从概念来

---

[1] 童建明:《论不起诉权合理适用》,《中国刑事法杂志》2019年第4期。
[2] 童建明:《论不起诉权合理适用》,《中国刑事法杂志》2019年第4期。
[3] 李倩:《德国附条件不起诉制度研究》,《比较法研究》2019年第2期。

看，起诉法定主义，指起诉标准由法律规定，检察院等法律规定享有起诉权的国家专门机关据此决定是否提起诉讼，若具备法定起诉条件必须向法院提起诉讼，不能由检察官自行决定不起诉，其实质是对检察官自由裁量权的直接限制。而起诉便宜主义则指依据法律规定可以提起诉讼，意即检察院等法律规定享有起诉权的国家专门机关结合具体案例，基于多种因素考虑，行使自由裁量权，自行决定起诉或者不起诉。该原则规定不起诉从程序角度而言意味着检察机关不将案件移送法院进行审判，就此终结刑事诉讼程序，犯罪嫌疑人从侦查阶段入罪完成公诉阶段出罪，但不起诉仍然是一种例外，该决定作出包含强烈价值判断，是检察官拥有自由裁量权力的重要体现。

"刑事诉讼程序可分为侦查、检察、审判三个重要阶段，在现有诉讼结构和诉讼阶段模式下，检察阶段起'承上启下'重要作用，既要审查侦查终结后结果决定是否达到公诉至法院审判条件，又要指挥或监督侦查活动。"[1] 而"作为公诉权重要组成部分，不起诉权在检察职能中具有重要地位，不仅在强化检察官客观公正义务、保障无罪人不受刑事追究、贯彻宽严相济刑事政策、落实诉讼经济原则等方面发挥着积极作用。"[2] 而且该制度创立也是顺应"报应刑罚观"到"目的刑罚观"刑法理论转变之必然要求。为平衡侦查和审判两个阶段活动要求检察机关至少符合以下几点要求：（1）依法准确适用公诉权。在全面审查案件证据、事实基础上根据法定证据规则和诉讼原则对犯罪嫌疑人行为性质作出认定，符合公诉条件的案件应该提交法院审判，反之无法达至公诉条件，或者依照相应规则判断没有必要提交法院审判的，检察机关应当作出不起诉决定。（2）诉讼及时性。诉讼及时性原则也是检察阶段出罪均衡性要求，在司法实践中，犯罪嫌疑人在侦查、公诉过程中均被采取强制措施，尽量缩短犯罪嫌疑人羁押时间是对公诉效率的基本要求，也是刑事诉讼公正原则的重要体

---

[1] 陈卫东：《检察机关适用不起诉权的问题与对策研究》，《中国刑事法杂志》2019年第4期。

[2] 童建明：《论不起诉权合理适用》，《中国刑事法杂志》2019年第4期。

现，对于不符合提交法院审判的犯罪嫌疑人作出不起诉决定是检察阶段出罪均衡性的具体体现。在此过程中，需要准确把握检察机关所起作用，加强国家机关以及社会公众等多主体监督，有效约束检察机关审查权力，以达到审前分流目的。

第三节 检察阶段出罪机制

从世界范围看，各国在构建检察阶段出罪机制方面基本趋于一致，但是基于法系文化认识基础差异性，英美法系国家比大陆法系国家对起诉便宜主义认可时间更早，作为检察阶段出罪机制不起诉种类完备，体系顺畅，适用率较高，而大陆法系国家不起诉制度出现较晚，其传统秉持起诉法定主义，检察机关不起诉制度设计和检察官自由裁量权设定逐渐发展而来，其中英美法系主要有美国、英国、加拿大等国家以及中国香港地区。大陆法系国家主要有法国、德国和日本。

一　英美法系国家检察阶段出罪机制
（一）英国检察阶段出罪制度

在英美法系传统刑事诉讼制度中，并未将公诉视为独立诉讼阶段，而只是将不起诉视为之前侦查活动终结。但是经过实践检验发现这种非独立检察方式不适宜长时间使用，因而一些英美法系国家吸收大陆法系经验尝试创建统一检察制度。尤其是英国，将审查起诉作为一种独立程序，规定检察机关作出不起诉决定不受侦查、审判程序影响，该制度转变最先表现在起诉主体方面。

英国四个地区法律存在很大差异，在早期检察机关设立方面表现尤为突出。正如苏格兰检察机关已经有几百年历史，而英格兰和威尔士仍然在经历从私诉制度向公诉制度转变，到19世纪后才出现正规警察并赋予其起诉职责。此后1879年才创设检察官职责，但是该职位在整个刑事诉讼法程序中发挥作用仍然较小。直到1985年《英国犯罪起诉法》颁布，"该法的重要意义在于创设了一个单一、独立和全国性起诉机构——皇家检控署（相当于中国检察机关），该机构管辖整个英格兰和威尔士，独立于警察并有权决定不起诉，但无权直接侦查案件或者指挥警察进行进一步侦查。"① 即在此之前由警察和检察长负责起诉，此后则由警察侦查终结后将案件移送皇家检控署，由其决定是否向法院提起诉讼。截至此时，英国警察既是侦查机关又是起诉机关的双重角色已然被改变。从主体职责角度分析，警察对案件进行实质侦查，根据法律规定初步决定是否需要移送法院提起诉讼，而检察官则对案件移送材料及证据全面审查核对后，具体分析定罪构成要件以及量刑影响因素，基于证据和公共利益两个主要因素权衡利弊最终作出是否起诉决定。1994年，英国颁布《刑事案件起诉规则》，该法律进一步肯定了检察机关对一项案件是否提起诉讼的起诉决定权，同时赋予检察官一定自由裁量权，即结合案件具体情况决定是否提起诉讼。

分析英国检察阶段出罪制度，只有当证据能够被认定为所期望犯罪且提起诉讼并不会损害社会公共利益时，才应该提出起诉决定。反之，亦是要求检察机关审查其所受理案件时，必须持有独立、客观态度，不因种族、国籍、性别、宗教信仰等因素影响，不受外界舆论等各方压力影响。

英国司法实践中，检察官往往需要经过证据检验和公共利益检验才可作出继续原指控、改变原指控或者停止诉讼决定，并且此两种因素已在英国《刑事案件起诉规则》中被详尽规定。（1）证据检验。检察官在审查完所有证据后，"要求达到证据确实充分且排除合理怀疑程度，可以在客观程度上达到现实定罪希望。"② 在此过程中，检察官的考量因素主要基于《刑事案件起诉规则》第5条规定的四种因素，即"审查证据合法性、审查证据可靠性、审查证人背景、审查被

---

① 卞建林、刘玫主编：《外国刑事诉讼法》，中国政法大学出版社2008年版，第18页。
② 卞建林、刘玫主编：《外国刑事诉讼法》，中国政法大学出版社2008年版，第34页。

告人身份。"(2)公共利益检验。不同于常规理解,此时主要指在证据检验充分基础上,公众是否有兴趣对该犯罪嫌疑人提起公诉。《刑事案件起诉规则》第6条从积极、消极两个角度列举了公共利益因素,分别有支持起诉公共利益十四项,即是否利用武器实施暴力、是否为集团犯罪组织者、是否会被处以几种刑罚等因素。反对起诉公共利益因素八项,具体指是否为过失犯罪、处以象征性罚金可否解决等。《刑事案件起诉规则》第6条指出,检察官考虑公共利益因素并非将二十二种因素进行简单数量对比,而是需要结合每个案件具体情况作出综合评价,用以保障检察官拥有"限制性"自由裁量权。

与我国刑事诉讼制度相比较,在作出是否起诉决定时,两国制度都要考虑证据因素,即证据是否充分且排除合理怀疑,但是由于两国诉讼制度基本原则不同,我国刑事诉讼制度对于证据因素要求较英国更为严格。英国不起诉制度独特之处在于拥有公共利益因素考量。此外,英国为保证被告人免受无根据起诉和审判,设立预审程序,即重罪案件一般先行由治安法院进行预审,由其法官决定是否进一步提交刑事法庭进行审判。如若无须提交则直接作出撤销起诉决定,如若符合起诉,"检察官也只能在判决轻罪治安法庭出庭,而不能在刑事法庭出庭。"[1]

(二)美国检察阶段出罪制度

与英国从"私起诉主体"到"公起诉主体"漫长历史转变相比,美国诉讼主体转变更加简单且迅速,即主要由被害人——一般民众——大陪审团(公诉追诉制度)——检察官等公诉主体。所以"美国法律制度虽然继袭了英国普通法传统,包括当事人主义诉讼模式,但是在刑事起诉制度上却背离了英国法中'私人起诉主义',很早就确立了公诉制度。"[2]造成美国重视"公起诉主体"而否定"私起诉主体"一方面是基于保障人权的强烈思想,在美国无论是国家机关还是社会公

---

[1] 卞建林、刘玫主编:《外国刑事诉讼法》,中国政法大学出版社2008年版,第35页。
[2] 杨诚、单民主编:《中外刑事公诉制度》,法律出版社2000年版,第79页。

众都认为，犯罪行为在侵害个人权益的同时亦会间接损害社会利益，甚至某些特定犯罪行为没有具体犯罪对象，其直接侵害公共秩序、国家安全等抽象利益，而公民作为社会组成部分，有权向审判机关提起诉讼。因此，在每个公民都有权提起诉讼情况下，由国家公权力作为代表机关提起诉讼更为简洁且权威，此种选择形式上在于满足个人"愿望"，但同时亦能够显著提升国家机关公信力。另一方面，"私起诉主体"容易遭到被追诉人报复，或有被害人在获得满意赔偿后放弃诉讼，这不仅不利于社会公正法治思想形成，反而对社会治安以及国家安全造成严重威胁。之后不起诉制度的逐步健全，不仅仅只是为适应美国高犯罪率等社会现实，也从侧面反映出一种美国诉讼态度，即高度重视公诉制度建设。

美国不起诉制度包括选择性起诉、大陪审团、预审、暂缓起诉、辩诉交易。[1]

"选择性起诉制度作为美国所特有的一项司法原则和司法制度，在有效节约司法资源，提高诉讼效益方面发挥重要作用，"其具体指美国检察官和公诉律师承担起诉责任，将其所了解到或者相信触犯联邦或者州刑事法律的嫌疑人诉讼至法院。[2]该种制度直接要求检察机关拥有相对自由裁量权，基于现有证据结合具体量刑情形决定是否提起诉讼。由于起诉对象不同，美国选择性起诉还可以分为选择不起诉、选择人起诉、选择行为起诉和选择罪名起诉四种情况。

（1）选择不起诉易与现行不起诉制度混淆，但是需要明确两者属于完全不同概念。首先，基于不同起诉依据，两者公诉标准有较大差别，即美国只要存在合理怀疑，检察机关即可根据职权提起公诉，但是现行不起诉制度只有在拥有特定条件下才可作出不起诉决定。由此可以看出，美国选择不起诉制度中检察官拥有更大自由裁量权，而现行不起诉制度相对限制较多，对于检察官而言可裁量因素不多，此特

---

[1] 陈玲：《美国刑事诉讼法》，上海社会科学院出版社2016年版，第51—56页。
[2] 刘炽、王建荣：《和谐社会视野下的选择性起诉研究》，《人民检察》2008年第18期。

征在重罪案件中表现尤为明显。其次，美国选择性起诉中选择不起诉主要针对基本符合法定起诉条件的案件，而现行不起诉制度则更多针对不符合法定起诉标准的案件。最后，从整个诉讼过程来看，美国侦查阶段和检察审查阶段并非完全独立，具体表现在理论规定中，即美国检察官可以指导甚至直接领导警察进行犯罪侦查活动，并且在司法实践中，美国警察在侦查过程中也确实经常听取检察官意见。但是现行不起诉制度则明确将检察作为独立诉讼阶段，并且检察官不能直接领导警察进行侦查活动。（2）选择人起诉、选择行为起诉、选择罪名起诉共通之处在于选择范围相同，即在确有犯罪事实情况下择一选择。从适用结果看，三种选择方式在促使犯罪嫌疑人认罪认罚、促进审判程序进行方面都发挥着积极作用，但是此三种制度，无论是选择犯罪人、犯罪行为还是选择犯罪罪名都会破坏实质公正，甚至造成"同案不同判"现象，长期适用并不利于社会和谐发展。

在美国，一部分州仍在使用大陪审团制度，另一部分也仅将该制度适用于部分重罪。适用该制度具体表现为大陪审团经过调查取证对检察官提交公诉书进行审查并立即评议投票表决。表决后可能产生三种结果：（1）受理。法定数额成员认为，该指控犯罪嫌疑人所指控犯罪有成立理由，就在公诉书草案背后写"受理此文书"。（2）不予受理。大陪审团认为，证据不足以进一步控诉作出不公诉决定时就签署此诉状，不予受理，撤销诉讼，释放在押犯罪嫌疑人。（3）提出相应诉讼。"大陪审团认为，证据不足以支持重罪控诉，但能够证明犯罪嫌疑人犯轻罪或轻微罪者可以指令检察官向主管法院提出相应起诉。"[1] 其中出现第二种结果是为适用不起诉制度的具体表现。值得一提的是，美国大陪审团制度适用于特殊案件调查和起诉，并不能代替法院进行审判。

预审有时又被称为预先听证或者审查性审判，指犯罪嫌疑人要求审查机构预先审查被指控犯罪是否存在起诉根据。如果经过预审，缺

---

[1] 卞建林、刘玫主编：《外国刑事诉讼法》，中国政法大学出版社2008年版，第75页。

乏被指控犯罪存在根据，则要撤销指控，此时预审可视为不起诉决定一种手段。但在美国不起诉制度中，预审并不是刑事诉讼法必经程序，被告人可以选择是否经过预审，如果选择不经过预审，该案件也可以直接移送至法院。此外，经过大陪审团审查案件一般也无须经过预审，因为在此之前大陪审团已经认定被指控犯罪有存在的合理根据，可以直接被移送至法院。

暂缓起诉制度指已经提起公诉案件在取得法院批准或者审批后，检察官可以决定是否与被告方达成协议——详细载明一些义务并设置考验期，并于考验期结束后决定是否提起公诉。与附条件不起诉制度对比，该种制度限制相对较小，而附条件不起诉适用主体、适用范围、适用条件都有明确限制。为此有观点认为需要借鉴国外暂缓起诉制度，扩大我国附条件不起诉制度适用范围。

"辩诉交易制度是除不起诉制度外，美国检察官公诉权具有独断性特征的另一重要表现。辩诉交易制度是指检察机关与犯罪嫌疑人或者辩护律师通过协商或者讨价还价，以减轻量刑或者减少起诉罪名等方式换取犯罪嫌疑人的认罪认罚协议。"[1] 有观点认为该制度适用于案件开庭审理前，并非是不起诉制度适用方式之一。但是从协商结果看，检察官"妥协"部分确已作出不起诉决定。适用辩诉交易制度对整个司法过程是利大于弊，即为检察机关证据不足案件提供保障，推动审判程序进行。但是有观点认为美国辩诉交易在本质上侵害了司法公正性和法律严肃性，因为在某种情况下，无罪被告人基于某种因素考虑也可能会接受辩诉交易。无论是重罪轻判还是无罪认罚都违反了司法公正原则。甚至因为检察机关掌握制度适用主动权，使得法院在形式审查后意见直接作出最终判决。

从美国现行制度施行情况看，大陪审团职能已经逐步退化，更有一些独立州已经取消大陪审团制度，保留该制度的州亦将具有起诉决定权的大陪审团转变为具有审查起诉权利的大陪审团。"据此可以将

---

[1] 杨诚、单民主编：《中外刑事公诉制度》，法律出版社2000年版，第115页。

审查起诉分为四种模式,即大陪审团审查模式、预审听证模式、预审听证与大陪审团调查相结合模式以及听证和大陪审团择一选择模式。"[1] 大陪审团审查模式指警察和检察机关侦查结束后将其完整证据交由大陪审团最终审查,"大陪审团若认为证据真实充分且应当起诉时,由检察机关根据大陪审团意思表示起草起诉书,交由法院提起公诉,"[2] 该制度从形式看由大陪审团最终决定是否提起诉讼,其实质起诉权仍属于检察机关。造成该结果主要基于两个原因:(1)大陪审团组成人员多为非法律工作者,其对法律规定了解有限,作为专业法律人的检察机关"操控"大陪审团人员实为简单。(2)检察机关为大陪审团制度启动主体。从积极角度来看,大陪审团主要负责对检察机关移送证据进行详细审查,在现有证据下大陪审团作出是否起诉决定多与检察机关预期相同。从消极角度来看,若检察机关作出不起诉决定,大陪审团就会丧失审查监督作用。因此,大陪审团制度所起作用实际被检察机关所掌控。

预审听证制度主要适用于废除大陪审团制度的州,具体指检察机关将已有证据移送至法院预审部门,该部门由专业司法职员组成,司法人员根据现有证据并结合案件具体情况,预先审查决定是否起诉,若决定起诉则由检察机关制作起诉通知书。有观点认为该制度的适用可能混淆检察机关与法院职能,破坏法院独立审判功能。若从形式看可能存在此种弊端,但从美国司法实践发现,无论是大陪审团还是法院预审听证,基本不会与检察机关诉讼意见相悖,所以该制度在实务中并未破坏法院审判职能,亦未混淆两者界限,只是对检察机关公诉与否的再次审查监督。在同时保留大陪审团制度和预审听证制度的州适用预审听证与大陪审团调查相结合模式,该模式指检察官将证据先行移送至法院预先听证,后将案件移送至大陪审团审查是否应当起诉,该制度削弱了预先听证制度的审查作用,即使预审法官决定不起

---

[1] 杨诚、单民主编:《中外刑事公诉制度》,法律出版社2000年版,第114页。
[2] 杨诚、单民主编:《中外刑事公诉制度》,法律出版社2000年版,第115页。

诉，大陪审团亦可决定提起诉讼。基于此种模式，检察机关常将大陪审团作为反驳预先审查的工具。在两种制度兼有的州，也可选用两者择一模式，此种模式意味着检察机关将案件移送至法院预审听证后，无论检察官对于预审决定满意与否都不能将案件移送至大陪审团进行再次审查。以上四种模式是美国不起诉制度的具体适用，更是对检察机关公诉职能的多种监督。

（三）中国香港特区检察阶段出罪制度

中国香港特区在法系分类中也与内地不同，属英美法系。但是不同法系并不代表两者截然不同。其相同之处从不起诉制度整体发展趋势可以看出，以起诉法定主义原则作为唯一起诉标准逐渐发展为起诉法定主义为主，起诉便宜主义为辅的诉讼趋势。这种发展趋势体现在中国法律建设之中为赋予检察官自由裁量权。

但是两地对于不起诉裁量制度规定无论是在制定原则、适用案件范围还是在起诉标准等方面都存有一定差异。（1）依据原则不同。具体表现在中国香港特区《刑事诉讼程序条例规定》，在任何案件中，如律政司认为并无因公众公共利益而需要公诉方介入，则不一定必须检控案中被告人。该规定正如英国总检察长肖克罗斯勋爵在下议院辩论中曾说过的一段话，即"有犯罪嫌疑就必须起诉，这从来就不是我们国家方针，我希望今后永远不会是。在指导检察长工作最初规则中，就已规定了只有当犯罪时情形具有该案件只有起诉才符合公共利益时才会起诉，无论何种情况，符合公共利益才是首要考虑因素。"[①] 中国香港检察机关所拥有的自由裁量权力更大。（2）适用案件范围有差异。中国香港特区不起诉制度的适用并未限定案件范围，而内地不起诉制度都有其专门适用范围，如酌定不起诉适用于犯罪情节轻微案件，附条件不起诉适用于未成年案件，法定不起诉适用于五种特殊情形等。（3）诉讼考虑因素存有差异。中国香港地区检控官认为现有证据确已充分，但查其案件没有损害公共利益或者不起诉将

---

① 龙宗智：《英国刑事起诉政策简介》，《人民检察》1987 年第 7 期。

不违背公共利益时，检控官亦可以裁量不检控。两者共通之处在于都须考虑现有案件证据是否充分，但无须考虑公共利益是否受损，只要证据充分，即使没有损坏公共利益也可以提起诉讼。

各种不同不起诉制度类型适用主要考虑本地犯罪率高低、案件本身社会影响、犯罪行为类型、犯罪嫌疑人人身危险性、被害人情况等因素。但总体上，经由不同种类不起诉制度决定主体自由裁量适用。

二 大陆法系国家检察阶段出罪机制

（一）法国检察阶段出罪制度

"作为大陆法系代表性国家，世界上最早现代意义公诉制度就建立于法国，这种公诉制度在法国也经历了长时间演变，法国著名法史学教授安德烈·朗吉教授及阿莱特·勒比格尔教授在《法国刑法史》一书中所说，法国刑事诉讼发展史大概可视为弹劾式诉讼与纠问式诉讼之间嬗变式。"[①] 在弹劾式诉讼程序中，只有被害人或其家属提起诉讼时，诉讼程序才可启动。而今纠问式诉讼中逐渐确立国王代理制度和国王律师制度，之后又逐渐演变为刑事检察和民事检察制度，刑事诉讼由被害人所提起的历史随着该种制度的确立被宣布结束，国家公诉至此确立，此后国家权力逐渐进入到刑事诉讼之中。同样法国作为大陆法系检察制度发源地，该制度形成也为纠问式诉讼发展提供前提条件。

关于法国起诉裁量权制度规定，在法国大革命时期，采取起诉主义，当时并没有给检察官预留较大自由裁量空间。但是在司法实践中，无论是检察机关还是法院都意识到该制度存在教条化问题，因此常常通过宽恕解释法条或者实际不予起诉予以应对。直到1959年新法国《刑事诉讼法》颁行，其明确赋予检察机关不起诉自由裁量权，至此检察机关依法不起诉决定权依法确立。"但是此时检察官自由裁量权仍然有限，即对案件进行审查后，只能作出向法院提起诉讼或者

[①] 卞建林、刘玫主编：《外国刑事诉讼法》，中国政法大学出版社2008年版，第128页。

作出简单不起诉决定。该现象维持到1989年,起诉代替措施——一种介于提起公诉和简单不起诉之间的第三条道路出现",① 诉讼僵局被打破,该措施主要包括刑事调解、经过补救之后不起诉、赔偿等。在此之后法国《刑事诉讼法》也只是小幅度修改,即1993年仅对形式调节作出规定,1999年规定和解程序,2004年再次扩大和解程序等。②

(二) 德国检察阶段出罪制度

1877年2月1日,德国颁布《帝国刑事诉讼法典》,该法对刑事诉讼制度作出详细规定,确认刑事诉讼一般由检察官提起,在各个时间可以由被害人或者其代理人告诉处理,此时检察官还负责侦查犯罪事实、收集证据、代表国家提起诉讼。与现行不起诉制度不同之处在于,凡重罪案者一般都应该提前经过预审,通过预审确定是否提起诉讼,这部法典所含基本原则保留至今,并对后世大陆法系相关制度创作产生深远影响。在德国,侦查和审查起诉是审判前重要组成部分,但是审查起诉并不是独立程序,只是侦查延续,检察官在侦查某一案件时,同时也审查是否应该提起诉讼,若此时案件侦查终结也意味着审查起诉终结。

由于犯罪现象呈明显上升趋势,犯罪行为日益复杂,一些新型犯罪出现必然导致审判难度增加,但是矛盾之处在于司法工作人员培养以及人数仍然趋于稳定,这使司法压力逐渐增强。所以德国《刑事诉讼法》原有排除检察机关自由裁量起诉法定主义已不能适应现有司法环境,认为"微罪的去犯罪化、犯罪的轻缓化符合国家刑事政策的法治路径,符合刑事惩罚尽可能减少的要求。轻罪微罪的犯罪人完全可以通过检察院不起诉制度的规制,阻止其继续实施犯罪行为。"③ 之后德国司法实践中逐渐接受起诉便宜原则,"即在完全符合条件情况

---

① 段明学:《法国起诉裁量权的发展及启示》,《人民检察》2006年第13期。
② [法]卡斯东·斯特法尼、乔治·勒瓦索、贝尔纳·布洛克:《法国刑事诉讼法精义》,罗结珍译,中国政法大学出版社1999年版,第145—152页。
③ 李倩:《德国附条件不起诉制度研究》,《比较法研究》2019年第2期。

下，检察机关享有自由裁量权，可根据情况决定是否提起公诉，追究犯罪。"① 自由裁量概括规定体现在"《刑事诉讼法》第153条，如果能够证明行为人刑事责任可以被视为轻微，且不存在必须追诉公共利益，检察官可以不提起公诉而撤销轻罪案件。"② 关于德国不起诉裁量规定，在法条中具体表现为《刑事诉讼法》第170条证据不足不起诉，第153条规定罪轻不起诉，第153条a规定附条件不起诉，b、c、d、e四条规定其实为其他不予起诉或者停止起诉情形，即发现免于刑事处罚条件时停止起诉，基于地域管辖所定国外行为不追溯，由于政治原因不起诉等。通过具体分析这四种情形可以发现c、d条不起诉决定作出都是出于是否与公共利益相抵触这一因素考虑，这一点与英美法系某些诉讼原则趋于一致。

值得注意的是，处罚令特别程序在德国实务应用中占据重要地位，据不完全统计，大约一半刑事程序是通过处罚令程序来处理。"德国处罚令程序源于1846年的《普鲁士法典》，在日本叫'简单命令程序'，我国台湾地区称之为'简易判决处刑程序'，但是规定的相关内容是相同的。有台湾学者将德国处罚令程序称为'协商制度'。"③ "检察院在侦查终结之后，对于轻罪可以申请法院不经审判而以书面处罚令确定对行为法律处分，这个程序建立对于实现诉讼经济、节约司法资源有着独到作用，其设计充分借助了德国检察官'准法官'地位，发扬了检察官起诉裁量权。"④ 从20世纪60年代开始，考虑到犯罪数量持续增长，检察机关不追诉裁量权力开始扩大，德国建立了证据不足不起诉、轻罪不起诉、暂缓起诉等制度完备的不起诉体系。⑤

---

① 卞建林、刘玫主编：《外国刑事诉讼法》，中国政法大学出版社2008年版，第208—209页。
② [德]托马斯·魏根特：《德国刑事程序法原理》，江溯等译，中国法制出版社2021年版，第7—8页。
③ 李倩：《德国刑事诉讼快速审理程序及借鉴》，《法律适用》2017年第19期。
④ 杨诚、单民主编：《中外刑事公诉制度》，法律出版社2000年版，第207—208页。
⑤ 张朝霞：《德国不起诉制度》，《诉讼法论丛》2000年第1期。

（三）日本检察阶段出罪制度

日本刑事诉讼法于第二次世界大战之后确立，在沿用英美法系国家制度同时亦保留部分大陆法系国家特点。在起诉程序中，日本沿用大陆法系国家起诉特点，只有检察官可以提起公诉，即起诉垄断主义，但保留英美法系中检察官拥有自由裁量权这一特征。在司法实践中亦可表达为检察官尽管有证据证明犯罪成立，也不一定提起公诉。日本检察机关将自由裁量权细化于法条规定，主要表现在以下三个方面：（1）日本《刑事诉讼法》第248条规定："结合犯罪嫌疑人性格、年龄、境遇、犯罪情节轻重及犯罪悔过情况，决定是否予以起诉，若非必要起诉，可以决定不起诉。"[1]（2）证据确实充分是日本检察机关起诉标准之一，证据不足时检察机关必然会以存疑原因作出不起诉决定。（3）检察官《刑事诉讼规则》规定，"检察官调查完所怀疑犯罪事实之后，有证据证明其触犯刑律并且法律上有对其免除刑罚规定（包括情节、大赦等）之时，检察官亦可以'刑免除'为理由，作出不起诉处分决定。"[2] 从整体制度建设来看，日本为完善检察机关自由裁量制度，亦建立起诉犹豫制度和暂缓起诉制度。

（四）俄罗斯检察阶段出罪制度

俄罗斯《刑事诉讼法》基于苏联影响采取公诉主义原则和职权主义模式，属大陆法系。与我国现有不起诉制度相比，两国起诉主体相同，都由检察机关等法律规定的国家公权力机关提起，但起诉书制作主体不同，即俄罗斯由搜集证据的侦查机关制作，我国则由检察机关经过审查后作出。有观点认为，该种诉讼方式使检察机关失去实际审查权利，仅将检察机关审查起诉程序作为过渡而非独立诉讼程序。但是根据俄罗斯《刑事诉讼法》具体规定，明确检察官对起诉书进行实质审查并最终决定是否提起诉讼。诉讼决定权仍然属于检察机关，即使侦查机关审查案件后作出起诉决定，检察机关对起诉书进行实质

---

[1] 《日本刑事诉讼法》，宋英辉译，中国政法大学出版社2000年版，第58—59页。
[2] 杨诚、单民主编：《中外刑事公诉制度》，法律出版社2000年版，第216—217页。

审查后仍可以推翻原决定，根据具体情况作出不起诉决定。

第四节　检察阶段出罪机制实证考察

从我国司法实践来看，不起诉制度仅指检察机关不将案件移送法院审判。在此理解基础上，我国不起诉制度主要体现在《刑事诉讼法》第175条、第177条、第178条、第179条、第180条、第181条、第182条所规定检察机关法定不起诉和酌定不起诉等情形。

一　我国不起诉制度产生和发展

从古代法律规定中可以看出疑罪从无和证据不足不起诉制度的影子，《尚书》记载"罪疑惟轻，功疑为重""与其杀不辜，宁失不经"。这两种制度带入现行法律均属于不需要检察官自由裁量权范畴。新民主主义时期，我国"区别对待、分化瓦解"政策的提出为不起诉制度提供理论基础。1979《刑事诉讼法》明确规定免于起诉制度，即依照刑法规定不需要判处刑罚或者免除刑罚的，人民检察院可以免于起诉。从法条规定看，免于起诉制度并未有赋予检察机关自由裁量权利，只有依据法律规定选择是否提起诉讼的法定起诉制度。

但是，司法实践中滥用免于起诉现象时有发生。"追其背后原因是检察机关和法院对刑事案件最终处理权限边界划分模糊，实体法和程序法划分界限不明确。"[①] 因此，为防止检察权滥用、保障法院审判权不受侵蚀，1996年《刑事诉讼法》对不起诉制度进行了完善，创设了酌定不起诉制度。从内容上看，新制度将检察机关自由裁量权进行规范限制，首次将无罪推定原则纳入刑事诉讼法中。《刑事诉讼法》第12条规定"未经人民法院判决，任何人都不得认为其有罪"，该规定使这一制度与原有制度在"是否属于犯罪"等行为定性方面

[①] 陈卫东：《检察机关适用不起诉权的问题与对策研究》，《中国刑事法杂志》2019年第4期。

产生本质区别。从制度价值分析，酌定不起诉制度将预防犯罪思想与非刑罚处罚方式相结合，同时兼顾公正和效率两个价值的实现，将人们日渐多元化的刑诉价值追求具体包含在制度之中。

二 我国不起诉制度概念及性质

（一）我国各类不起诉制度概念

根据检察官审查方式，可以将不起诉制度大致划分为不需要检察官自由裁量权和需要检察官自由裁量权两种形式。前者主要指《刑事诉讼法》第16条所定法定不起诉和第175条所定存疑不起诉，出于诉讼公正原则考虑对不满足审判条件案件进行先诉分流；后者包括酌定不起诉、附条件不起诉，此种分类侧重于诉讼效率需要。

法定不起诉亦可称为绝对不起诉，是指犯罪嫌疑人没有犯罪事实或者有不予追究刑事责任情形时，检察机关应当不予起诉。《刑事诉讼法》第16条规定，有下列六种情形应当不予追究刑事责任，已经追究的应当撤销案件，或者不起诉，或者不审理，或者宣告无罪。（1）犯罪情节显著轻微，危害不大，不认为是犯罪；（2）犯罪已过诉讼时效期限；（3）经特赦令免除刑罚；（4）依照刑罚告诉才处理犯罪，没有告诉或者撤回告诉；（5）犯罪嫌疑人、被告人死亡；（6）其他法律规定免于追究刑事责任。其中第1条"犯罪情节显著轻微"指确已实施刑法明令禁止行为，但实质量刑未达到起诉标准，属于一般违法行为而非犯罪行为。此时"情节"指犯罪动机、时间、主观心理态度、地点、手段等定罪情节对社会危害小，可罚性不大，"显著轻微"在法律中没有明确规定具体情形，需要检察官结合犯罪情形自由裁量。需要特别注意第1条中"情节显著轻微"不同于"情节轻微"，一方面表现在罪与非罪的性质认定中，两种认定直接导致的法律后果亦有不同，即一种受民事、行政等处罚，另一种直接受到刑事制裁。另一方面，"情节显著轻微"是适用法定不起诉制度认定标准之一，"情节轻微"则是认定酌定不起诉的前提。

存疑不起诉亦可称为证据不足不起诉。《刑事诉讼法》第175条对其作出具体规定,"对于补充侦查案件,人民检察院仍然认为证据不足,不符合起诉条件可以作出不起诉决定。"由此表明,存疑不起诉决定的作出,需要同时满足程序和实体两个要求。(1)程序上要经过补充侦查。关于该程序,有观点认为补充侦查不是必要前提条件。分析法律规定,单纯机械地理解法条,《人民检察院刑事诉讼规则》一定程度上有突破《刑事诉讼法》的嫌疑,结合司法实践,补充侦查最多只能进行两次,两次之后只能作出不起诉决定,而《人民检察院刑事诉讼规则》则表明一次补充侦查后经过检察长批准等一系列程序也可直接作出决定。这两个规定都属于退回补充侦查相关规范,并非在规定补充侦查是否为诉讼前提。本质看,事实不清、证据不足才是存疑不起诉必然条件。(2)从司法实践角度看,存疑不起诉在客观上存在无法补足情形,导致现有证据达不到定罪量刑程度。对比两种观点并结合司法实践,即使存在客观不能也会进行程序补充的情况,将程序作为存疑不起诉决定前提更为合理。实体中要求在《人民检察院刑事诉讼规则》第286条第3款对证据不足确定标准作出明确规定。即具有下列情形之一,不能确定犯罪嫌疑人构成犯罪和需要追究刑事责任的,属于证据不足,不符合起诉条件;据以定罪证据存在疑问,无法查证属实;犯罪构成要件事实缺乏必要证据予以证明;据以定罪的证据之间矛盾不能合理排除;根据证据得出结论具有其他可能性。因此,是否可以作出证据不足不起诉决定,由案件实际情况所决定。

与需要检察官自由裁量权的酌定不起诉、附条件不起诉相比,这两种不起诉决定完全由案件自身客观情况所决定,一般不受刑事政策或社会发展变化影响。近年来,不起诉制度适用有了一定程度提升。从相关数据变化趋势来看,目前适用比较广泛的是《刑事诉讼法》第177条第2款规定酌定不起诉,实践中也被称为相对不起诉。

酌定不起诉。《刑事诉讼法》第177条规定,对于犯罪情节轻微,依照刑法规定不需要判处刑罚或者免除刑罚的,人民检察院可以作出不起诉决定。由此表明,酌定不起诉制度使用前提是:(1)犯罪情节轻微。这是以认定犯罪为前提，不构成犯罪或者构成犯罪但不应当追究其刑事责任的不需要检察机关行使自由裁量权，同时也不适用该制度。（2）不需要判处刑罚或者免除刑罚。根据《刑事诉讼法》及司法实践，免除刑罚的情形大致有以下一些，《刑法》第10条规定，犯罪嫌疑人在中华人民共和国领域外犯罪，依照我国刑法应当负刑事责任但在国外已受过刑事处罚；第19条规定又聋又哑或者盲人犯罪；第17条规定不满十八周岁、已满七十五周岁人犯罪；第20条、第21条规定正当防卫或者紧急避险超过必要限度；第22条规定正在准备工具、制造条件预备犯；第24条规定没有造成损害或者有效防止犯罪结果发生的中止犯；第27条规定共同犯罪中起次要或者辅助作用；第28条规定被胁迫参加犯罪；第67条规定犯罪后自首或者自首后立功等。当然，有上列情形并非必须作出不起诉决定，检察官应该根据具体情况，判断作出不起诉决定是否更为有利，若确定不起诉利大于弊则选择作出不起诉决定。

根据酌定不起诉相关规定可知该制度适用具有一定限制，即作出决定并未考虑嫌疑人和被害人意见，即使犯罪嫌疑人或者被害人对检察机关起诉决定有异议也不会产生实质性影响。为弥补此刚性弊端和做好公诉与否衔接工作，特作出附条件不起诉规定。即《刑事诉讼法》第282条规定，对于未成年人涉嫌刑法分则第四章侵犯公民人身权利、第五章侵犯公民财产犯罪、第六章妨害社会管理秩序类犯罪，可能判处一年有期徒刑以下刑罚（包括管制、拘役、单处罚金），符合起诉条件，但有悔罪表现的，人民检察院可以作出附条件不起诉的决定。人民检察院在作出附条件不起诉的决定以前，应当听取公安机关、被害人的意见。概括而言该制度使用需要满足主体、罪名、主观、程序四大条件。

通过比较分析法定不起诉、存疑不起诉以及酌定不起诉制度，能够深刻了解不起诉制度设计目的。首先，附条件不起诉与法定不起诉制度在适用范围、是否允许人民检察院自由裁量、适用对象、是否具有考验期及期后结果等方面都不同。例如，附条件不起诉考验期是独立存在且只针对未成年人。结果不同指考验期结束后,检察机关根据未成年犯罪嫌疑人在考验期内表现,选择是否起诉讼,而法定不起诉制度则是符合法律条件就必须提起诉讼。其次,附条件不起诉与存疑不起诉、酌定不起诉亦有以上五种区别。最后,对比法定不起诉、酌定不起诉,附条件不起诉制度将嫌疑人、被害人、检察机关三方意愿都考虑在内,该制度更具有针对性,也充满人文关怀。

(二)不起诉制度性质之争

关于不起诉制度性质有不同观点,主要包括单纯程序性和程序实体双重性质两种。前者认为其具有单纯程序性质,否认具有实体性质。主要因为:(1)在假定其具有实体效力基础上,对不起诉人是否具有实体影响力。亦可以表述为在不起诉决定作出后,对被不起诉人社会待遇和社会评价是否有影响。刑事诉讼司法改革之后,我国引入无罪推定刑事认定原则,该原则表明只有法院独立享有定罪权,即检察机关认为有罪只是根据现有合法、非法或者有瑕疵证据作出的暂时性判断,并不影响人民法院经过法庭辩论后,对一些证据可能存在非法获取或者效力瑕疵原因而予以排除,从而作出无罪判决。所以在酌定不起诉中,检察官初步认定有罪而提起公诉并不能在实体上肯定犯罪嫌疑人有罪,否则就违背了控审原则,会侵犯法院所独有的审判权。(2)不起诉决定作出后是否对同一案件可以再行追究。在酌定不起诉中,要求犯罪情节轻微并不是经法院审判认定,而是检察机关根据现有证据形成事实上有罪的内心确信,这个证明标准具有主观性,在法律上不具有实体效力。如果此时承认实体有罪,就必然违背控审分离原则以及法院独有审判权力规定。只有新证据出现,使得所有证据形成完整证据链条才可提起诉讼,这意味着检察机关作出不起诉决定没有法院审判效力,仅仅是程序认定。(3)无罪推定原则所含人权也是每个公民必须所享有的宪法权利。无论是在提起诉讼阶段,还是在审判阶段,确信公民无罪都是根本出发点。从这个角度来看,公民在刑事诉讼过程中被推定为无罪状态具备非诉讼性,此时检察机关不提起诉讼只是再次声明公民处于无罪状态,并不涉及实体处分。但有观点认为刑事诉讼法所包含无罪推定原则，只是在有罪和无罪中，基于保障人权这一角度所选择一种刑事基本态度，并不能认为其先天无罪，如果确实生而无罪，法院所做无罪判决将失去实际意义，从而沦为一种重申工具。出于经济效益考虑甚至会在审判时省去无罪判决这一选项，该做法不论对保障人权还是法治建设总是弊大于利。

三 我国不起诉制度设计价值

（一）酌定不起诉制度的设计价值

在明确不起诉制度种类和性质情况下，了解该制度设计价值对研究制度存在问题和原因也至关重要。不起诉制度设计价值大致可以概括为五方面。

（1）符合经济效益价值考虑。一方面，"案多人少"现象长期困扰司法机关，如果允许各种轻微刑事案件进入审判程序，将造成司法资源的严重浪费。因此，为有效防止司法资源浪费，应当从源头上将一些轻微犯罪案件从审查起诉阶段实现分流。另一方面，基于犯罪分子回归社会成本较高等原因，检察机关对犯罪情节轻微的嫌疑人酌情使用不起诉制度，将不能加以追究或者没有必要追究的案件及早排除，可以从案件审查阶段即避免司法资源浪费，从而达到缓解审判压力以及检察阶段出罪均衡性要求。

（2）实现刑罚目的和满足"宽严相济"政策的必然要求。刑罚在设立初期多数是为惩罚犯罪，但是由于社会进步以及人们维权意识提高，刑法非犯罪化和非刑罚化的犯罪处理方式越来越受重视，惩罚犯罪确已不是实施刑罚的主要目的。相比惩罚来说，预防犯罪，达到社会安定状态，才是刑罚的最终目的。预防则意味着人性化改造。若在审查起诉阶段将一些轻微刑事案件和非必要刑罚处罚案件以定罪处刑的刑罚方式予以处理，将导致被追诉人远离人类生活环境，造成其回归社会成本增加、司法资源浪费，严重的话甚至将可能获得适得其反的社会实效。而在刑事诉讼程序启动阶段就中断刑事追诉，使被追诉人尽早摆脱否定性评价，有助于其回归正常生活，从而避免形成不健康心理，进而推动实现刑法预防犯罪的目的。"宽严相济"刑事政策要求将刑法犯罪区别对待，该轻则轻，该重则重，视宽与严为一个有机整体，全面理解，全面把握，全面落实。确立不起诉制度恰恰将邻里纠纷、家庭纠纷、日常琐碎等引发的轻伤害案件终结于审查阶段，集中主要力量解决某些严重犯罪案件，这是以不起诉等方式贯彻落实"宽严相济"形势政策的具体体现。

（3）符合人权保障的现代法治理念。1990年，联合国《关于检察官作用准则》第18条规定，"根据国家法律，检察官应在充分尊重嫌疑者和受害者人权基础上，适当考虑免予起诉，有条件或无条件中止诉讼程序，或是将某些刑事案件从正规司法系统转为其他办法处理。"[①] 不起诉制度的创立，既有效防止案件积压，又能使被长期不合理羁押的犯罪嫌疑人及时获得救助，从而达到保障人权目的。因此，这一立法符合联合国立法主流趋势。为确保不起诉制度能够在实践中切实发挥保障人权的作用，立法中规定某些救济措施，具体表现如当事人对不起诉决定不服时，可以通过申诉、复议、复核或者可以直接提出诉讼来救济。此外，赋予检察机关对侦查机关否定权，对侦查机关活动进行监督。保障人权亦需要在司法实践中贯彻落实宽严相济刑事政策，体现在《最高人民检察院关于在检察工作中宽严相济刑事司法政策若干意见》及《最高人民法院关于贯彻宽严相济刑事政策若干意见》中，"主要表现为协调使用宽与严手段，融合和结合考察社会背景，事实性质，情节，个人情况等因素，对这些影响因素进行分析判断，作出适当个别化司法处罚，以实现维护社会公共利益，保障个人权益平衡。"

（4）有利于监督案件侦查和修复社会关系。检察机关经过审查，判断某些案件是否需要进入审判阶段，如果判定其无须进入审判程序

---

① 陈味秋主编：《联合国人权公约和刑事司法文献汇编》，中国法制出版社2000年版第256页。

在一定程度上会否定侦查结果。正面理解可以视为变相监督侦查机关，有助于提高侦查人员使命感和责任感，使其更加规范地调查取证、搜集线索，也可以减少刑讯逼供现象发生。此外，惩罚犯罪、打击犯罪目的并非为破坏社会关系，而是为限制犯罪人员数量，进而为其他社会成员提供更加良好社会环境。从这个角度而言，决定对轻微刑事案件不起诉是法外融情精神的体现。

（二）附条件不起诉制度的设计价值

通过与酌定不起诉制度比较分析，两者在实务使用中有交叉之处，但附条件不起诉更有其独特的价值意义。主要表现为：（1）附条件不起诉在某种程度上可以弥补酌定不起诉和法定不起诉缺少三方合意所带来的弊端。有观点认为在附条件不起诉制度中，检察机关自由裁量权过大，在作出该决定时应当经过法院同意。但有观点认为此种提议不仅会造成法院和检察机关职权混淆，也会破坏该制度审前分流功能，使该制度丧失设计意义。（2）附条件不起诉制度可以进一步丰富不起诉制度形式。在此制度设计之前，不起诉制度并未区分适用对象，但由于未成年犯罪案件在各地多有发生，社会公众普遍认为严格按照现行刑法惩罚未免过重，使用教育或者挽救式措施更有利于未成年人健康成长。根据未成年犯罪嫌疑人犯罪特点设立特殊不起诉制度，在司法实践中将未成年人犯罪和成年人犯罪置于相同严格境遇反而不利于实现实质公平。该设计意义必然与扩大附条件不起诉适用主体这一观点相矛盾，因为将附条件不起诉适用主体扩大到成年人，会再次导致一种现象，即成年人犯罪与未成年犯罪无差别化对待。这一观点势必会为"二元化"司法体系改革带来严重挑战。（3）附条件不起诉是化解三方矛盾的特殊举措。一般犯罪行为都会存在三方主体，即犯罪方、受害方和公权力方，审判行为可以视为在解决三方冲突。根据《刑法》和《刑事诉讼法》规定，人民检察机关在作出不起诉决定之前，需要听取公安机关、被害人意见，结合具体犯罪情形综合作出决定。尽管此时"听取意见"并非是绝对意义的听取，但"遗忘被害人"这一程序壁垒仍然被打破。该制度设计在缓解被害人、犯罪嫌疑人和社会法益三方主体矛盾间发挥重要作用。（4）附条件不起诉是轻罪、微罪非犯罪化处理的重要措施。犯罪化可以分为立法意义犯罪化和司法意义犯罪化，非犯罪化与之对应。基于不起诉不等于宣告无罪这一观点，将作出附条件不起诉决定视为司法意义上的非犯罪化处理。

四 我国不起诉制度存在问题及原因

（一）酌定不起诉制度存在问题及原因

为方便讨论，在此分析制度存在问题及成因均以酌定不起诉和附条件不起诉为例。在国外，刑事案件审前分流已成为主流趋势，世界主要发达国家更是在检察审查阶段严格控制案件进入审判程序。"日本 2013 年酌定不起诉适用率已高达 50%，2014 至 2019 年，该制度适用比例分别为 50.6%、50.4%、52%、52.9%、53.6% 以及 51.7%。在德国，酌定不起诉分为有负担的酌定不起诉与无负担的酌定不起诉，2020 年地方检察院和州检察院统计数据中，提起公诉案件 388042 起，而适用不起诉处理案件 1374360 件，高于起诉案件三倍之多，其中有负担酌定不起诉案件占比约 11.8%，无负担酌定不起诉案件占比 88.2%。鉴于德国刑事案件分流还有申请刑事处罚令等程序，通过计算可知，进入审判程序的案件仅 7.8%"，[1] 这组数据说明德国检察官拥有较大自由裁量权，多数案件于审查起诉时予以提前分流。就英国而言，酌定不起诉主要基于"公共利益"因素作出。根据现有证据可知英国检察机关基于公共利益考虑，对近四分之一案件作出酌定不起诉决定。因此，从整个诉讼过程来看，英国主要基于检察官自由裁量权达到审前分流目的。就美国而言，酌定不起诉体现为辩诉交易中不起诉协议。数据显示，95% 的案件通过辩诉交易进行处理，其中检察官就是否起诉拥有很大自由裁量权。与其他国家相

---

[1] 参考数据来源：中华人民共和国最高人民检察院《扩大不起诉适用范围提升司法检察"制度"》。

比，虽然我国酌定不起诉制度使用率呈不断上升趋势，但是相比不构成犯罪和证据不足不起诉等无需检察官自由裁量权的不起诉制度而言，仍然存在使用率较低、适用案件范围有限和适用存在一定不平衡性等问题，这里所言适用范围有限不单单指法条规定适用情形有限，还说明在司法实践中适用酌定不起诉案件多数集中在认罪认罚且获得谅解案件中，如交通肇事案，这也表现出酌定不起诉"钢化性"特征。但有观点认为不能简单以酌定不起诉制度适用数量衡量该制度适用情况，因为分析2014—2020年酌定不起诉适用数据可以发现，对比2014年3.55%的适用率，2022年是其三倍之多，"无论从纵向比较还是绝对数值来看，我们很难说酌定不起诉数量太少，适用率偏低。"[1]

造成上述现象的直接原因主要表现在立法和司法方面：（1）在立法方面，酌定不起诉适用范围有限。根据立法规定，"只有同时具备犯罪情节轻微和依照刑法规定不判处刑罚或者是免于刑事处罚案件，才可以作出酌定不起诉决定"。事实上，酌定不起诉法律规定将酌定不起诉制度限制在有限案件范围之内，在立法层面就已经严格限制检察机关自由裁量权。此弊端在实务中体现更为明显，如"受虐妇女杀夫案"。犯罪人长期被丈夫醉酒后殴打，为保护自身生命安全，预备用偷下水银方式损害丈夫肝脏功能以达到戒酒目的，在某次被打时确实实施该犯罪行为，但并未达到预期损害结果，结合被害人过错、未遂、认罪认罚等多种从宽情形作出酌定不起诉决定合乎情理，但是严格遵守法条规定该种情况并不属于免于起诉情形，不在酌定不起诉适用范围之内。法律规定的有限性直接导致酌定不起诉适用数量较少这一现象。（2）司法实践中按照法律规定可操作性不强，适用标准模糊。[2] 首先，一般都是性质较为严重、危害较大案件才能够进入刑事诉讼程序，而轻微刑事案件显然不满足这两个特征。此种案件一般会

---

[1] 赵兴洪：《酌定不起诉的时代命运》，《中国刑事法杂志》2022年第2期。
[2] 参见陈卫东《检察机关适用不起诉权问题与对策研究》，《中国刑事法杂志》2019年第4期。

受到刑事或者民事处罚而非刑罚惩罚，即使公安机关等侦查机关对其立案，一旦经过侦查发现该案件相关情节以及性质之后也会转为其他处理方式或者直接将该案件撤销，不再移送给检察机关。所以对检察机关来说作出不起诉决定案件相对有限。其次，根据上文总结适用于酌定不起诉构成要件来看，需要犯罪情节轻微，依照刑法规定无须判处刑罚或者免除刑罚案件，这两个条件理论界一般认为应当同时具备，但是也对此存在一定争议，如免除刑罚处罚并不一定为轻微案件。最后，犯罪情节轻微认定在法律中没有明确规定，此时需要检察官结合案件本身运用自身自由裁量权，但由于法官学历、认知背景等差异导致对"轻微"这一概念认定不同，导致"同案不同判"现象出现。所以一些检察官为规避这些不必要风险，常常不会使用该制度。(3) 于检察官处理该种案件过程而言，决定一个案件不起诉所经过程序远比直接提起公诉程序复杂，并且不起诉案件还可能影响检察官自身业绩。从主体来看，最为复杂的不起诉决定涉及处室负责人、主管检察长、检察官、检察长等检察人员。从会议种类看，可能涉及检察官联席会议和检委会两种。"之所以会报请检察委员会决定，是因为检察长或者分管检察长可能会因为办案责任以及办案风险等问题提交检察委员会讨论决定，而不自己直接作出不起诉决定，此时作出不起诉不仅会加重检察官工作负担，并且可能会影响其工作业绩、被责任倒追。"[①]

造成该现象的间接原因主要包括以下两点：（1）"检察机关内部考核机制的影响。"[②] 首先，在实务中，为避免出现刑事诉讼法修改之前免予起诉制度滥用现象，检察机关内部将不起诉案件严格控制在一定范围内，即明确规定该制度排除标准，其他不在排除范围内的案件，主要根据侦查机关结论来认定是否属于适用范围。更有地区检察院将不起诉率作为一项重要考核标准。所以检察官为保障合格业绩，

[①] 朱孝清：《检察机关在认罪认罚从宽制度中的地位和作用》，《检察日报》2019年第3期。
[②] 陈卫东：《检察机关适用不起诉权问题与对策研究》，《中国刑事法杂志》2019年第4期。

对不起诉制度通常保持消极态度,"正常化"处理案件用以避免负责案件成为重点审查对象。其次,目前检察官对其所经办案件都是终身负责制,这使得检察官对自己经手案件不敢掉以轻心,若检察官对所办案件适用酌定不起诉制度,将可能需要承担案件所引发的一系列后果,但是若审查关键案件后提起公诉,经由法院审判、双方质证,变相监督检察机关所作决定,检察官审查风险可能被降低。最后,如果检察官选择酌定不起诉,一些不理智或者未能正确理解相关法律规定的被害人可能会做出某些过激行为,进而引发被害人与检察机关冲突,由此使得某些将审理案件作为终身事业的检察官质疑自身能力,甚至对检察机关公信力产生怀疑,不利于建设社会主义和谐社会。
(2)原有重刑思想影响。重刑主义作为一种极端方式,在古代被用于管理混乱国家。一方面,古时国家公权力极为发达,集体主体观念较为强烈,个人缺乏独立人格,统治阶级为维护自身统治,极易选择适用酷刑维持社会秩序,这在一定程度上促成重刑主义获得较大发展。另一方面,在法治建设尚不完善情况下,使用重刑可以从根本上规范人的行为,使人产生畏惧心理,以此达到预防犯罪的目的,从而实现稳定社会关系、缓解社会矛盾、实现国家统一等作用。重刑主义发展千年,其影响仍不能彻底消除,受重刑主义影响,检察机关内部亦严格限制适用酌定不起诉制度。但是随着社会发展、法治进步,疑罪从无等现代人权保障法治观念逐渐深入人心,检察官也在逐渐接受基于起诉便宜主义产生的不起诉制度,这些因素亦对重刑主义思想产生掣肘。

(二)附条件不起诉制度存在问题及原因

附条件不起诉制度在司法实践中亦存在适用绝对数量少、适用率总体偏低、适用条件把握不精准等问题,且常常将一些可以直接适用法定不起诉的未成年人案件混淆使用附条件不起诉、帮教考察考验期缺乏社会专业系统支持、悔罪表现把握不精确等。

虽然酌定不起诉与附条件不起诉都需要检察官自由裁量权,但是由于其适用主体、范围、条件和最终价值不同而使得出现问题有其独特性，相应地造成该问题原因亦是不同。但由于两者存在联系，检察机关内部考核不合理及受原有重刑思想影响亦可适用于附条件不起诉。特殊原因主要表现在：（1）环境条件不成熟。在检察机关工作内部，检察人员对法律理解不同以及办案能力千差万别，具体包括对犯罪嫌疑人是否具有悔罪表现主观判断不同、是否通过考察期认定不同而导致"同案不同判"，为防止经办案件成为机关重点审查对象，检察官尽量不使用附条件不起诉制度。外部环境亦会影响该制度使用，相比作出其他不起诉决定，检察机关作出附条件不起诉需要额外增加考察工作，但支持考察工作的配套措施并不完善，这无形中会增加检察官作出决定的难度。所以除非有强制性业务考核，检察官不会积极使用附条件不起诉制度。（2）适用条件把握不精准，易与相对不起诉制度混淆。在使用附条件不起诉时，首先要对可能判处的刑罚作出简单衡量，但由于刑罚裁量具有一定灵活性，会模糊相对不起诉与附条件不起诉界限，进而导致在某些将使用附条件不起诉数量作为考核条件的检察院，检察官对一些未成年人盲目使用附条件不起诉。（3）"实践适用僵局化。"[1] 根据《中华人民共和国刑法》规定，将是否具有悔罪表现作为适用不起诉制度前提条件之一。但在司法实践中，一些基层法院将是否悔过僵化认定，即将是否赔偿被害人、是否取得被害人谅解作为是否悔罪唯二衡量因素。附条件不起诉还设置考验期，法律对于考验期内嫌疑人需要遵守义务规定不全面，相关社会监督体系建设亦不健全。（4）为促成和解、化解矛盾，提高附条件不起诉适用率，办案人员往往多次释法说理，耗费大量时间。被害人在经过咨询律师或者其他亲属劝说，常对和解协议反悔，致使附条件不起诉工作再次陷入困境。（5）"对附带条件的履行不易监督以及未履行时惩戒措施不足。"[2] 附带条件具有法律约束力，其是否被履行应受到监督，在未履行情况下应有相应惩罚措施。但是，"调查发现，

---

[1] 何挺：《附条件不起诉制度实施状况研究》，《法学研究》2019年第41期。
[2] 何挺：《附条件不起诉制度实施状况研究》，《法学研究》2019年第41期。

实践中很难监督未成年人及其监护人是否履行了附带条件，尤其是禁止性措施是否被实际遵守。"[1] 检察官对于监督和惩戒均感到力不从心，因此为了附条件不起诉制度合理使用，检察官在一定程度上会规避使用该制度。

五 对我国不起诉制度完善

（一）酌定不起诉制度完善

落实到具体措施中要求：（1）针对酌定不起诉适用案件种类有限，首先应当对酌定不起诉相关法条加以具体规定，并匹配相关司法解释。一方面，明确在何种情形下属于犯罪情节轻微，并结合犯罪手段、犯罪性质、犯罪社会危害性及动机等具体情形来判定适用何种量刑；另一方面，从反面详细列举禁止性案件，使检察官在履行公诉职责时更加简洁方便，从而在保证公平基础上提高办案效率。有观点认为犯罪情节轻微只是"不需要判处刑罚"的前提，而非"免除刑罚"的条件，决定不起诉适用不应限于情节轻微，因为刑法里已规定很多可以或应当免除刑罚情节，例如，国外犯罪重大立功、防卫过当、紧急避险等，但这些行为并没有规定必须要以犯罪情节轻微为前提，这些案件即使检察机关作出起诉决定，法院也可能作出无罪判决。所以，硬性规定检察机关作出酌定不起诉前提必须以犯罪情节轻微为要求，必然会导致法院认为不需要判处刑罚或者应当免除刑罚处罚案件由于不符合情节轻微要求而被无限期延迟诉讼时间，这不仅损害被追诉人诉讼权利，亦浪费法院诉讼资源。有观点认为直接去除"犯罪情节轻微"条件，该观点在实务中确实值得借鉴。（2）针对酌定不起诉适用案件单一性和有限性，尤其集中于认罪认罚案件中交通肇事罪、危险驾驶罪等轻罪现象。明确认罪认罚从宽制度概念以及两种制度在司法适用中是否存有交叉。《刑事诉讼法》第15条规定，犯罪嫌疑人、被告人如实供述自己的罪行，承认指控的犯罪事实、愿意接受

---

[1] 何挺：《附条件不起诉制度实施状况研究》，《法学研究》2019年第41期。

处罚的,可以依法从宽。从概念看,两种制度没有直接联系,尽管在司法实践中作出不起诉决定通常会考虑被告人是否认罪认罚,但调查结果显示,认罪认罚案件多以判处缓刑、附加刑等刑罚结束,而非适用酌定不起诉。由此可知酌定不起诉制度的适用关键在于"犯罪情节轻微"认定而非是否认罪认罚。扩大"犯罪情节轻微"认定才是解决酌定不起诉案件适用单一的关键。有观点认为,对于某些被法院终审判决为管制、拘役、缓刑、免刑、单处罚金等轻缓性案件直接适用酌定不起诉可能会有更好效果。因此,检察机关亦可以根据犯罪嫌疑人可能被判处的刑罚选择是否予以起诉,扩大酌定不起诉案件适用范围,将认罪认罚从宽制度与酌定不起诉制度适用相结合,这样规定具有较强可操作性,可以更好贯彻落实"以审判为中心"的诉讼体制改革,优化司法资源配置,一方面大大减轻当事人刑事惩罚力度,让当事人尽早投入正常社会生产生活中,另一方面符合完善认罪认罚从宽制度的实质内涵。(3)为解决"基于简单心理放弃使用不起诉制度"现象,可以选择由"专人负责不起诉案件的处理"。[①] 首先,由专门办案人员负责不起诉工作,可以避免司法实践中出现"重起诉,轻不起诉"情形。其次,可以化解"强化不起诉适用"与"滥用不起诉"之间的矛盾。最后,亦可以提高检察机关审查诉讼效率,同时避免将不起诉率作为工作考核所带来公诉制度滥用现象。

　　经济基础决定上层建筑,上层建筑又反作用于经济基础,完善酌定不起诉制度亦需要转变陈旧刑罚观念以及提高检察官整体素质。现刑法理念已经从"有罪必罚""有罪必肃"观念发展为"宽严相济""保障人权"。应该正确理解"宽严相济""保障人权"刑事司法政策,推进司法改革,引导人民用法律手段维护自己合法权益。一方面从民众出发,另一方面应该提高检察官整体水平,要求检察官在道德层面具备高度政治责任感和职业道德感,在工作层面具备深厚法律素

[①] 陈卫东:《检察机关适用不起诉权问题与对策研究》,《中国刑事法杂志》2019年第4期。

养和丰富办案经验，办案时在拥有良好职业操守基础上，运用自己专业知识，具体分析犯罪动机、行为性质、行为后果等因素而作出公正起诉决定。消极而言，若检察官政治立场不坚定、偏离国家政治方向，其行为就会失去准则，亦失去其存在的必要性；若检察官失去公平正义之心，对内使国家法律尊严荡然无存，动摇法律权威性，对外则可能招致国际司法争端和WTO成员国报复与制裁；若检察官失去求真务实品行，小致损害当事人利益，大致引起司法争端。

（二）附条件不起诉制度完善

对于附条件不起诉制度需要完善以下几点：（1）正确区分酌定不起诉与附条件不起诉制度。两种制度在司法适用时，并非只有刑罚惩罚不同这一区别，其无论在使用条件、使用范围，还是在限制条件标定、价值取向、使用后效力等都有较大区别。杜绝将简单使用附条件不起诉的未成年人案件使用酌定不起诉。（2）明确适用条件。立法明确哪几种情形属于具有"悔罪表现"，或者对"悔罪"作出可操作性界定，坚决反对将案发后被害人是否得到经济赔偿作为认定悔过唯一标准。（3）将不起诉人纳入社区矫正平台，进行帮扶教育常态化管理。改善过去作出附条件后对被不起诉人不了了之等现象，认真落实非刑罚处理决定，真正促使其改过自新。在相关法律中明确规定考验期内犯罪嫌疑人需要遵守的义务和需要受到的监督。不仅将附条件不起制度与社会矫正联系起来，防止出现检察机关权力滥用，更可以有效规避一种现象——将起诉权和考察权都集中于检察机关。（4）完善被害人申诉权利。附条件不起诉制度的特殊之处在于其适用主体为未成年人，立法者和执法者在适用该制度时将眼光主要集中于未成年犯罪嫌疑人，处于弱势一方的被害人反而得到较少关注。立法规定检察机关作出决定时应当听取被害人意见，但该"听取"具有相对性，未对被害人起到绝对保障作用。因此，应该立法完善被害人申诉、自诉权，保障被害人在特定情况下能够得到有效救济。

（三）借鉴国外相关制度完善不起诉制度

根据上文所提建议，立足中国国情，结合国外相关制度，提出可借鉴措施：（1）探索建立暂缓起诉制度。为弥补酌定不起诉与附条件不起诉制度漏洞，可以选择性学习域外暂缓起诉制度，对不适用前两种制度的犯罪情节轻微、危害有限案件适用暂缓起诉，在提高诉讼效率基础上，实现实质公平。为维护社会治安亦须制定被害人救济措施，即存在犯罪嫌疑人拒不认罪且未取得被害人谅解时可以撤销该决定，以撤销方式变相监督制度适用，使犯罪嫌疑人在获得改造同时更加敬畏法律。（2）将公共利益纳入检察活动原则体系中。纵观国外不起诉法律规定会发现，不论是属英美法系还是属大陆法系，很多国家在作出不起诉决定时都会考虑公共利益因素。有观点认为，"何谓公共利益？笔者认为指的是国家利益和民众的公共利益，这是一种带有大局性的利益"。[1] 该公共利益是一个比较抽象的概念，其包含内容非常多，外延也较广，不同人对于其理解和把握不同，这对检察官个人道德素养和职业素养提出更高要求。所以虽然该原则提出会赋予检察官更大自由裁量权，不可否认，其对于检察官队伍整体素质提升也有很大刺激作用。（3）"学习日本检察审查会制度。"[2] 检察审查会主要设置在地方法院，其主要工作就是对不起诉决定进行审查。具体到我国类似制度，有观点认为可以由检察机关依职权或者当时提出申请者，即要求启动检察机关审查的犯罪嫌疑人、被害人三方主体共同参与、彼此相互合作、相互监督不起诉决定作出是否合理。因为，事前审查和监督不能完全保障该制度被正确适用，所以建立类似事后审查机构去进一步规避权利滥用现象出现。

第五节　检察阶段出罪机制发展总体趋势

一　检察阶段出罪机制良性发展趋势

"公诉权是伴随着不告不理的控诉原则创设而来而从司法权中

---

[1] 陈光中：《论我国酌定不起诉制度》，《中国刑事法杂志》2001年第1期。
[2] 参见童建明《论不起诉权合理适用》，《中国刑事法杂志》2019年第4期。

分离出来的。如果说警察权从司法权中分离出来是司法权的第一次分化，公诉权从司法权中分离出来则是司法权的第二次分化。"①"公诉权是检察职能中的一项基本性权力，是指国家对犯罪进行追诉。在刑事诉讼中，检察机关对犯罪嫌疑人涉嫌犯罪的事实与否的权力进行审查，对符合起诉条件的犯罪嫌疑人提起公诉进入审判程序，对不应或不必提起公诉的，则有权决定不起诉。"② 其中作为行使公诉权重要形式之一——不起诉决定权，在检察机关公共诉讼职能中占据重要地位。在审查起诉过程中，检察机关通过全面审查侦查机关移送的案卷材料，将符合提起公诉条件案件按照法定程序提请法院审判，对于经过退回补充侦查仍然不能达到起诉条件案件应当及时终止并作出不起诉决定，实现犯罪嫌疑人在法律上无罪。发挥检察机关于审查起诉时所起承上启下作用，即上至链接侦查，下至推动审判程序进行。不起诉作为检察机关行使公诉权的重要表现，在提升检察人员整体素质、保障犯罪嫌疑人权利、实现检察阶段根据案件具体情况分流、提升刑事诉讼效益、加强法治建设等方面发挥着积极作用。

为发挥不起诉制度在刑事诉讼法中的作用，可以根据已有检察机关不起诉统计情况，对之后不起诉制度大致发展作出判断。理论来源于实践，实践又指导理论形成，对检察阶段出罪趋势作出大致判断后，可以将非良性发展作出理论调整，从而进一步推进不起诉制度在司法实践中发展。

表5-1显示1997—2021年检察机关决定不起诉情况，其中1997—2017年处于低位适用，自2018年开始，不起诉适用率大幅提升，这可能和《刑法》修正案相继出台、轻罪案件大量出现、检察官刑罚思想逐渐变化有关。

---

① 周长军：《公诉权概念新释与权能分析》，《烟台大学学报》（哲学社会科学版）2016年第29期。

② 童建明：《论不起诉权合理适用》，《中国刑事法杂志》2019年第4期。

表 5-1　1997—2021 年检察阶段决定不起诉情况统计

年份	审查起诉案件总人数（人）	决定不起诉（人）	检察阶段不起诉率（%）	每五年检察阶段不起诉率（%）	
1997	525319	12044	2.3	—	—
1998	668425	11225	1.7	1998—2002 年	2.60
1999	688539	16172	2.3		
2000	708836	20556	2.9		
2001	871679	26373	3.0		
2002	882524	27654	3.1		
2003	847173	27957	3.3	2003—2007 年	1.94
2004	888411	21225	2.4		
2005	958170	7366	0.8		
2006	1006290	7204	0.7		
2007	1141307	27988	2.5		
2008	1173768	29871	2.5	2008—2012 年	3.20
2009	1168909	34529	3.0		
2010	1178307	29898	2.5		
2011	1240786	39754	3.2		
2012	1435182	68882	4.8		
2013	1392224	67820	4.9	2013—2017 年	4.92
2014	1466712	75487	5.1		
2015	1467498	76565	5.2		
2016	1440535	38072	2.6		
2017	1784975	121000	6.8		
2018	1838398	145552	7.9	2018—2021 年	11.60
2019	2009066	190258	9.5		
2020	1822283	249312	13.7		
2021（前三季度）	1502866	229815	15.3		

数据来源：1997—2021《中国法律年鉴》，1997—2021《最高人民检察院工作报告》，2019—2021《全国检察机关主要办案数据》。

◈ 刑事诉讼出罪论

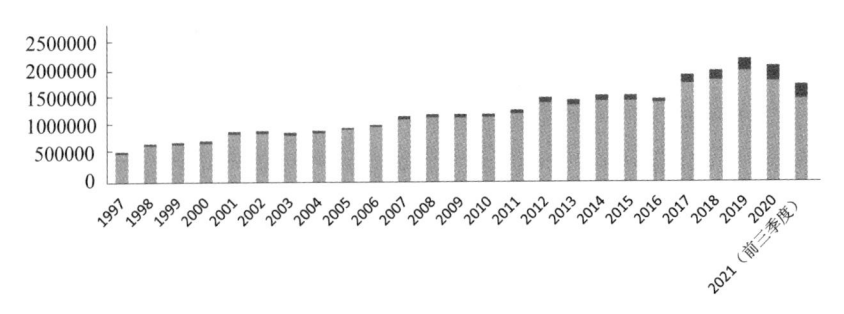

图 5-1 1997—2021 年检察阶段不起诉情况

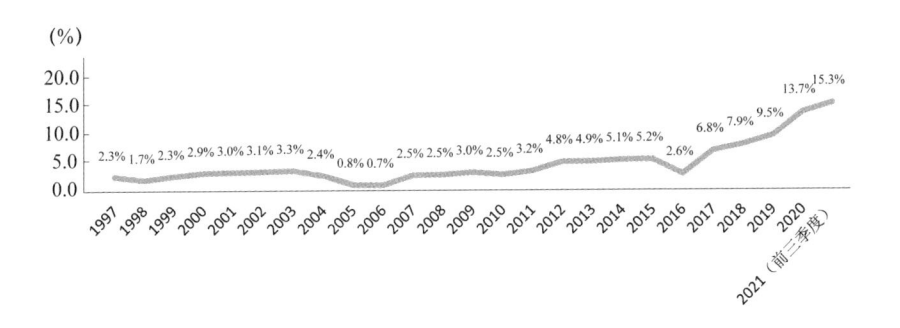

图 5-2 1997—2021 年检察阶段不起诉率

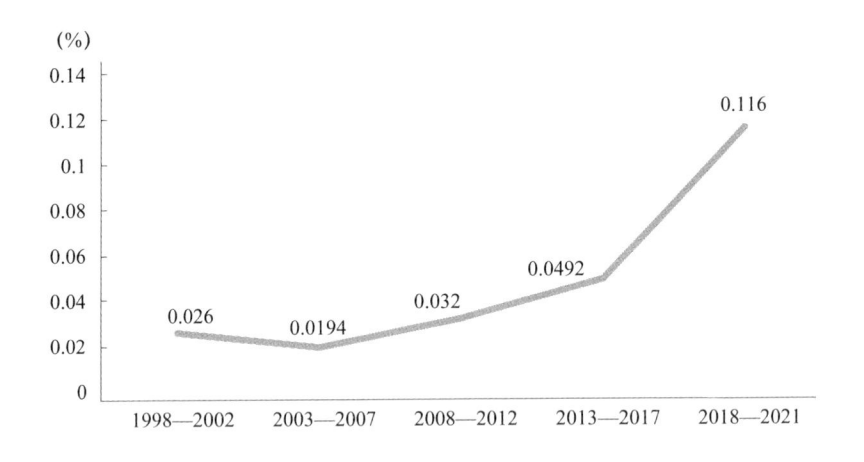

图 5-3 每五年检察阶段不起诉率

通过上述图表可以发现，检察阶段不起诉率呈现上升趋势。其中基于法定理由而不提起诉讼较多，其次酌定不起诉适用也相应增加。附条件不起诉制度设立初期适用率较低，从2015开始呈稳步提升趋势，2015适用人数为3779人，2016年为4455人，2017年为5681人，2018年为6624人，2019年为7463人，适用率从6.04%上升至12.51%，总体适用比翻倍。2020年检察机关对1.1万犯罪情节轻微且有悔罪表现的未成年犯罪人作出附条件不起诉决定，占未成年案件21%，同比增长8.3%，2021年共有2万未成年犯罪人适用附条件不起诉制度，占未成年案件29.7%。

起诉法定主义是刑事诉讼文明发展过程中"控审分离"[1]的重要成果，"控审分离"要求由不同国家机关承担公诉职能和审判职能，使检察机关独立拥有公诉职能，这种分离不仅是国家公权力，尤其是司法公权进一步解析实现相互制衡的政治层面要求，而且是保障当事人人权的根本需要。"控审分离"亦实现了法院独立行使司法权的被动性和中立性，使法院案件裁判更具权威性，也即"不告不理"成为司法权运行主要特征，法院审判活动由于检察机关提起公诉开启，而且法院审判范围不能超出控诉范围。"控审分离"使检察机关公诉权独立行使，起诉法定主义就是公诉权进行规制，保障符合起诉条件案件能够移送法院接受审判。但是这种相对刻板的起诉法定主义在运行中也遇到一些问题，比如不考虑案件具体情况一律公诉造成犯罪人回归社会产生困难、被害人权益补偿不够、法院审判压力加大、司法效率低下、司法公信力下降等问题。在上述司法问题压力下，与起诉法定主义相对应的起诉便宜主义应运而生，当然，起诉便宜主义本身产生，除去以上原因，分析司法成本与诉讼效率关系，被害人理论也对起诉便宜主义形成与发展产生影

---

[1] 控审分离，是指控诉职能和审判职能必须分别由专门行使控诉权机关或个人以及专门行使审判权机关来承担，而不能把两种职能集中由一个机关或个人承担。一般认为其包括三层含义：①控诉职能和审判职能应分别由两个不同主体承担，不能合二为一；②没有控诉就没有审判，审判程序启动必须以适格主体提起诉讼为前提；③诉审同一，审判对象和范围应以起诉对象和范围为限，不得恣意变更。参见卞建林、刘玫《外国刑事诉讼法》，中国政法大学出版社2008年版，第11—12页。

响。"要以有限的司法资源应对汹涌的犯罪浪潮以及不断增长的诉讼需求，必须坚持诉讼经济原则，对诉讼制度进行必要的结构性调整。这其中建立酌定不起诉、附条件不起诉就是贯彻诉讼经济原则的重要举措。"①

当前由于轻罪大量出现，刑罚处罚个别化理论也随之产生，要求根据行为人行为性质本身特点实现刑罚个别化。"应该说，对于那些没有提起公诉必要的案件作不起诉处理，有助于更好地发挥审查起诉程序在尊重和保障人权方面的积极作用。因为，对于那些没有追诉必要的被追诉人，在检察机关决定不起诉后可以直接回归社会、回归正常的生活，而不会经历被刑事追诉和应诉等一系列诉讼活动，避免了遭受长期羁押可能带来的身体和心理的损耗。"② 检察阶段出罪机制发展正是在上述理论推进过程中不断更新和完善，正是因为在刑事诉讼中检察阶段具有特殊性，该阶段出罪机制构建在实现诉讼监督和个案犯罪嫌疑人公平正义中作用更大，同时，完善检察阶段出罪机制体系能够及时终结刑事诉讼程序，减少诉讼资源投入。

二 检察阶段出罪机制良性发展监督措施

有观点认为保障检察阶段出罪机制良性发展趋势，不仅仅要从制度本身出发，建立完善制度监督体系也至关重要。具体有如下措施：（1）首先，完善评查制度。用责任倒逼方式促使检察机关自觉接受监督，规范执法行为，提高办案质量，在刑事案件中正确适用不起诉制度，实现公正、效率协同发展。其次，大力推动公开听证在刑事案件中的适用，邀请公众参与，保障人民知情权、参与权和监督权，广泛听取人大代表和政协委员等多方主体意见，接受舆论监督的同时，保证案件审查具有独立性和公正性，使不起诉制度能够在各种刑事案件中得到合理适用。最后，做好酌定不起诉案件以案释法工作。对于

---

① 童建明：《论不起诉权合理适用》，《中国刑事法杂志》2019 第 4 期。
② 陈卫东：《检察机关适用不起诉权问题与对策研究》，《中国刑事法杂志》2019 年第 4 期。

不起诉案件，检察机关在作出决定前应当听取被害人对从轻或不起诉的意见。不起诉决定作出后，亦须告知被害人对不起诉决定享有申诉权利，把双方当事人合理诉求和权利保障贯穿整个诉讼过程，以提高社会认同度和检察公信力。（2）完善被害人、犯罪嫌疑人对检察机关所作不起诉决定申诉路径。相关法律不仅对酌定不起诉申诉作出规定，还应该对依据起诉法定主义设置制度作出救济规定。（3）规范检察机关内部考核机制，积极完善检察机关责任倒追机制。明确规定，检察官在案件中严格依照法定程序所作决定，不论该案件结果产生何种影响都不能成为办案人员业绩考核、职位升迁等的参考因素。（4）建立健全附条件不起诉监督考察机制。首先，明确检察机关为监督考察主体的前提下，将社区、学校、社区组织等多个组织确立为法定监督主体，打破检察机关领导多方主体局面，避免出现权力失衡，保障制度的公正适用。其次，细化监督考察条件。通过比较分析被判处缓刑、管制考察期内要求条件，并未发现该制度考察条件具有独特性特点。我国对未成年人犯罪多以教育、矫正为主要原则，据此建议规定相关教育矫治型措施。最后，明确起诉标准。在明确义务前提下，以禁止性规定要求检察机关基于综合评价作出是否起诉决定。

第六章 审判阶段出罪

第一节 问题的提出

审判阶段出罪是刑事诉讼程序最后一个出罪阶段，被告人是否应当承担相应刑罚责任在刑事审判活动中便可明确，因而，审判阶段的无罪问题是刑事诉讼关注的重点问题，刑事诉讼审前立案、侦查、起诉中产生的争议和疑难问题在审判阶段都应该得到妥善解决。审判阶段出罪需要界定"出罪"概念，明确区分"出罪"与"无罪"。已有研究成果对"无罪"解释通常包括三层含义，第一层将疑似犯罪情形按无罪处理；第二层将已经构成犯罪的行为作无罪化处理；第三层将事实不清证据不足案件归为无罪。其中第二层切实构成犯罪但由于程序化处理被认定无罪，例如已过诉讼时效，已经构成犯罪的行为已过诉讼时效被认定无罪，这种情形属于已经构成犯罪的无罪，强调已经进入犯罪圈又出罪，此种情形下"出罪"与"无罪"概念重合，学界对这种情形并无争议。有观点认为疑似犯罪情形本身不能作为犯罪处理，并没有"入罪"因而不涉及"出罪"；[1] 也有观点认为"出罪"只需要具备形式上入罪即可，不论实质上是否完整具备刑法分则构成要件，即认为第一种情形也是"出罪"。与之相反，有观点认为出罪应该将不构成犯罪情形排除在"出罪"情形外，这样出罪研究才有意义。同时有观点认为"出罪"中的"罪"并不是一种罪名或

---

[1] 孙本雄：《出罪及其正当性根据研究》，《法律适用》2019年第23期。

责任追究制度。本书研究以广义出罪概念为基础，同时包括前文提到过审判阶段无罪化处理三种情形，本文认为"罪"的概念为具体被指控罪名，而非使被告人恢复至完全无罪状态。

考察域外相关制度，各国对审判阶段出罪机制的具体法律规定存在差别。在"刑事诉讼中的无罪化机制是无罪推定要求的对被追诉者实体利益保护的制度化方案，其维系的是刑事司法中防范冤案的正当性底线。"[①]《刑事诉讼法》第212条规定："人民法院对自诉案件，可以进行调解；自诉人在判决宣告前，可与被告人自行和解或者撤回自诉。本法第210条第3项规定的案件不适用调解。"第200条规定"在被告人最后陈述后，审判长宣布休庭，合议庭进行评议，根据已查明事实、证据和有关的法律规定，分别作出以下判决：（一）案件事实清楚，证据确实充分，依据法律认定被告人有罪的，应当作出有罪判决；（二）依据法律认定被告人无罪的，应当作出无罪判决；（三）证据不足，不能认定被告人有罪的，应当作出证据不足、指控的犯罪不能成立的无罪判决。"日本《刑事诉讼法》第336条规定："被告案件不构成犯罪时，或者被告案件没有犯罪的证明时，应当以判决宣告无罪"。[②] 美国《联邦刑事诉讼规则》第29条规定"在提交陪审团前申请要求直接裁决的申请被取消，应允许代之以申请宣判无罪，法庭根据被告人申请或自己建议，在各方举证后，如果证据不足以维持定罪裁决，应当命令对大陪审团起诉书或检察官起诉书中指控的一罪或数罪宣判无罪。"[③] 虽然从上述规定来看，各国规定审判阶段出罪机制并不完全相同，但也基本从法律和证据不足两个层面依法对刑事指控进行否定进而作出无罪判决。

由于目前存在《刑事诉讼法》尚未将无罪推定作为基本原则、无罪判决类型与原因混淆、被告人被反复追诉等问题，因此刑事诉讼法

---

① 徐阳：《我国刑事诉讼中无罪化机制的过程性失灵及应对》，《现代法学》2015年第2期。
② 《日本刑事诉讼法》，宋英辉译，中国政法大学出版社2000年版。
③ 卞建林：《美国联邦刑事诉讼规则和证据规则》，中国政法大学出版社1996年版。

律制度尚缺乏完备的出罪机制，导致庭审中被告人合法权益保障不到位，容易引发冤假错案。因此刑事诉讼审判阶段仍需要坚持无罪推定、一事不再理及以审判为中心等基本原则，以实现被告人合法权益的切实维护。

第二节　审判阶段出罪的正当性

一　审判阶段出罪已有立法梳理

《刑事诉讼法》第 200 条规定在被告人作最后陈述后，审判长宣布休庭，合议庭进行评议，根据已经查明的事实、证据和有关法律规定，分别作出以下判决：（一）案件事实清楚，证据确实、充分，依据法律认定被告人有罪的，应当作出有罪判决；（二）依据法律认定被告人无罪的，应当作出无罪判决；（三）证据不足，不能认定被告人有罪的，应当作出证据不足、指控的犯罪不能成立的无罪判决。由此表明，审判阶段出罪需要依据无罪判决得以实现，而无罪判决类型则有两种，一种是事实清楚，证据确实、充分的无罪；另一种是"证据不足"、存疑的无罪，且这两种无罪类型是被审判阶段依法作出无罪判决的法律理由。

《刑事诉讼法》司法解释第 219 条第 5 款规定"依照刑事诉讼法第 200 条第 3 项规定宣告被告人无罪后，人民检察院根据新的事实、证据重新起诉的，应当依法受理。"即使一审判决认定被告人无罪，产生实质性判决结果，检察院以新事实或证据重新提起上诉，人民法院仍应受理。说明经过一审判决并没有起到最终无罪的判决效果，被告人仍可能因为新事实、证据重新被追诉。刑事诉讼法司法解释第 295 条第 4 款规定"证据不足，不能认定被告人有罪的，应当以证据不足、指控的犯罪不能成立，判决宣告被告人无罪。"由此可见，《刑事诉讼法》仍采用有罪推定为判决思路，以证据不足出罪往往因为没有充足证据证明被告人有罪。

《刑事诉讼法》第 236 条规定"第二审人民法院对不服第一审判

决的上诉、抗诉案件，经过审理后，应当按照下列情形分别处理：……（三）原判决事实不清楚或者证据不足的，可以在查清事实后改判；也可以裁定撤销原判，发回原审人民法院重新审判。"刑事诉讼法司法解释第472条规定"再审案件经过重新审理后，应当按照下列情形分别处理：……（四）依照第二审程序审理的案件，原判决、裁定事实不清、证据不足的，可以在查清事实后改判，也可以裁定撤销原判，发回原审人民法院重新审判。原判决、裁定事实不清或者证据不足，经审理事实已经查清的，应当根据查清的事实依法裁判；事实仍无法查清，证据不足，不能认定被告人有罪的，应当撤销原判决、裁定，判决宣告被告人无罪。"对于事实不清证据不足案件一审已经判决无罪，在二审程序中因事实不清证据不足还可以再次进行调查、改判，再审程序在查清事实后仍可以改判，证据不足类型的无罪即使经过一审判决证据也有可能成为暂时无罪，并没有终局性。

二 审判阶段出罪立法及实践中存在的问题

（一）审判阶段出罪机制不健全

目前审判阶段没有完整的出罪机制，关于疑罪案件也没有相应机制限制审判过程中持续追诉问题，[①] 不利于被告人权益保护。刑事诉讼法中对被告人进行无罪判决须经严格程序，审判思路仍与历来"不错放一个坏人"的刑法惩罚目的保持一致。现代法治要求要坚持无罪推定原则，在事实不清证据不足的情况下，不得对被告人进行主观入罪。现有审判思路与无罪推定原则存在差异，导致审判阶段出罪机制建立困难。

出罪反复性是审判阶段存在的典型问题之一，一审案件对事实不清证据不足案件作无罪判决后，二审程序和审判监督程序中仍可以对原判决进行审理、调查，事实清楚证据充分后可以依法改判，推翻原有无罪判决，阻断一审甚至二审程序审判阶段出罪。因此导致审判过

---

① 徐阳：《我国刑事诉讼中无罪化机制的过程性失灵及应对》，《现代法学》2015年第2期。

程中，每一个阶段的无罪判决结论都没有终局作用。在事实不清、证据不足的情况下，审判各个阶段中被告人都无法实现真正出罪。

刑事诉讼程序中，检察院、被告人、人民法院为控、辩、审三方主体，法律对各自职责作出明确规定。检察机关在审判阶段主要工作是出示证明被告人有罪证据，通过法庭辩论运用证据和法律规定支撑其对被告人的指控，被告人及其辩护人主要通过搜集证据对抗检察机关指控，人民法院负责居中裁判。上述三方主体中，控方与辩方之间力量对比存在着证据证明能力方面的较大差距，[①] 因为作为控方的检察院在收集证据方面具有被告人不能比拟的优势，即检察院有强大国家权力作后盾，在证据收集面临困难时不仅可以依法采取强制措施，资金及技术等方面亦有足够的保障。就某些证据收集而言。对于检察机关来说取证难度或许并不大，但对于被告人而言却异常艰难。就检察机关履行职责任务而言，主要是指控被告人有罪，而用来证明被告人无罪的证据往往容易被忽视，使被告人陷入不利状况。就控辩双方权利而言，法律制度有关控辩双方权利规定亦存在明显的不对等，《刑事诉讼法》204条规定检察人员发现提起公诉的案件需要补充侦查，提出建议的法院可以延期审理，因此，对于证据不足的案件，检察院有的是时间和机会进行补充侦查，从而为自己的指控奠定坚实的基础，但同样的权利待遇对被告人而言则完全不对等，这使被告人在审判程序中处于劣势地位，使被告人因没有机会补充收集无罪证据而导致审判阶段无法实现出罪。

（二）对被告人反复追诉

刑事诉讼程序中，刑事案件一旦立案，对被告人定罪的证据收集工作便始终处于持续状态，而无论侦查、起诉还是审判阶段。这种持续追诉的状态在司法实践中司空见惯，[②] 由此很容易导致，被告人一

[①] 冀祥德：《从控辩关系看我国刑事诉讼制度的演进发展》，《中国刑事法杂志》2022年第1期。

[②] 张泽涛：《禁止重复追诉研究——以大陆法系既判力理论为切入点》，《法律科学》（西北政法学院学报）2007年第4期。

旦被起诉,将大概率处于被长期追诉的状态,这种状态会使被告人处于被重复追诉的危险中,① 这不仅不利于被告人尽快从被追诉状态中脱离,回归到正常生活状态中,也极容易使被告人在反复追诉中"被证明"有罪而引发冤假错案。学界一直强调建立用于保护被告人的审判阶段出罪机制,但司法实践中习惯于维护已经受到损害的被害人利益。而从人本身角度出发,被告人和被害人权益保护同等重要,不存在哪一方利益保护更重要,也不能认为保护被害人利益更紧迫而牺牲被告人利益。一旦被告人因为被持续追诉造成实际利益损害,损害结果将难以弥补。因此在被告人切实被证明有罪之前应该尽可能减小对被害人利益造成损害。持续追诉不仅会给被告人带来财物损耗,还会消耗被告人大量时间成本,因此,应当在有证据证明被告人无罪的情形下及时作出无罪判决,而不是让追诉程序继续进行,直至被告人被认定有罪为止。

(三) 实践中对无罪判决适用的迟疑

审判阶段主要工作是对案件依法进行裁判,审判阶段出罪也主要通过无罪判决实现。在无罪判决指导思想方面,目前国际社会将无罪推定原则作为刑事审判重要原则。根据无罪推定原则,被指控人在被证实有罪之前应被推定为无罪,由控方承担证明责任,控方指控出示的证明应达到足够排除合理怀疑的程度,针对存疑案件,应作出有利于被指控人的处理。但针对无罪推定现行《刑事诉讼法》并没有明确表述,这一问题在审判阶段的法律规定中也有所体现,例如,由于没有明确规定无罪推定原则,具体实践中无罪审判适用难,尤其很难直接对证据不足情况判定无罪。法官有时也不敢直接对事实不清、证据不足情况判定无罪,导致即使被告人无法被判定有罪也很难从被追诉状态中解脱。其原因主要有两方面:制度设计问题和司法工作人员基于多种主观原因不敢判无罪。制度设计层面,无罪推定原则作为默认审判原则以来,经过多年发展始终没能在司法活动中被充分落实。

---

① 唐旭东:《刑事诉讼中重复追诉问题研究》,《河北法学》2008年第9期。

无罪推定原则最早被引入司法审判工作中时确实对司法实践产生影响，为刑事审判工作带来改变，使刑事审判工作抛弃传统观念接受符合时代潮流的司法工作方式。但随着经济社会、市民社会不断发展，现有制度设计已经不能满足社会发展需要，主要表现为由于法律规定的模糊和司法工作人员意识水平的局限使无罪推定在适用过程中受到很大阻力。建立健全与无罪推定原则相适应的审判制度刻不容缓。通过分析现有研究结果，本文认为无罪判决适用难的原因主要来自以下几方面。

  审判阶段出罪受到来自社会舆论的压力。[①] 社会舆论力量不容小觑，尤其当今互联网时代，各种消息在互联网络中传播速度快，人人都有机会在互联网发表意见。有时社会舆论影响力甚至可以促使司法机关对案件判决进行修改或作出相应司法解释，改变案件原有判决。但民众的法律素养参差不齐，更有甚者在金钱利益驱使下恶意引导社会舆论。当案件影响范围较大时，社会舆论很容易干扰司法，即使证据不足的案件，舆论压力下法官有时也不敢直接、迅速地作无罪判决。这不仅考验法官和整个司法队伍的专业能力和水平，还考验法官的担当精神和能力。例如，司法工作人员需要有较高的文书写作水平，因为有时即使作出无罪判决，但是由于司法工作人员能力不足，在裁判文书论理中没有就无罪判决理由给予充分且合理解释，也很难得到各方认可和支持。法律是社会运行的产物，需要社会各方力量的认可和支持作为保障，如果裁判文书中的论理不能够被信服，会影响司法公信力建设，难以发挥法律作用。

  审判阶段出罪受到来自侦查起诉等部门和被害人方面的压力。刑事案件尤其是重大疑难案件需要耗费大量人力、物力和财力侦办，经过层层程序进入到审判阶段，法院经审理后对案件作无罪判决，可能存在侦查、检察机关难以接受的现实问题，主要因为案件侦办过程中，上述机关已花费相当多成本收集被告人有罪的证据，法院作出无

[①] 胡云腾：《谈谈人民法院"宣告无罪难"》，《人民法院报》2014年6月4日第5版。

罪判决的裁判结论无疑是对其前期侦查等工作的全盘否定。且我国的起诉方式不同于英美国家的自由起诉模式，在自由起诉模式下检察机关可以同时指控被告人多个罪名，最后法院会根据事实和法律判定被告人为何种罪，缓解侦查机关和检查机关可能产生的不满情绪。站在被害人角度，经过刑事案件调查相关程序，犯罪嫌疑人变为被告人，说明被告人疑似犯罪的存在可能性，尤其证据不足被判无罪的情况在证据被充分掌握时很有可能被判决有罪，而被害人在刑事案件中法益受到侵害，被害人希望通过法律将被告人绳之以法。但由于证据不足被判无罪，被告人会很难接受判决结果。《刑事诉讼法》审判监督程序中并没有对依据新的事实证据提起上诉的次数进行限制，被害人发现新的证据可以随时提起上诉，使得同一案件被反复提起，从而给审查机关裁判无罪造成压力。

司法工作人员内心没有树立无罪推定的观念。司法机关工作人员作为正义的守护者，本身应该树立司法公正的无罪推定理念，但法官队伍素质参差不齐，许多法官可能在案件审理过程中作有罪假设，使许多冤假错案本该终止在审判阶段而没能终止。在事实不清证据不足情况下，即使需要经过法定程序判决无罪的案件也不敢理直气壮地作出无罪判决，主要是由于法官从主观上没有以无罪推定作为裁判案件出发点，在面对压力和质疑时没有充足底气对抗否定的声音。

司法考评机制不科学。没有科学的考评机制就无法对法官进行科学有效的管理，从而导致法官缺乏担当精神，对疑罪不敢判无罪。而加强司法工作人员的管理，不能仅靠提升司法工作人员素质而忽视建立完善科学的管理机制。只有通过制度对法官进行科学化管理，激发法官公正执法的热情和活力，为法官提供强有力的制度保障和支持，打消法官心中的顾虑，法官才敢于坚定地依法作出无罪裁判。

（四）无罪判决理由与类型混淆

《刑事诉讼法》虽然没有直接对无罪推定原则作出明确表述，但在具体规定中明确无罪判决适用情形，即判决无罪和证据不足无罪，但事实上无罪判决原因不应该只包括两种，这种错误混淆了无罪判决理由与无罪类型之间关系，把"证据不足"的无罪理由错误地上升到无罪判决适用类型。疑罪不仅包括"证据不足"的类型，还应重视其他的疑罪类型。[1]

无罪判决类型中，确定无罪主要是由于案件已有证据无法满足《刑法》犯罪构成要件，例如被告人没有达到刑事责任年龄、被告人是在精神不正常下实施犯罪行为的精神病人等。通过对近年来裁判文书网上的案件进行分类整理，在实际司法工作中，真正由于证据不足被认定无罪的案件并不多，大多数无罪判决案件根据"证据不足"作出无罪认定。虽然"证据不足"无罪情形是对疑罪从无的运用，但也不免产生把第 200 条第 3 项作为口袋出罪标准的嫌疑，在实践中容易出现把证据薄弱案件以证据不足为理由出罪的情形，比如近些年对已经生效的判决进行纠正发现一些证据证明力非常薄弱的案件被认定为疑罪处理，而事实上这些案件本身没有达到能入罪标准，这类案件的出罪自然也无从谈起。即从"入罪""出罪"的概念看，只有在有足够证据可以证明被告人符合刑法规定的犯罪构成时才能称为"罪"。因此，这种情况不能主观臆断被告人已经"入罪"。对于尚未构成犯罪情形则不能根据"证据不足""出罪"。

第三节 审判阶段出罪的意义

司法审判是维护社会正义的最后一道防线，因此构建审判阶段出罪机制具有天然正当性。无罪判决作为审判阶段出罪的主要形式，对于被告人及社会具有深刻的示范和教育意义。"对被追诉者实体利益的保护并不仅仅通过实体法适用实现，诉讼程序同样能够发挥保护被

---

[1] 闵春雷、鲍文强：《我国无罪判决模式之反思——以〈刑事诉讼法〉第 195 条第 3 项为重点的分析》，《法学》2018 年第 5 期。

告人实体利益的功能。防范冤案是实体正义的最基本方面，无罪推定要求通过特定的诉讼机制彻底阻断因证据瑕疵而可能导致的冤案。"[1] 无罪判决结果宣告被告人不负刑事责任，使其从犯罪嫌疑中解脱并解除强制措施，恢复自由人身份回归正常社会生活。

从刑事诉讼进程整体分析，审判阶段出罪显然是对审前各刑事诉讼阶段已经发生错误进行程序纠正或终止，避免发生错案。按照认识论原理，只要是人的主观认识结果，就存在发生错误的可能性，所以要求审前阶段杜绝发生证据收集、事实认定错误是不现实的，也是不科学的。在刑事审判过程中发现侦查、公诉中错误并及时予以纠正是刑事诉讼程序正义的基本要求，也是司法公正理念的必然结果。"无罪判决作为对刑事指控的否定，使被告人回归到无罪推定下的清白状态，对被告人的权利保障具有极其重要的意义。无罪判决一经生效，被告人重新获得名誉与自由，除法律特别规定的情况以外，侦控机关便失去就同一事实继续追诉的权力，人民法院的公正与权威亦由此确立。"[2] 从"控审分离"视角看，这也是法官行使司法权时应有的客观、中立态度和立场。司法公信力对社会产生一定影响力，刑事判决的正义内容和形式合理性，及其由此而产生的权威性，对社会公众的示范效应，是民事审判和行政审判不能相提并论的，2010年以来纠正的赵作海案件、聂树斌案件、呼格案等便能体现出此种差异。

审判阶段出罪机制有利于维护法律权威和秩序安定，减少审前程序违法和判断错误，保障无辜被告人不受刑事追究，无罪判决既是程序公正的结果，又内含实体公正要求。刑事审判无论职权主义模式还是当事人主义模式，抑或混合模式，基本内容均为被告人权利与国家公权力之间的对抗过程，其中既有控、辩、审三方对案件证据、事实的认识差异性，也有诉讼进程中价值判断的对抗性，充分体现了打击

---

[1] 徐阳：《我国刑事诉讼中无罪化机制的过程性失灵及应对》，《现代法学》2015年第2期。

[2] 闵春雷、鲍文强：《我国无罪判决模式之反思——以〈刑事诉讼法〉第195条第3项为重点的分析》，《法学》2018年第5期。

犯罪与保障人权思想博弈，当然，更多地通过无罪判决实现审判阶段出罪保障人权。"无罪判决作为衡量一个国家人权保障水平与司法文明程度的重要标尺，体现着对司法规律的尊重，对正义价值的追求。"[①] 审判阶段出罪机制的构建有利于审前阶段司法机关认真回顾并思考其诉讼行为合法性、合理性，及时总结经验，避免类似失误重现，同时能够杜绝刑事诉讼程序违法行为发生，有利于被告人脱离"标签身份"，尽快回归社会。

虽然国家司法机关代表国家强制力对被告人定罪，但是根据社会主义法治要求，司法机关同样承担着保护被告人合法权益的使命，在审判阶段这种使命体现得尤为明显，因为在社会公众的普遍认知中，人民法院自古以来应该是正义的化身，而这份正义不仅为被害人所需要，也为被告人所需要。因此审判阶段出罪对整个刑事诉讼有重要意义。

第四节　审判阶段出罪机制

一　比较法视角下两大法系的出罪机制

虽然无罪判决绝对数量并不必然代表相关国家刑事司法文明现代化程度，但审判阶段出罪机制能否确立并顺利运行则反映了一个国家对于无罪判决的认识态度。审判阶段出罪机制仍然需要从比较法视角出发，分别考察英美法系和大陆法系国家法律规定，之所以从法系视角切入主要是审判方式本身和刑事诉讼模式密切相关，进行制度形式差别性对比，也相对明显。

美国宪法将多项与公民切身利益相关权利上升为基本人权，由宪法进行保护，这种宪法公民权利神圣不可侵犯，也是立法对于司法活动的规制、限制和规范刑事诉讼程序公权力行使，这给检察官提起公

[①] 闵春雷、鲍文强：《我国无罪判决模式之反思——以〈刑事诉讼法〉第195条第3项为重点的分析》，《法学》2018年第5期。

诉设定了较高条件，检察官承担证明被告人有罪举证责任，要求尽可能消除无罪可能性，如果举证不够充分，法官可以直接作出无罪判决。美国无罪判决对刑事诉讼程序终结性属于刚性结束，法院一旦作出无罪判决就构成对检察机关该项控诉的永久禁止，这也是英美法系禁止双重危险的本质要求。美国在其宪法第十四、第五修正案中明确被告人拥有免受双重危险的权利，要求检察机关在同一犯罪中只能对被告人提起一次公诉。① 通过上述规定可以看出美国法律在刑事诉讼程序规定中注重被告人人权保障，强调诉讼过程中控辩双方权力与权利对应，平等武装有利于案件真实发现。美国审判阶段出罪机制源自英国，然而也形成自身特点，英国则保留当事人主义固有特征。英国作为当事人主义诉讼模式起源地，程序正义理念贯穿整个刑事诉讼始终，因而检察机关对个人刑事责任公诉必须在严格法律规定程序约束下展开，国家同时也赋予辩方平等对抗国家公诉权。"禁止双重危险在英国的司法实践中逐渐形成了两大规则，即前经开释或前经定罪规则和滥用程序规则，这两大规则也构成了英国禁止双重危险原则的主要内容。前经开释或前经定罪规则是指法院作出的裁判生效之后，不论有罪还是无罪判决，被告人都不能因同一罪名再次受到审判。"② 这也充分说明英国与美国类似规定了禁止双重危险的诉讼原则，一旦法官作出无罪判决，该案刑事诉讼过程宣告终结。

大陆法系国家在审判阶段出罪机制方面具备职权主义诉讼模式特点，对于当事人主义的正当程序理念也进行借鉴和吸收，形成自身特点。法国《刑事诉讼法》在其序言中明确规定了无罪推定条款，包括了无罪推定、程序公正、司法保障等内容。③ 在法国《刑事诉讼法》法官"内心确信"的证据制度中，规定法官和陪审员如果对案件事实和证据达不到内心确信，就应当作出无罪判决，表明法国刑事

---

① 陈玲：《美国刑事诉讼法》，上海社会科学院出版社2016年版。
② 成风明：《英国禁止双重危险规则研究》，知识产权出版社2007年版。
③ ［法］卡斯东·斯特法尼、乔治·勒瓦索、贝尔纳·布洛克：《法国刑事诉讼法精义》，罗结珍译，中国政法大学出版社1999年版。

诉讼法明确规定了事实不清案件应当宣告无罪判决。[①] 日本《刑事诉讼法》规定检察机关公诉事实不成立应当作出无罪判决，当然，日本法院无罪判决也分为"没有证明为犯罪"和"有罪证据不充分"两种不同类型。[②] 总体来看，大陆法系国家对于审判阶段作出无罪判决虽然持谨慎态度，但是使无辜者依法出罪制度日臻完善。

二 审判阶段出罪特殊性研究

审判阶段出罪实现要受到多种因素影响，审判阶段出罪应坚持以公正司法为前提，以无罪推定为主要原则，在制度设计上与刑事实体法相适应，加强程序设计并建立和实施相应制度，促使程序良好运行，同时在多种影响因素中还要重视人的因素，因为司法工作人员是整个司法活动的实施者，是司法活动的灵魂节点，对司法工作人员工作制度设计、素质培养也是审判阶段出罪的关键环节。因此审判阶段出罪研究对影响因素进行梳理，在各个环节了解审判阶段出罪正当性，打通审判阶段出罪障碍，为审判阶段保障司法公正和被告人权益发挥较为关键作用。

（一）理清审判阶段出罪指导思想

1. 无罪推定原则

无罪推定原则起源于古罗马法，在近代被广泛推崇，例如国际人权公约以及许多国家宪法将其规定为基本原则。[③] 无罪推定原则与有罪推定恰恰相反，两者均指在被证明有罪之前，司法机关对被告人应当持有的态度和观点。不同的是有罪推定在查办案件和审判案件过程中尽可能地针对具体被告人搜集其犯罪证据，最终证明具体被告人为犯罪行为人。有罪推定原则思路虽然有利于搜集案件证据，有的放

---

① ［法］卡斯东·斯特法尼、乔治·勒瓦索、贝尔纳·布洛克：《法国刑事诉讼法精义》，罗结珍译，中国政法大学出版社1999年版。
② 《日本刑事诉讼法》，宋英辉译，中国政法大学出版社2000年版。
③ 陈光中，张佳华，肖沛权：《论无罪推定原则及其在中国的适用》，《法学杂志》2013年第10期。

矢，但不利于对被告人利益保护，维护司法公正，因此，有罪推定原则逐渐被现代法治国家抛弃，但两者并不是对立的、非此即彼关系。[①]

如前文所述，英美法系国家认为在案件事实不清、证据不足时，可以直接作无罪判决，因此英美法系国家无罪推定原则实施的阻力相应较小。无罪推定原则适用特殊性在于，我国长期以来的"伸张正义""为民除害"的惩罚犯罪人，维护公平正义的观念深入人心，在法益受到侵害时，人们总容易先入为主地对犯罪嫌疑人、被告人作有罪推定，用损害结果反推犯罪行为。法律当中也没有规定用于禁止有罪推定的司法工作方式。在实践过程中，司法工作人员在多种原因综合作用下，仍以有罪推定作为审判的指导思想。在这种情况下对无罪推定原则的贯彻需要循序渐进。

无罪判决是审判阶段出罪的最重要手段，司法机关应该努力提高无罪判决的能力和水平。无罪推定原则对整个司法裁判过程有重要意义，对维护被告人合法权益具有指导性作用，需要在刑事诉讼法中明确规定并在实践中落实。以无罪推定原则作为审判阶段指导思想，需要在制度设计中将审判阶段无罪判决原因前置，只要被告人被指控的犯罪证据不足就可以依据法律规定判定被告人无罪，产生实体性法律后果，防止证据不足类型的案件随流程被无限追诉。要在司法实践中贯彻无罪推定原则，需要使无罪推定原则成为每个司法工作人员的指导思想，才能够使该原则在具体司法活动中得到贯彻。应当注意的是审判阶段出罪虽然把疑罪从无奉为重要指导思想，但疑罪从无并非出罪的万能良药，不能任何案件都依靠疑罪从无实现审判阶段出罪

2. 一事不再理原则

一事不再理原则主要针对刑事诉讼过程追诉期长，对被告人制约时间久的案件进行限制，保护被告人合法权益。最早起源于古罗马的一事不再理原则。随着时代不断发展、法系的发展演变，发展为在英美法系国家普遍适用的"禁止双重危险原则"和长期以来为大陆法

[①] 易延友：《论无罪推定的含义与刑事诉讼法的完善》，《政法论坛》2012年第1期。

系国家使用的"一事不再理原则"。美国在阿什诉斯温森案件中正式将一事不再理原则中的"一事"的概念确定下来，即"一事"指案件中事实行为本身。无论在大陆法系的法国，还是英美法系的美国，一事的含义均是事实行为本身。以审判是否作出生效裁判为依据，审判阶段被划分为两个阶段，一事不再理原则主要针对再审阶段。一事不再理原则在《刑事诉讼法》中并未被确定，刑事审判工作注重对错误判决事后纠错，对在审判过程中"确有错误"[1]案件可以启动再审程序。对人民法院通过审判程序作出的生效判决进行监督，而"确有错误"既包括事实错误，也包括法律适用错误。在我国的特殊司法环境中，一事不再理原则的内在价值与传统刑事诉讼惩罚犯罪目的需要进行结合。具体需要结合司法现实情况，以及现有司法制度，将一事不再理原则贯穿其中。例如，现有司法指导思路主要是有罪推定和惩罚犯罪，无论是在二审程序还是审判监督程序中，无论是否已经作出无罪判决，由于新的事实、证据仍可以对案件进行重新调查、改判。这种制度有利于维护被害人的利益，客观上不利于被告人权利的保护。但如果直接将此种上诉机制取消，那么将会影响司法实践的稳定性。因此应当循序渐进地制定相应制度，贯彻一事不再理原则。

根据法律规定基于法律问题或事实问题的案件被允许再审，这说明一事不再理原则的适用并不绝对，这也应当在《刑事诉讼法》中体现。贯彻落实一事不再理原则应注意区别"证讼"效力和"既决案件"两个重要的概念。外国关于一事不在理原则的规定也有例外情况，英国的例外情况是瑕疵开释引起的重审，美国的例外分为三种不同情况，即作出有罪判决后重审、无罪释放而告终结、没能作出有罪或无罪判决。联合国《公民权利和政治权利国际条约》第14条第7项规定："任何人已依一国的法律及刑事程序被最后定罪或宣告无罪者，不得就同一罪名再予审判或惩罚"。除此以外，《欧盟人权公约》也对此作出了相似规定，即任何被宣告有罪或者无罪的人不得因同一

---

[1] 亓荣霞：《再审程序若干概念辨析》，《政法论坛》2003年第2期。

罪名再次受到审判或惩罚。法国刑事诉讼法作出明确规定，在事实认定或法律适用上确有错误而启动再审程序时，原审法院和上级法院均可基于原判决和裁定主动启动刑事再审程序。此外，与我国不同的是启动再审程序受到存在时效和次数限制。这些制度和例外情形，对于一事不再理的规定值得我们学习和借鉴，应当针对本国国情有选择地吸收接纳并循序渐进地进行改革，使之能够在司法实践中真正发挥作用。

（二）审判阶段出罪的制度设计

1. 关于审判阶段各方之间职能的制约

现有审判阶段模式为控、辩、审三方制约的模式，类似于大陆法系的审判模式，由检察院作为控方负责对被告人进行指控、检查机关与侦查机关协调配合寻找能够指控被告人犯罪的证据，被告人及其委托人则负责搜集自己不符合被指控事实的证据，审判机关负责依照法律规定对案件内容进行判断，从而得出被告人有罪或无罪的判决。前文中已经提到在这种模式下审判阶段的三方尤其是控、辩双方力量对比明显，被告人很容易处于弱势地位。即使现有控辩审三方格局在世界各国已沿用多年，但这种模式的指导思想依然是"有罪推定"。因为无罪推定原则要求控方负有证明被告人有罪的责任，换言之，被告人不需要承担任何举证责任，但实际并非如此。[①] 强大的国家力量在未经审判之前已经站在被害人一方，受此观念影响人们认为，只要有人受到伤害就一定有"坏人"这一具象化形象存在，满足人们心理上伸张正义的诉求，这时正义的对立面必须是具体人，这种观点混淆了具体与抽象之间关系。正义本身是抽象的，它代表人作为人的某种价值追求，而这种价值追求也是时代和社会发展的产物，在不同时代背景下正义所包含内容有所区别，而对抗当时时代背景下非正义的行为。因此不同时代的法律也会结合当时统治需要作出立法规定，犯罪行为被规定在正义对立面。具体来看行为需要具体的人来实施，抽象

---

① 参见易延友《论无罪推定的含义与刑事诉讼法的完善》，《政法论坛》2012年第1期。

正义观下犯罪行为是抽象的，犯罪行为结合到具体行为人，才能对具体社会关系、具体人造成实质损害。犯罪行为是抽象的不变的，至少在同时代下内涵不会发生太大变化，但具体的人却是可变的。因此在诉讼过程中维护正义要针对抽象犯罪行为而不是具体人。回到现实诉讼工作中搜集证据工作的目的是为证明犯罪行为，应将行为与实施行为的人相结合认定，而不是认定具体人后证明其行为是犯罪行为。

司法机关为减少这种模式带来的弊端，需要进行公检法职能重新分配和审判阶段控辩角色转变，在审判阶段检察院职责应该由指控被告人犯罪转变为查清案件事实，检察院不仅应提供对被告人不利的证据，还应提供对被告人有利的证据以供审判机关在审判过程中进行理性判断，结合提供的相应证据对被告人作有罪或无罪处理。检察院不能只作为被害人代表，还应是查清案件事实的主体。这种形式看似打破了空间上三方格局，但实际上是查清案件事实，维护司法公正思想指导下对控辩审三方职能合理分配，并不完全是对原有格局的打破而是对原有格局下职能重新分配。在这种背景下，法院、检察院以及公安部门可以在相应原则指导下，重新了解各自工作的最终目标和对本部门工作内容进行细化重组，重新对查清案件事实、维护司法公正和法律的权威有更深入细致的了解，从而能够使司法工作由被动变为主动。"被动"变为"主动"非与传统意义上司法机关"被动"司法相悖，而是让司法机关的各个工作环节都能以公正、人权等原则作为自己工作的出发点和落脚点，在司法工作范围内，在原则支配下，能够更好地维护司法公正和被告人合法权益，在行使职能的过程中真正地做到控、辩、审三方各司其职。

公检法三个机关职能的转变能够避免传统情况下公检法三方在查办案件过程当中流水式作业工作弊端。[1] 在现有司法流程中，公检法之间相互配合、相互制约制度设计初衷并没有实际发挥应有作用，而

---

[1] 陈瑞华：《从"流水作业"走向"以裁判为中心"——对中国刑事司法改革的一种思考》，《法学》2000年第3期。

是在流水线作业流程中各个机关都处于被动状态下行使权力，各个部门都很难在相应原则指导下更好、更充分地发挥自己手中权力效能。

"相互制约"只是司法机关内部在行使职能过程中为实现权力之间平衡而使用的手段，控辩审三方之间的相互制约并不是目的。对控辩审三方格局重新定义、重新划分是为更好地实现控辩审三方职能和实现司法目的。因此，对公检法三方职能的重新划分，应当将权力划分和相互之间制约关系重新定义，除当事人提起自诉案件情形外，传统审判部门、检查部门和侦查部门之间的分工负责表现在：侦查部门除了最基本工作，即对刑事案件进行侦查之外还负责在侦查案件过程中，在法律规定范围内执行拘留和逮捕、进行预审等一系列工作。人民检察院的工作内容包括主要对侦查部门移送的材料进行检察、批准逮捕侦查机关作出的申请批捕、并对检察机关侦办的案件进行侦查处理、还包括最重要的工作——提起公诉。人民法院最核心工作是审判。《刑事诉讼法》中规定侦查机关、检察机关和法院各自工作和相互之间关系，从而保证各个机关之间相互配合，又能避免因为职能交叉而带来相互推诿、扯皮现象，影响司法工作效率。三机关之间相互配合也保证各个机关在办理刑事案件时，既不能各自为政互不干涉，又必须在坚持原则基础上，严格适用法律，把法律而不是其他规定作为处理司法工作的根本标准，在工作中各个机关之间密切配合，最终实现惩罚犯罪，保障公民合法权益的目的。

审判部门、检察部门和侦查部门不仅相互配合、分工负责，而且彼此制约，三个机关之间制约主要表现在：每一环节的机关都通过自己的工作，发现上一环节中存在的问题，从而向上一环节机关提出纠正意见，促使其改正工作纠正错误。[1] 在具体时间安排中表现为：侦查机关在侦查案件的过程中认为需要对犯罪嫌疑人予以批捕，向检察机关申请对犯罪嫌疑人的批准逮捕，但检察机关对于批准逮捕不作批

---

[1] 李亮：《从刑事诉讼证明标准看公检法的刑事司法关系：如何互相制约——基于我国〈刑事诉讼法〉第7条和第53条》，《理论月刊》2014年第9期。

准时，公安机关认为检察机关决定有错误的，有权向人民检察院申请复议或向上一级检察机关申请要求对本级人民检察院作出的决定进行复核。在需要提起审查起诉时，根据公安机关移送的案卷材料，由检察机关根据法律规定判断决定是否提起诉讼。如果检察机关在审查案卷材料过程中发现而案件材料事实不清、证据不足，检察机关有权要求公安机关补充侦查，也有权决定自行补充侦查。检察机关在办理案件的工作当中发现公安机关存在违反法律情形，应当立即通知侦查机关纠正违法行为。审判机关对于检察机关提起公诉案件经过审判，对起诉的案件根据案件具体情况和法律作出相应判决。在此过程中检察机关可以对其认为错误的判决提出抗诉。最后如果对于已经生效的判决，检察机关认为判决有错误的，可以依法启动再审程序。在此过程中审判部门、检察部门和侦查部门三个机关之间的相互配合，相互制约能有效保证司法工作效率提高。

从现有的公检法三方之间的职能关系和各自的职权来看，存在以下弊端：首先，工作流程流水化，[1] 各机关之间相互制约和相互作用仅存在于流程当中。其次，法院和公安机关之间配合相对较少，审判机关很难对公安机关在职权范围内实施的工作进行监督，司法工作流程进行到审判阶段时，即使公安机关工作中存在问题，审判机关也没有相应权力和义务对侦查机关在工作中存在问题进行监督，也不能在此情形下要求其改正。存在的问题有可能在流程推进中被忽视，或者检察机关发现相关问题，但是由于流程推进和制度设计检察机关也无权主动纠正公安机关违法行为。但是公安机关在现有司法审判工作模式之下是最核心环节，[2] 侦查机关的职责是查清案件事实，整个司法工作也主要以搜集到足够能作为起诉被告人的证据为主，因此在制度设计上给公安机关较大权力和较长时间搜集对被告人进行指控的证据。检察院在其审查起诉工作中主要作用是对公

---

[1] 陈瑞华：《从"流水作业"走向"以裁判为中心"——对中国刑事司法改革的一种思考》，《法学》2000年第3期。

[2] 栗峥：《推进以审判为中心的诉讼制度改革》，《求索》2020年第1期。

安机关移送的与案件事实有关的证据资料进行审查,从而能够制约侦查机关权力并审查侦查机关侦查行为合法性和合理性,但刑诉法在流程设计中过于依赖公安机关搜集证据和检察机关起诉这两部分,忽视质证等审判环节作用,庭审过程中审判机关对于公安机关收集证据的审查也大多流于形式,究其根本原因是在制度设计上本身就没有设计在审判环节对于侦查机关工作监督流程,审判阶段作为出罪的最后一个阶段没能很好地承担对冤假错案纠正的职责。因此需要进行以审判为中心的司法改革,提高审判阶段在整个司法工作过程中的地位和作用,凸显审判阶段对于出罪职能发挥,同时在制度设计上避免过于流水线化工作方式,在各个工作环节,更加注重对于每个环节实质作用的审查和设计,每个环节都应当承担起查清案件事实、准确适用法律的职责,在每个环节当中都应当贯彻以事实为依据、以法律为准绳的指导思想。

  公检法之间相互制约应该在司法工作各个阶段中体现,尤其审判阶段,审判机关应当有权对侦查机关侦查行为提出意见,并要求侦查机关对整个案件负责、对工作中的程序和内容负责,司法机关整体内部的制约和相互配合应该全面贯彻落实。需要注意的是,公检法三者之间关系需要明确,在制度流程上他们之间应当是相互配合的平等关系,而不是上下级关系或者是流水线关系,应为三个机关在流程上进行监督和配合做好制度设计,任何一个机关都需要对查清案件事实、准确适用法律承担相应责任。侦查机关和检察机关,应当把查清案件事实,作为自己职责的最终目标,而不是单纯把自己作为被害人代言人,这样公检法三方,实际上在具体工作程序上相互配合相互制约,在目标和坚持原则宗旨上趋于一致,查清案件事实,减少冤假错案发生,进而为维护正常社会秩序和司法公正做出共同努力。[1] 因为无论是哪一种制度,其核心目的都是为维护社会稳定保护社会成员利益。法律规定中虽然学习英美法系、大陆法系

---

[1] 何平:《优化配置司法职权的关键及其意义》,《理论视野》2015 年第 7 期。

等法律当中的控辩审三方格局相互对立，但是无论哪一种制度，其核心都是为了最终司法目标——维护司法公正，所以司法工作方式是手段，而不是目的。

2. 审判权独立行使

以审判为中心的司法改革是实现审判阶段出罪的重要手段之一，实现以审判为中心的司法改革就是为了能够提高法院审理案件工作在整个司法工作过程中的地位和作用，加大法院在司法工作当中的权力，从而使审判工作在出罪问题上发挥应有的作用。作为司法活动的最后一个阶段，如果不能够实现无辜被告人出罪，就会酿成冤假错案影响司法公正，而对此进行纠正也会使司法机关的公信力大大降低，同时也将极大消耗司法成本，被告人为此所付出的代价也是难以想象的，即使冤假错案得以平反，对于被告人来说也是不可挽回的损失，对被告人今后的生活也将会产生巨大影响。

2014年10月23日，党的十八届四中全会审议通过《中共中央关于全面推进依法治国若干重大问题的决定》，《决定》指出"推进以审判为中心的诉讼制度改革，确保侦查、审查起诉的案件事实证据经得起法律的检验"。据此，要实现以审判为中心的诉讼制度改革目标，需要在宏观和微观两个层次做出努力，宏观层面需要提高相关办案人员素质，庭审过程要维护程序公正，并通过程序正义维护实体公正；微观层面上，庭审过程中需要贯彻证据裁判主义，并对证据收集提出相应要求，防止冤假错案发生。以审判为中心进行司法改革的目标主要是确保经过侦查、起诉的证据能够经得起法庭的检验，这样才能确保实现审判阶段出罪，从而维护被告人合法权益和司法公正。最高人民法院通过实施相应改革手段保障司法责任制改革目标，以确保人民法院独立公正行使审判权。实现审判权独立行使不仅有利于维护司法公正，还有利于提高司法工作效率。排除其他因素干扰确保审判权独立运行，亦有利于实现审判阶段出罪，维护被告人合法权益。因此实现审判阶段出罪，一方面要确保审判权独立运行。其中包括独任制、合议庭和审判委员会三主体的运行机制改革，通过法院内部改革，使法官工作独立于法院内部行政人员，切实让法官对案件裁判承担最终责任，减少案件层层审批，改变法院内部权责不清责任不明状态。① 另一方面也要减少影响法院审判权独立的外部障碍，即去地方化。通过内外改革，排除影响审判权独立运行因素，保证审判机关在行使审判权过程中只以法律和事实为依据和准绳。

（三）流程的设计

1. 庭审环节设计构想

普通庭审程序是审判阶段出罪重要环节，在庭审中需要对案件事实情况作明确清晰的判断并合理地适用法律保障被告人和被害人双方合法权益。因此，需要突出法院在审判环节中的核心作用，与我国的司法机关改革和以审判为中心改革相一致，强调审判阶段在整个司法活动中地位和作用，其目的在突出司法机关作为中立审判机关对于整个案件的作用，以及保护双方权益的作用。因为一直以来被告人在侦查和起诉两个环节当中角色是被动配合调查，没有充足机会为自己辩白，只有在审判阶段被告人才能有机会展示自己的证据，通过有力的证据和辩论为自己无罪或轻罪作出辩论、抵抗控方攻击。但长期以来司法实践习惯将侦查阶段作为整个司法活动核心环节，审判环节在整个审判工作当中地位和作用被忽视，需要进行改革加强审判工作出罪作用。而且在长期审判工作中法官过于依赖庭前对案卷材料审查作出预判，从而对案件事实有了除法庭辩论之外的看法，加之审判阶段流程呈流水线式工作模式，审判阶段各个环节很容易流于形式，忽视听取被告人辩论。再加上由于证人无法出庭作证而使被告人自证清白条件不足，以及长期法院审理案件过程当中忽视审查直接言词证据等各种原因都不利于查清案件事实，准确适用法律，维护司法公正。因此，在审判工作当中，应当重视坚持直接言词证据原则。此外，需要

---

① 参见叶青《主审法官依法独立行使审判权的羁绊与出路》，《政治与法律》2015年第1期。

完善证人出庭制度，明确需要当庭出示某些对案件有关键性作用的证据时，证人负有举证责任。做好对证人的保护工作和对证人出庭的支持，保证证人敢出庭，不会害怕因为出庭作证受到打击报复，同时也不会为了因出庭带来经济负担担忧。① 为避免庭审过于流程化，应在审判各环节设置监督机制，允许法院质疑检察院和公安机关所提出的证据，主动要求公安机关、检察机关排除非法证据。还应当为质证环节和辩论环节提供充足时间，法官不得随意打断被告人发言，尊重被告人发言权和辩论权。

2. 审判监督程序的设计构想

审判阶段出罪不仅要重视普通程序，还应当细致研究审判监督程序中的审判阶段出罪，因为近些年来审判阶段出罪对被告人权益保障机制仍不完善，对于"一事不再理原则"以及"无罪推定原则"适用仍然存在问题。理论上，各方主体提起审判监督程序的难易程度相当，但在实际工作中被告人提起审判监督程序的难度系数比检察院更高，被告人提起再审获得无罪判决，使自己生活回归正常情况难度系数高。再审阶段对审判次数没有限制，对提起次数也没有限制，被告人很容易陷入被无限制追诉，这对被告人的权益保障十分不利。因此，需要重新定义再审阶段法律规定，设置相应流程，限制再审阶段审判次数，明确落实"一事不再理"原则。同时认可被告人提起审判监督程序的权利，才能够更好地实现再审阶段出罪，保护被告人的合法权益。

据此应当提高被告人提起审判监督程序主体地位，使被告人能够拥有与检察机关相同的启动程序流程和难易程度。减小被告人在启动程序时可能会受到的阻力，让被告人能在再审中，更好地维护自身权利。被告人有权在审判监督程序中为自己的无罪判决提供充足证据，完善直接言词证据原则，② 完善证人到庭作证制度，充分保障被告人

---

① 田国宝：《中国刑事证人出庭作证激励机制反思与重构》，《法学》2021年第2期。
② 郭航：《刑事庭审实质化的权利推进模式研究》，《政治与法律》2020年第10期。

在再审程序中的辩论权,使得法官能够更多依赖庭审现场的直接言词证据,从而降低法官对在审前阅卷过程当中已经产生的预判的依赖,[1]使法官能够更加客观公正地对被告人所提出的观点和证据作出合理判断,而不是在庭审前就已经站在被害人一方,对被告人有先入为主的偏见而影响最终审判。在制度设计当中应当限制再审上诉次数,[2] 防止被害人通过相应程序无限度地对被告人进行追诉,因为不对此进行限制不仅严重浪费司法成本,而且不利于保护被告人的合法权益,被告人永远处于被追诉中。最后在相应的再审程序过后,法官应当及时地对证据不足案件判无罪,避免由于反复上诉给被告人带来伤害。即使是有新的证据可以认定被告人有罪的,但超过了规定时间、次数也应当被认定为无罪从而终止再审程序。

第五节　审判阶段出罪的实证考察

为考察审判阶段出罪情况,本文通过法信网搜集数据予以说明。登陆法信网,在类案检索条目中输入:"刑事"案由、"无罪"裁判结果、判决年份为"近三年"关键词,得到近三年来刑事案件无罪判决文书共635份,635份裁判文书中,去除无效数据,例如包含关键词"自诉人"的自诉案件254份得到有效文书381份,其中一审判决为207份,二审判决为111份,审判监督程序判决63份。在有效裁判文书样本数中,以《中华人民共和国刑事诉讼法》第200条作为裁判依据的有230份,其中一审判决153份、二审判决62份、再审判决15份。以《中华人民共和国刑事诉讼法》第236条作为裁判依据的有份70份,其中二审62份,再审8份。经对裁判文书内容逐份分析,发现54份无罪判决文书一审中未引用第200条作为审判依据,其中包括依据《中华人民共和国刑事诉讼法》第16条不追究刑事责

---

[1] 李拥军、董辰:《刑事庭审实质化视角下的法官预断排除研究》,《河北法学》2022年第9期。

[2] 毛灵军:《刑事再审启动程序的类诉讼化改造》,《江西社会科学》2021年第10期。

任,依据刑法第20条正当防卫认定无罪,依据《刑法》第13条情节显著轻微认定无罪,以及在裁判文书中未注明引用法律依据等情形。通过分析裁判文书数据发现:

(一)无罪判决依据除《刑事诉讼法》第200条和《刑事诉讼法司法解释》第295条外,还包括未达到刑事责任年龄、情节显著轻微不构成犯罪、正当防卫、紧急避险、符合条件不追究刑事责任等情形,即法定无罪情形。由于无罪判决类型以外原因被判无罪案件数量占到近三年来一审无罪判决总数的四分之一,正如前文所述,"出罪"即为已经符合犯罪构成要件后判决无罪的情形,但司法实践中对无罪判决存在模糊适用情形,虽然无罪判决范围被扩大,但数量并没有相应增加。说明法律对于无罪判决出罪情形界定并不明确,人民法院在具体适用过程中会出现笼统出罪的情况。因此需要重新界定无罪概念,将根本不构成犯罪的情形和出罪情形在无罪判决中区分。此外,在对有效裁判文书样本进行分析过程中发现,许多裁判文书中法定无罪情形并没有引用《刑事诉讼法》第200条第2款为依据进行判决,而是直接依据相关法律规定判决,使第200条第2款的规定形同虚设,无罪判决类型和无罪判决原因在司法实践中被混用。

分析153份样本裁判文书发现,其依据第200条和司法解释第295条作出无罪判决的原因均为证据不足。相比确定无罪的判决,以证据不足作为无罪判决原因的案例数量更多。从本质看,确定无罪属于实体出罪方式,因为只有主体年龄、精神状况、正当防卫等实体证据可以证明出罪时才可作出确定无罪的出罪裁判,而证据不足类型无罪属于程序出罪,在没有充足证据证明被告人有罪时才采用此类型认定无罪,从司法实践判决数量和文书裁判理由看,证据不足类型无罪有被不当扩大的嫌疑,有相当一部分案例中,被告人行为本身没有达到疑似犯罪的标准而按照证据不足无罪处理,此类案件本身应该在审查起诉阶段被分流,却错误地对此类案件起诉,导致被告人被卷入审判阶段。而审判阶段一旦开启,则刑事诉讼程序需要作出实体性裁判,以决定被告人是否以有罪方式追究刑事责任。因此针对此类案件应当在审判前完善分流机制,把本身证据无法达到起诉要求,也无法定罪的案件终止在庭审之前。

(二)近三年无罪判决案件占总刑事案件比率为0.0199%,说明无罪判决适用率整体偏低。《中国统计年鉴》相关数据显示,虽然整体刑事案件数量呈上升趋势,但无罪判决案件数量并没有相应增加,在法律规定并没有做出调整的情况下,"无罪判决难"成为制约审判阶段出罪的难题。目前无罪判决难的问题除制度层面原因外,还有人为因素的作用。

一方面,在于审判阶段法官等司法工作人员因素。司法制度改革重要的是以审判为中心的改革,法官是司法工作正常运行最灵活、最核心的因素,审判活动中每一个程序需要人推进,审判工作原则需要人坚守,审判工作规则需要人制定实施、衡量把握,[①] 法官员额制改革的重要目标就是提高法官在整个司法活动中作用。目前,法官员额制改革在实现法官专业化和提高办案效率方面取得了不错的成果,但仍然存在"案多人少"的弊端,对法官监督不到位等问题,因此审判工作出罪机制归根到底是对审判人员行为规则的制定,通过人实施相应规则推动审判期间符合条件被告人出罪实现。因此,要保证法官在审判阶段出罪发挥应有作用需要完善制度设计、加强对法官保障、提高法官素质、强化法官监督。

1. 继续加强法官专业化与职业化相结合的职业制度。英美等国家的司法历史上很容易出现声名赫赫的大法官,而我国法官作为个体在社会中个人知名度并不高,法官有一定限度的自由裁量权但必须在法律规定的范围内行使,涉及法官在司法过程中对原则和规则的运用。立法权高于司法权时法官只要依照法律规定判决就是依法判决,当具体案件中原则和规则冲突或者没有规则时,就需要运用原则进行裁判,但由于法官对于原则理解层次不同,实际在案件中运用效果也

[①] 孙辙、张龑:《司法的实体公正、程序公正及法官的行为公正》,《法律适用》2022年第3期。

不同，法官很多时候是法律规定的被动听命者，很难运用法律知识和审判经验对具体的案件灵活运用原则和规则审判。

实际中，我国法官属于公务员编制，与其他公务员相比，工作过程中法官只有具体工作内容不同，而管理上与其他公务员管理制度相同，因此，法官在公务员职业范围内岗位流动，很难做到终身制职业化管理，司法工作人员调任其他职位或从其他职位调任司法工作人员的情况很常见，这种系统内部的调任制度也有地域化差别，宽严程度不同。在当前背景下，从符合司法改革的整体思路入手，以法官员额制改革为核心辅之以其他方式实现法官队伍精英化、专业化，以满足审判阶段出罪需要。但员额制改革并非一蹴而就，需要长时间实践工作摸索，不断实现改革成效。因此，员额制改革应当注意以下几方面：一是对法官入额遴选、员额管理机制及工作流动方式，应当与一般公务员完全分开，实现法官队伍高度职业化。审判工作并非一般工作，不是熟练掌握技巧就可以作出公正合理的判决，审判人员从事审判工作需要经过专业系统的学习，法律人需要经过漫长的学习过程和实践过程体会了解法律制度背后的精神原则，相反，即使是一个勤奋而熟练背诵法条的法官，没有经过专业系统学习也无法真正在审判过程中维护司法权威，保护各方合法权益。因此对于从事法官职业的最基本入额标准也需要具备相应法学专业教育背景，同时通过法律职业资格考核和相关领域具体知识技术考核。二是司法工作去行政化，继续将审判人员与行政人员区分开。[①] 法官要作出公正合理的判决必须排除行政干扰，司法工作尽可能地从行政体制中脱离出来，建立直属国家，并与行政机关级别相当的独立司法体系，同时司法系统内部的工作人员应当独立管理，建立司法机关内部独立的人事制度和其他事务管理制度。

2. 加强对司法审判人员监督。改革虽然使司法工作更加独立，

[①] 龙乙方、吴英姿：《论法官程序思维的培养——从法官思维行政化问题切入》，《湘潭大学学报》（哲学社会科学版）2021年第5期。

但对法官权力应当进行监督,任何权力没有合理监督机制都有可能被滥用,法官权力亦是如此。对于法官权力而言,需要建立内外两部分的监督体系,建立并实施专业法官会议,探索专业法官会议对审判工作提出建议和进行监督的监督机制。2021年9月27日,湖南省高级人民法院召开新闻发布会,宣布正式下发实施《关于完善专业法官会议工作机制的实施细则(试行)》,细则中对会议机制内容进行了详细说明,这一做法值得借鉴,但实践中还应进一步探索专业法官会议工作内容机制。

3. 专门针对法官职业素质培养。法官在审判过程中的行为应该更加符合大陆法系国家对于法官角色的期待,法官在审判过程中要保持中立。作为裁判者的法官,从古至今都被期待在裁判案件中做到不偏不倚,即使在社会舆论倒戈一方的情况下法官也应该站在公平公正的角度,不能先入为主的对哪一方尤其是被告人进行有色判断,裁判无论是过程还是结局都应该做到不偏不倚,即使裁判结果认定被告人确实实施了危害社会行为的情况下,也应该做到不歧视。因为即使被告人被判决有罪也是特定情况下的特定行为危害了社会并对被告人造成了损害,法律要谴责的是具体行为,刑法中的量刑制度侧重于让罪犯能够在接受刑法处罚后重新回归社会,是一种行为再次矫正方法,目的是通过再次矫正其行为使其改正错误,基于此任何人也不应该打着正义的旗号歧视任何人,使其合法权益受到侵害,人格受到侮辱。

在实际判决过程中法官应当认真听取各方发言,对双方尤其是被告人的不当发言可以进行规范化引导,但不能阻止任何一方发表言论。由于诉讼过程分阶段进行,公检法各司其职,在完成本机关工作后将案件材料移交给下一机关,法官应该要在庭审过程中尽可能地采集更多信息,在审判过程中抓住关键信息,因为为了维护庭审正式性和司法权威性,法律对于案件纠错程序启动的规定导致案件纠错过程费时费力,而且很少有法官会主动对自己裁判结束的案件进行纠错,基于这种裁判成本之下法院裁判案件应该更多地收集对各方有利或不利的证据,综合判断得出裁判结论。因此更需要在专业能力和职业素养方面对法官提出更高要求，应当建立更加完善的法官职业评价体系，从价值观角度引导法官公正裁判，让法官认识到对于各方权益保护的重要性，以及维护司法权威的重要性，在思想意识方面引导法官在具体工作中认真遵守法律规定。注意审判工作中每一个细节，同时提高对自身工作水平和工作素质的要求，让法官在司法活动中更有使命感担当感和提高自身责任感，不轻易放过司法活动中任何一个细节，主动站在事实和法律角度，为维护当事人合法权益作出公正、合理裁判，让人民在每件司法活动当中体会到公平正义。建立法官终身责任制，建立法官惩戒制度，[①] 让司法监督能够在错案纠察之前发挥应有的作用，减少因为错案纠察给司法公信力带来的冲击，维护司法权威。

  同时司法工作分工应该更加明确、体现司法公正，对法官职业素养要求更高的工作应当只交给职业法官，以及对于其他司法工作事项明确做出职责划分，建立重要司法工作精英管理模式。例如在裁判文书编写的工作当中，不能简单地将这项工作归为一般文书编写工作，应当在案件判决结束之后详细说理，当由精英法官对裁判文书进行合理化说明，而不应当简单地交给辅助法官完成。因为裁判文书中，包含着许多与案件有关的情理、法理以及原则等重要内容，需要向广大人民群众讲清楚，让人民群众体会到案件当中的正义和提高司法机关在人民群众心中的公信力。

  另一方面要把控社会民众因素。前文提到社会舆论对于公正司法和无罪判决的影响不容小觑，因此需要合理规范并教育引导人民群众遵法、守法、用法，在行使言论自由对司法案件进行评价的过程中应注意方式方法，合理发表自己对热点案件的观点：通过法治宣传、法律教育让公众自觉建立起健康而有逻辑的法律思维和意识，在面对一个具体案件时有属于自己的符合社会司法公正的判断，同时树立起规则意识，对法律和社会管理制度有敬畏之心，在面对法律问题时合理

[①] 郭延军：《我国法官裁判责任的追究限度》，《法学评论》2021年第6期。

行使言论自由权,在不实名网络空间不随意发表不恰当言论;更要杜绝在案件未经审判的情况下某些道德素质低下、法律意识薄弱的公民在利益驱使或个人情感驱使下在网络空间恶意"带节奏"影响其他人对案件事实的了解和价值情感的判断,通过煽动社会言论、情绪,[①]使司法活动朝着与现行法律规定相背离的方向发展,堵塞审判阶段出罪的道路,破坏司法公信力。要实现让公民对自己的言论自觉地负责,成为司法公信力、司法公正的守护者,应当做到以下两点。

要使普法活动常态化。改革开放以来,公民法律知识水平普遍已经有了很大提升,法治工作队伍不断扩大,但对法治观念教育还应该向更深层次扩展,公民法治观念水平参差不齐,守法层次有较大差异,有些比较落后地区的人民的法律意识更是在整体水平之下。但整体上公民的守法意识还处于比较低水平,在比较闭塞的村落或某些经济落后地区、官僚气息浓重地区,法律在教化人民的过程中仍会呈现出"强龙难压倒地头蛇"的状况,因此有针对性的"点对点"式法律教育宣传和全面深层次普法教育宣传就显得很有必要。使普法教育的对象和内容都具有一定针对性,[②]"点对点"式注意对具体个案中以案释法,发挥法律的作用,不仅要教育被告人还要对本行政区所辖区域民众都能实现教育作用,必要时典型案件还应当制作成典型案例进行宣传教育,使全国人民都有机会在典型案例中学习,扩大普法教育对象的范围,使普法教育对象呈现多元发展趋势。另一种普法宣传是进行全面深层次普法教育,如今互联网环境下信息传播交流速度快,一种人们都喜闻乐见形式的普法宣传能够在短时间内取得意想不到的良好效果。这种普法宣传虽然覆盖广,但针对性不如"点对点"方式效果好,还是要注意宣传过程中法律教育应"因材施教、因人而异",考虑到不同知识背景、社会经验公民认知和接受水平,尽可能创新多种形式,不让法治宣传流于表面。除了法治宣传的覆盖面要广

[①] 崔仕绣、崔文广:《智慧社会语境下的网络犯罪情势及治理对策》,《辽宁大学学报》(哲学社会科学版)2019年第5期。

[②] 王文婧:《培养农民法治意识,从哪抓起》,《人民论坛》2019年第2期。

之外，法治宣传深度也要有所涉及，让民众知其然，也要知其所以然，了解法律背后的深层逻辑，例如，刑法任务这一法律概念教育就是一个很好的例子，民众对于犯罪行为所持的最朴素观点是惩罚犯罪，不放过任何一个"坏人"，在这种情况下就需要向民众解释说明司法活动的另外一个重要任务——保障人权，当司法活动只用来惩罚犯罪，那么每个人都有可能成为强权或强大社会舆论下待宰的羔羊，看似维护正义、惩罚犯罪，如果没有保护权益原则的约束，那么正义价值也无法实现。

提高司法信息化水平。互联网时代每天有大量信息在互联网上交流、传播，作为国家司法象征的司法机关也应该紧跟时代潮流，提高司法机关运用互联网的能力。为此司法机关做出了很多新尝试，例如网络法庭等，但在网络监督方面的能力还有待提高，在互联网鱼龙混杂人人都能在互联网公共空间发表言论的情况下加强司法系统中案件言论责任制，必要时可以由网警对煽动行为进行管理，净化互联网环境，对于恶意通过网络制造舆论行为可以责任到人地进行管理。但要注意既要合理地对互联网进行管理又不能制造出对公民言论自由进行限制的行为，过度干涉公民社会生活领域，让公民不敢发声，因为合理正当的舆论是对法律运行进行良好监督的重要手段，是法治社会发展有效而灵敏的晴雨表。

（三）根据二审改判案件结果通常表述为"撤销……"，将检索信息在近三年刑事无罪案件基础上增加裁判结果"撤销"关键词，增加审判过程"二审"限制进行检索，排除自诉案件后二审判决得到有效判决文书121份，其中改判有罪判决为19份，在改判有罪判决中，可以发现以一审判决证据不足为由作出无罪判决的案件有8件，占到改判案件的42.1%，由于事实不清证据不足在一审中暂时定无罪，在二审中再次由于新事实、新证据被改判为有罪的情况占比很高，占到全部改判有罪二审判决将近一半。说明在司法实践中一审无罪判决是暂时性的，并不能完全实现一审程序终局性出罪。增设"发回"关键词，得到二审判决中因证据不足对一审无罪判决发回重审的有效裁判文书127份，是二审直接改判无罪的15.875倍。根据《刑事诉讼法》第236条第3款，针对事实不清、证据不足案件有两种解决方式，一是查清案件事实后直接改判无罪，另一种是发回原审法院重审，根据2020—2022年二审审判数据，可以发现两个问题：第一，法院仍然坚持有罪推定原则，对证据不足情况并不倾向于直接判无罪，而是继续追查案件证据，在证据充足情况下改判，或发回原审法院继续搜寻证据，并不能发挥二审法院保护被告人合法权益的作用。第二，二审对事实不清证据不足案件的判决中，发回重审案件远多于直接改判无罪案件数量，其原因可能在于二审法院缺乏承担责任能力，直接改判无罪不仅考验二审法院的工作能力还会因改变一审判决结果与一审法院关系恶化，相比之下二审法院更愿意发回重审。因此，法律规定应当删除第236条第3款的后半部分，避免因事实不清证据不足，在审判时一、二审法院之间相互推责。

第六节 审判阶段出罪的延伸思考

审判阶段出罪机制构建属于立法理念层面问题，但是制度设计再完美也需要司法实务适用率予以体现，如果适用率整体低位运行，表明司法机关适用制度动力不足，如果高位运行，表明司法机关适用制度积极性较高，但审判阶段适用率绝对比率并不必然代表一国刑事司法文明程度，只反映特定国情环境下对于审判阶段出罪理念的认可程度。2012年，美国定罪率91%，无罪率9%，俄罗斯定罪率75%，无罪率25%，德国定罪率81%，无罪率19%，无罪率最低的是芬兰2%，是中国的几十倍。[①] 从上述数据来看，英美法系无罪判决占比较高，大陆法系国家占比较低，出现这种变化，应该主要考虑诉讼模式、司法理念、保护人权等方面差异性所致。和其他国家审判阶段出

---

① 财新网：《【解读最高法院工作报告】无罪人数增加无罪率极低》2016年3月13日，https://topics.caixin.com/2016-03-13/100919567.html，2022年3月20日。

罪机制相比，我国对此问题持谨慎、保守态度，无罪判决不仅数量有限，而且占比率低。虽然大陆法系无罪判决率普遍没有英美法系国家高，但即使是大陆法系中无罪判决率最低的芬兰的无罪判决率也远高于我国，由此可见，低无罪判决率并不是世界各国在判决中所追求的趋势，我国极低的无罪判决率并非一种正常现象，极低的无罪判决率应当有其背后的深层次原因。①

根据表6-1可以看出，1997—2020年24年间，公诉刑事案件数量虽然在不断增加，但无罪判决率却在逐年下降，2013年和2017年无罪判决人数为0，2014年以后无罪判决人数虽然有增加，保持在500—650人。但与2014年以后公审案件数量相比差距较大。根据表6-1可以看出2001年到2002年间无罪判决数量呈断崖式下降，2002年以后年份虽然无罪判决数量有所回升但整体处于持续下降趋势。在2019年公审案件数量达到历年最高水平时，无罪判决数量也没有相应增加。

1997—2018年间，仅1998年、2000年无罪判决率超过1%，剩余年份均在1%以下。以下图表反映出全国整体无罪判决适用率极低，表明审判阶段出罪难度极大。且根据相关资料，部分地区持续5年以上，甚至可以达到近30年没有无罪判决出现，保持审判阶段无罪判决适用率为0。这同国外审判阶段出罪机制适用率相比，形成巨大反差。虽然无罪判决率低不能说明司法公正有问题，但是将无罪判决尽量消除作为审判和检察机关主要目标亦不可取。刑事审判运行是对审前证据及案件事实的侦查、检察阶段证据、事实及程序的全面审查和辨别可能存在的违法或错误，通过审判阶段出罪实现纠错的防错。因此，审判机关应当在坚持无罪推定理念的基础上，在保障被告人合法权益与打击犯罪之间做出价值选择。要使符合无罪判决条件的案件得到合理判决需要解决无罪判决低位运行问题，找出影响无罪判

---

① 李扬：《论影响我国无罪判决的关键性因素——对百例无罪判决的实证分析》，《政法论坛》2013年第4期。

表 6-1　1997—2020 年刑事公诉案件无罪判决情况统计

年份	年度判决总人数	公诉案件宣告无罪判决人数	公诉案件无罪判决率（%）	每五年公诉案件无罪判决率（%）	
1997	529779	—	—	—	—
1998	533793	—	—	1998—2002 年	0.268
1999	608259	—	—		
2000	646431	2591	0.401		
2001	751146	2219	0.295		
2002	706707	823	0.116		
2003	747096	660	0.088	2003—2007 年	0.086
2004	767951	1096	0.143		
2005	844717	977	0.116		
2006	890755	521	0.058		
2007	933156	355	0.038		
2008	1008677	277	0.027	2008—2012 年	0.023
2009	997872	241	0.024		
2010	1007419	183	0.018		
2011	1051638	146	0.014		
2012	1174133	346	0.029		
2013	1158609	—	—	2013—2017 年	0.049
2014	1184562	518	0.044		
2015	1232695	372	0.030		
2016	1220645	656	0.054		
2017	1270141	—	—		
2018	1430091	517	0.036	2018—2020 年	0.039
2019	1661235	637	0.038		
2020	1528034	656	0.043		

数据来源：1997—2021《中国法律年鉴》；1997—2021《最高人民法院工作报告》；2002—2020《全国法院司法统计公报》。

◈ 刑事诉讼出罪论

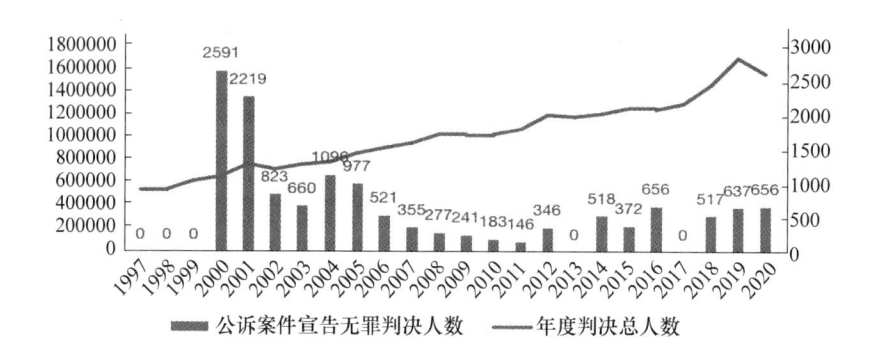

图6-1 1997—2020刑事公诉案件宣告无罪情况（人）

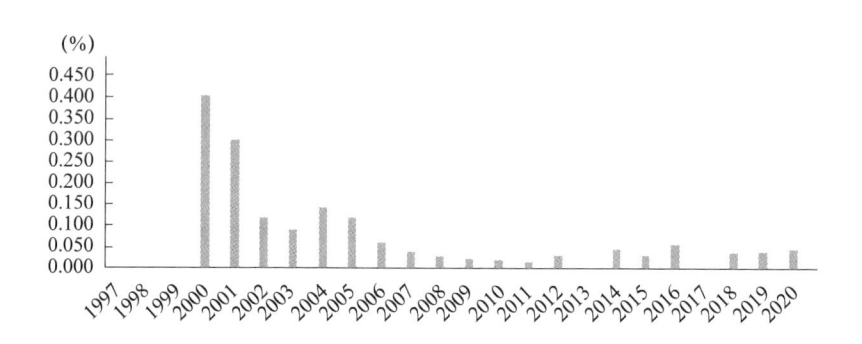

图6-2 1997—2020年刑事公诉案件无罪判决率

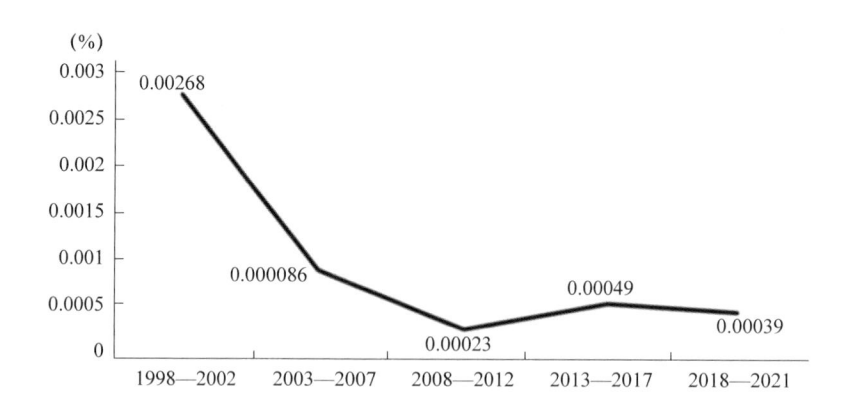

图6-3 每五年刑事公诉案件无罪判决率

决的因素。因此，可通过分析 1997—2020 年间公诉案件无罪判决影响因素，找出无罪判决率持续走低的相关原因。本书通过对上述时间段内不同年份无罪判决文书中辩护意见被采纳程度、庭审规则运用情况以及庭审证据规则运用情况进行分析。

一 辩护律师参与率对无罪判决影响研究

刑事辩护制度是维护被告人合法权益的有力武器，但根据中华律师协会有关数据显示，刑事诉讼中辩护参与率至 2012 年只达到 30%，刑事辩护律师在刑事案件中的参与率并不高。在裁判文书网对有关案例按年份进行划分，有辩护律师参与的无罪判决与无辩护律师参与的无罪判决进行对比，年份分类分别为 1997—2017 年、2017 年至今，依据为 1997 年《刑事诉讼法》修改之后和 2017 年国家司法部与最高人民法院开展的刑事案件律师辩护全覆盖试点工作两个时间节点。1997 年到 2017 年间，刑事案件整体辩护律师参与率较低，在辩护律师参与率低的基础上，辩护效果也不理想，辩护律师意见被采纳程度也低。2017 年试点工作开展后，全国刑事案件律师辩护率达到了 66%，[①] 是 2012 年全国刑事案件律师辩护率的二倍。在刑事案件整体律师辩护率低的情况下，对比无罪判决案件的辩护率以及文书中辩护律师意见被采纳程度可发现，即使是在案件中律师辩护意见被采纳程度低的情况下，有辩护律师参与下无罪判决的胜率要远高于无辩护律师参与的情形，因此，即使是律师辩护率低的情况下，律师辩护对实现无罪判决也起到较大作用。2017 年无罪判决数量为零，但 2017 年以后无罪判决率有所回升，涨幅比较明显，根据裁判文书网相关数据显示，已经作出无罪判决案件中辩护律师参与率显著上升，相比 2017 年以前无罪判决案件中辩护律师意见被采纳程度大幅提高，由此可见刑事案件辩护制度对无罪判决作出有一定程度影响。

[①] 海外网：《司法部：全国刑事案件律师辩护率达到 66%》，百家号，https://baijiahao.baidu.com/s?id=1711755234587999742&wfr=spider&for=pc，2022 年 7 月 22 日。

二 庭审证据规则运用情况

建立完整的庭审证据规则运用体系，充分发挥证据规则作用才能在庭审过程中查清案件事实，及时准确作出无罪判决保护被告人合法权益。但长期以来庭审过程中存在着庭审流于形式被虚质化，过于依赖案卷材料等问题，需要加强庭审中证据规则运用，尤其是非法证据排除规则和直接言辞证据规则在庭审中的运用，[①] 实现审判阶段出罪。通过在法信网上对历年裁判数据以"排除非法证据"为关键词进行检索获得裁判文书 6 份，其中包括一审判决书 3 份，二审判决书 3 份，说明在案件中实际运用非法证据排除规则并不常见，而在庭审过程中排除对被告人不利证据很有可能对被告人判决证据不足实现无罪。实际中非法证据排除规则适用困难除了对非法证据规则的法律规定存在问题，重要问题在于控辩双方之间力量对比悬殊。一方面，无论现行《刑事诉讼法》规定还是《非法证据排除规则》的规定，都要求主张排除非法证据一方承担举证责任，但刑事案件发生之后犯罪嫌疑人很大程度面临被拘留或被逮捕。根据刑事诉讼实践相关数据显示此时犯罪嫌疑人被监视居住或被批准取保候审的概率不足 30%，被告人人身自由被限制的情况下没有机会抽出身调查对方出示证据为非法证据，尤其是控方搜集证据方法为刑讯逼供时，被告人更难提供证据材料，尤其是根据有关报道显示刑讯手段越来越隐秘，即使是有刑讯情形人民法院也很难取证。[②] 另一方面，在实践过程中即使存在搜集证据违法的情况，各个机关之间处理的方式也是要求侦查机关重新取证或在庭审之外要求公安机关撤回，并不会将此作为庭审中程序性错误而要求排除，也不会对证据搜集违法处以实际性惩罚，因此，非法证据排除规则很难在庭审过程中真正发挥作用，也很难以此对被告人出罪。直接言辞证

[①] 樊崇义：《刑事证据规则立法建议报告》，《中外法学》2016 年第 2 期。
[②] 胡常龙：《实践语境中的非法证据排除规定——以修订后的〈刑事诉讼法〉为视角》，《山东社会科学》2013 年第 4 期。

据规则包括两方面即直接证据和言辞证据，直接证据是指法官必须只能在法庭上直接听取被告人、证人和其他诉讼参与人的证据材料，言辞证据是指，法官在法庭上听取的证据为口头证据，而不是依赖审前阅卷。根据表6-1可以看出2013年以前刑事无罪判决案件数量逐渐减少，直至2013年下降到零，2013年以后又有缓慢回升，其原因应当包含2013年修订的《刑事诉讼法》公布，但经过短暂的回升后2017年无罪判决案件数量又再次回零，说明即使在修订的法律中规定直接言辞证据规则，但在实践中对无罪判决数量并没有实质性改变，需要进一步对直接言辞证据规则进行完整规定，提高审判阶段直接言辞作用的重要程度，摒弃对案卷材料的过分依赖，充分保护被告人合法权益，提高无罪判决数量和水平。

综上，无罪判决率持续走低并非正常现象，背后既有制度设计漏洞，例如原则上没有规定无罪推定原则和一事不再理原则、在法律规定中缺乏直接言辞证据规则和非法证据排除规则的完整实施规则，也有司法实践中长期以来形成的审判习惯上的顽疾。因此，为了促进司法改革更顺利实现，保护被告人合法权益，应当改变原有控辩审各方之间力量对比关系和具体工作方式，实现"以审判为中心"的司法改革，在法律规定中明确无罪推定原则作为刑事诉讼法中根本原则、划分清楚无罪理由与无罪类型之间关系。同时细化完善证据规则，监督庭审过程中合理运用证据规则，查清案件事实，作出正确合理裁判。

第七章　刑事诉讼出罪司法自由裁量权的规范适用

第一节　问题的提出

司法出罪包括实体法出罪和程序法出罪两种方式，实体法出罪主要通过《刑法》第13条但书规定提高司法实践中部分案件的入罪标准予以扩大出罪范围；程序法出罪则主要体现在公安机关撤销案件、检察机关不予追诉、审判机关无罪判决。以上两种出罪方式，实体法出罪虽然根据《刑法》但书明确规定，但是法条本身表述较为宏观，司法实践中适用存在一定难度。与实体法出罪相较，程序法出罪则具有相对宽阔制度空间，司法主体可以通过行使自由裁量权，对一些根据法定事由犯罪嫌疑人、被告人不应承担刑事责任的案件予以出罪，不再挤占有限司法资源。但是，限于实践中司法主体出罪自由裁量权适用范围及适用程序限制，侦查阶段、检察阶段、审判阶段行使出罪自由裁量权既存在不均衡问题，如这些年较为重视检察阶段不起诉出罪，但是审判阶段无罪判决较少；也存在规范和实践衔接性问题，突出表现在侦查人员无法准确界定出罪情形，并以撤销案件方式出罪。

英国法学家戴维·M.沃克将自由裁量权表述为："自由裁量权，指酌情作出决定的权力，并且这种决定在当时情况下应是正义、公正、正确、公平和合理的，法律常常授予法官以权力或责任，使其在某种情况下可以行使自由裁量权，有时是根据情势所需，有时则仅仅

第七章　刑事诉讼出罪司法自由裁量权的规范适用

是在规定的限度内行使这种权力。"[①] 在我国司法领域内，自由裁量权不仅被授予法官，警察、检察官亦被授予一定限度的权力进行事实判断和规则适用。具体而言，现行《刑事诉讼法》第112条、第163条、第177条和第200条赋予公安机关、检察机关、审判机关出罪裁量权，在不同诉讼阶段适用抽象法律规则裁断案件，结合法律条文审查具体事实的法律特征，对符合条件的行为人予以出罪，前述法律规则确保司法主体在一定自由空间内行使出罪裁量权，保证权利主体进行价值判断和法律适用具有合法性基础。

立法赋予司法主体出罪裁量权有其深层价值原因，事实证明，行使自由裁量权在教育和改造犯罪行为人、维护社会稳定等方面有积极作用。虽然法律强调执法应当"有法必依"，但如果坚持将所有违反刑法的行为都定为犯罪，过度限制司法机关根据个案差异自由裁量的权力，不仅会产生不公正后果，行为人也会丧失改过自新的机会。此外，司法公正不再是司法程序追求的唯一价值，公平和效率逐渐成为评判诉讼效果的又一价值准则。如果将可以终结在侦查阶段和审查起诉阶段的案件起诉至法院，就会导致人民法院工作量增加，不利于实现司法经济原则。因此，赋予司法主体程序出罪自由裁量权，是适时终结法定类型案件司法程序，平衡司法公正和效率的现实要求。

当前，司法主体行使自由裁量权予以出罪的司法实践案例，集中体现在检察机关作酌定不起诉决定、侦查阶段撤销案件以及审判阶段无罪判决案例较少，且各司法主体在出罪程序中适用法律条文过于僵化，未充分考虑人民群众对于公正的价值追求。因此，有必要对各司法主体在不同刑事诉讼阶段的出罪裁量权进行研究，确保出罪裁量权适用制度体系完整协调。根据现有文献，程序出罪自由裁量权研究主要集中在以下两个方面：一是审判阶段对定罪和量刑的自由裁量权研究；二是审查起诉阶段检察官作相对不起诉、附条件不起诉决定的自

[①] [英] 戴维·M. 沃克：《牛津法律大辞典》，北京社会与科技发展研究所译，光明日报出版社1988年版，第52—53页。

由裁量权研究。总体来看,当前关于侦查阶段以撤销案件方式行使出罪自由裁量权和审判阶段行使自由裁量权作无罪判决的研究成果较少,且现有文献对侦、诉、审程序出罪并未作分阶段研究,鲜有文献对出罪司法自由裁量权从侦查到审判进行类型化探讨。为此,本文以司法主体在刑事诉讼中,如何运用裁量权认定事实、选择法律和逻辑推断为视角界定司法自由裁量权,明晰司法自由裁量权的行使正当性。在此基础上,分析司法主体在刑事诉讼中行使出罪权认知系统结构及影响因素,阐明司法自由裁量权的规制及其限度,以有效完善刑事诉讼各阶段出罪权规范行使。

第二节 程序出罪司法主体的自由裁量权及其界定

司法自由裁量权的运用体现在刑事诉讼程序各个阶段,其中事实认定、法律适用以及逻辑推理过程均要求司法主体依据法律规定和个人经验进行价值判断,得出符合司法正义的结论。明晰司法主体运用自由裁量权认定的事实依据,合理选择案件应当适用的法律规范,确保权力规制路径合法公正。

一 自由裁量权的事实认定

刑事诉讼程序主要依赖证据对具体案件事实进行还原。证据制度在刑事诉讼法中居核心地位,其中自由心证原则要求司法主体充分发挥主观能动性,对证据进行认定,从而促进具体案件事实还原。认定证据,主要依据证据属性、举证责任分配及证明力大小进行判断,司法主体通过行使自由裁量权对证据予以甄别和取舍。

通过判断证据是否具有客观性和关联性是判断证据是否有证明资格的前提。客观性是证据的基础属性,证据必须客观存在,不因个人主观意志改变。因此,侦查机关收集证据应当尊重事物客观性,避免主观臆断,认真收集与案件事实相关的一切客观证据,排除虚假、非

第七章 刑事诉讼出罪司法自由裁量权的规范适用

法证据材料,不对证据作出人为改变。此外,关联性判断对证据能力亦有重要作用。关联性并非证据固有属性,而是一个关系范畴,是证据与待证事实之间的逻辑联系,即判断证据与待证事实之间是否存在联系,根据这种联系证明案件事实真相。对于确定关联性和可采性之间关系的基本思路可以概括为:第一,几乎所有逻辑具有关联性的证据均具有可采性;第二,由于受法律特别规定约束,某些具有关联性的证据可能不被司法机关接受。因此,在证据法中,关联性是证据被采纳的前提条件,证据不具有关联性即不具有可采性。判断证据是否具有关联性主要基于逻辑推理和日常经验,并通过行使自由裁量权判断具有关联性的证据是否能被采纳,而对于某些违反证据规则的证据,即使有可能证明案件真相,司法主体也应当予以排除。

举证责任分配与当事人实体权利关系密切,不当分配证明责任,会出现不公正的诉讼结果。因此,通常由程序法对证明责任分配的一般规则和特殊问题明文规定,限制司法主体对举证责任分配自由裁量的空间。[1] 如《刑事诉讼法》第51条规定,公诉案件被告人有罪的举证责任由人民检察院承担,自诉案件被告人有罪的举证责任由自诉人承担,法条对当事人以及公诉机关的举证责任作一般规定,且未赋予司法主体自由裁量权。囿于社会关系不断变化与法律滞后性的矛盾,法律规定的证明责任分配规则,无法穷尽社会纷繁复杂的具体案件情况。即使最高人民法院以司法解释形式对新型社会关系的举证责任分配规则予以补充,但是在法律规定未涉及的案件领域,司法主体仍然有行使自由裁量权的必要性,需要根据具体案件事实,考虑各当事人利益以及法律目的,确定证明责任分配规则。然而,允许司法主体行使自由裁量权进行举证责任分配,并不意味着可以罔顾法律明确规定的一般规则及倒置规则,只有当严格依据法律会出现诉讼结果明显不公正的情况,司法主体才可以考虑通过行使自由裁量权分配证明

---

[1] 张榕:《事实认定中的法官自由裁量权》,《法律科学》(西北政法大学学报)2009年第4期。

责任，以实现实体正义的目的。

司法主体遵循自由心证原则及经验法则判断证据合法性及证明力大小。评价证明力大小应当遵循经验法则，司法主体以日常生活经验以及法律规定的关联性规则、补强证据规则等各项调整证明力规则为大前提，以具体案件事实证据为小前提，进行逻辑三段论推理判断证据证明力大小。司法主体所采用的经验法则并不是由法律明文规定，甚至不是以一种可见方式存在，主要是指警察、检察官、法官依据过往案例总结得出的共有经验，并非个别人的自主偏好，由此观之，经验法则相对客观。另外，经验法则不仅数量无限，而且各个经验法则盖然性程度差别也无限，这种无限性即为法定证据制度被放弃，自由心证原则被采用的根本原因之一[①]。但是，企图以有限的法律条文涵盖无限的经验法则及其盖然性程度，只能导致对发现真实的阻碍，因此，司法主体也有选择运用经验法则的判断权，此类判断权并非恣意，司法主体受经验法则客观性的内在约束，[②] 即其必须受人们关于该经验法则内容及盖然性程度的一般理解所制约。

二 自由裁量权的法律认知

法律要求自由裁量权应当在规定范围内行使，司法主体不仅进行事实认定，亦应当准确适用法律规范。司法主体适用法律，不限于法律规则，更需要充分考虑相关司法解释以及立法原意、法律价值等法律文本之外因素，对存在争议的法条适用进行选择，将案件事实对应至正确法律框架内，得出合理公正的裁判结果。

司法主体行使自由裁量权，应当理解法律规则具体意义及蕴含的内在价值。法律条文由文字构成，司法主体选择法律适用规则，理解法律条文是第一步。但是，司法主体理解法条通常会因为个体差异性

[①] 张榕：《事实认定中的法官自由裁量权》，《法律科学》（西北政法大学学报）2009年第4期。

[②] 张榕：《事实认定中的法官自由裁量权》，《法律科学》（西北政法大学学报）2009年第4期。

第七章 刑事诉讼出罪司法自由裁量权的规范适用

及法律表述不明确,而影响法律具体运用。因此,司法主体选择适用法律规范进行出罪裁量,应当充分理解立法原意及法律深层价值。立法原意与法律价值关联紧密,法律一方面须坚守立法原意,另一方面也须紧跟社会价值需要发展法律价值,以一种动态的、发展的思维理解法律,为具体案件作出最佳裁断决定,实现法律效果与社会效果的统一。

合理选择法律条文的解释方法是司法主体适用法律的重要司法技能。基于立法者和社会发展等客观因素,相对较为稳定的规范性法律与复杂多变的社会关系之间总是存在差距,成文法律只能逐步完善,不可能完美无缺。因此,司法机关不能局限于文义解释,应当合理选择体系解释、目的解释、历史解释等多种法律解释方法解决规则冲突、法律空白等问题。司法实践中,司法主体通常根据办案经验对案件作出初步判断,然后再适用相关法律依据以证明自己的判断。如果法律规范明确清晰,司法主体将根据该规范进行裁决;如果存在法律规定不明确、法律规范相冲突、法律规范与评估不一致等情况,司法主体将根据法律原则,运用法律解释方法进行裁决。[①] 司法解释所用语言相较法律规则必须更精确、更具体、更清晰,以此达到解释法律规则的目的。法律解释方法的运用,使司法机关能够充分理解立法机关意图,将行使自由裁量权裁断案件的过程,转化为更加公开民主的分析推理过程,为推断最终结论提供"逻辑理性"依据,从而提高司法裁断说服力,同时规制司法主体自由裁量权的不正当使用。此外,法律解释虽然不能决定案件结果,但有权推翻不符合法律的决定,从而有效限制各司法主体在不同司法阶段的自由裁量权。

司法主体通过行使自由裁量权克服因法律局限所致矛盾有其正当性。秩序形成须以建立行为预期为前提,刑事法律一经制定,应保持相对稳定,若法律总是处于修改状态,则导致预期被破坏,不利于法

[①] 彭启福、钟俊:《论法院自由裁量权的规范——基于法律解释方法的分析》,《烟台大学学报》(哲学社会科学版) 2015 年第 2 期。

律稳定。维持法律稳定意味着立足于"过去式"行为制定法律,因此常与社会变革产生矛盾与冲突,出现"滞后"问题。① 为解决前述法律局限性所致矛盾,司法主体可以行使自由裁量权对法律尚未明确规定部分作出处理。司法主体亦可运用自由裁量权弥补刑法不周延所致法律空白。立法者制定法律受客观因素限制,其无法预知未来出现的社会关系,所制定法律无法囊括可能发生的全部法律事实,必然存在成文法固有缺陷。因此,司法主体行使自由裁量权具有必要性,不仅可以促进法律适用更加灵活,也能协调法律稳定性与社会多变性之间的冲突。

三 自由裁量权的逻辑过程

程序出罪在刑事诉讼程序涉及三个阶段,即在侦查阶段、审查起诉阶段和审判阶段,司法主体均可行使自由裁量权对犯罪行为人作出罪决定。因此,明确司法自由裁量权在不同阶段的逻辑推断过程,有利于明晰自由裁量权行使边界,对司法主体行使权力分阶段规制。

侦查阶段警察执法过程必然涉及对事实的认定和对法律的适用,此为警察行使出罪自由裁量权的空间。② 囿于成文法规定的模糊性和不周延性,允许侦查人员对不清晰进行解释,对不确定进行选择。域外国家对警察行使出罪裁量权限制较多,如德国没有赋予警察出罪权力,日本和法国仅赋予警察对轻微罪的处分权,且须检察机关批准,英、美则赋予警察较为广泛的出罪裁量权,英国警察有权对符合条件的成年人采取非正式或正式警告、对涉罪未成年人予以训诫或警示等。③ 我国《刑事诉讼法》对警察出罪权力规定为:认为没有犯罪事实,或者犯罪事实显著轻微,不需要追究刑事责任的,不予立案,并且将不立案原因通知控告人。法律规定"犯罪事实显著轻微",立法者无法穷尽何种事实属于"显著轻微",因此需要警察结合具体实施

---

① 黄丽娟:《论法律的局限性及其克服》,《学术交流》2006年第8期。
② 李明:《论警察的刑事自由裁量权》,《政治与法律》2009年第8期。
③ 史立梅:《论醉驾案件的程序出罪》,《中国法学》2022年第4期。

第七章　刑事诉讼出罪司法自由裁量权的规范适用

情况以及立案材料综合判断，据此，法律赋予警察选择立案与不立案的自由裁量权。此外，作为最先接触证据的侦查机关，警察在收集证据、排除非法证据以及确定证据能力过程中享有较大自由裁量权，对所收集的证据是否符合客观性、关联性、合法性，需要自主判断，例如品格证据根据法律规定不应作为案件合法证据，但警察在司法实践中通常会将其作为影响犯罪动机的相关因素进行考虑。

域外国家规定不起诉制度赋予检察官出罪权力，如英国附条件警告制度、美国暂缓起诉制度、日本起诉犹豫制度、德国附条件不起诉制度等规定可以对符合条件的犯罪行为人作出罪裁量。检察机关根据侦查机关所得侦查结果，针对不同案件事实以及当事人情况，对犯罪行为人作起诉或不起诉决定。不起诉决定包括法定不起诉、存疑不起诉、相对不起诉以及附条件不起诉，其中法定不起诉由法律明确规定具体适用条件，检察机关须严格依照法律规定，对符合条件的犯罪行为人作相应不起诉决定。作存疑不起诉决定则需要判断相关证据是否具有证据属性和证据资格，以及排除非法证据后的适格证据是否仍符合起诉条件，其中要求检察官依据法律规定和个人经验行使自由裁量权进行判断，对于证据存疑的情形，应当作存疑不起诉予以出罪。我国酌定不诉与域外国家各项制度差异较小，其裁量逻辑均从犯罪行为人自身情况及行为危害性进行考虑。具体而言，检察机关选择是否适用相对不起诉和附条件不起诉，须考虑公正、人权、效率等法律价值，在法律规定范围内运用自由裁量权对犯罪行为人作符合程序正义及实体正义的不起诉决定。因此，检察机关运用自由裁量权主要体现在适用存疑不起诉和酌定不起诉制度，检察官需要根据法律原则、法律价值以及法律目的，对"证据不足""依照法律规定不需要判处刑罚或者免除刑罚"等较为模糊的法律规定予以价值判断，从而对犯罪人作不起诉决定。此外，检察机关还须为适用附条件不起诉制度的犯罪人设定一段时间考验期，通过行使自由裁量权决定具体期限，设定考验期内应当履行的具体义务以及判定犯罪人是否已经改造成功的具体标准。

法官自由裁量权，是指法官在法律规定的一定范围内，依据公平、正义、效率等法律价值及法律原则，对案件进行自由裁决的权力。司法实践存在大量无罪判决案件，除不符合犯罪构成而当然无罪外，还包括评价意义的无罪，即因不具备实质应罚性和非难可能性而不作为犯罪处理的案件。[1] 刑事案件中，被害人与犯罪行为人两者之间的利益关系为彼此排斥，不同于民事案件当事人可进行利益协调，法官若想保持立场中立，须合理权衡双方利益，不能为了终结案件忽视行为人合法权益保障，也不能为了安抚被害人而随意出罪入罪。并且，不应以损害事实发生为前提，强行要求行为人承担法律责任，法官应当根据案件具体客观事实，优先确定行为性质，考虑行为是否需要判处刑罚，然后考虑刑罚之外的责任承担。依据不同出罪事由，会得到不同法律效果，如以正当防卫作为出罪事由不需要对所造成的损害承担民事赔偿责任，以紧急避险作为出罪事由，则有可能需要承担损害赔偿责任。两者在刑法均实现出罪效果，但在民法则呈现不同法律效果，因此，法官行使出罪裁量权应当首先确定行为是否具有处罚必要性，其次确定行为人与受害人之间的责任分配，根据先定性后定量的裁判思维使出罪程序逻辑自洽。

四　自由裁量权的公正基准

行使程序出罪裁量权主要基于《刑事诉讼法》第112条、第163条和第177条第2款规定，即公安机关对犯罪情节轻微、不应追究刑事责任的犯罪行为人不予立案，已经立案的，应当撤销案件；检察机关对于证据存疑不应起诉，及依照刑法规定不需要判处刑罚或者免除刑罚的，可以作不起诉决定。若案件进入审判阶段，法官应当根据《刑事诉讼法》第200条规定根据具体案件情形作证据不足无罪判决实现出罪。[2] 对已经在实体法范畴内构成犯罪之人予以程序出罪应当

---

[1] 刘艳红：《形式入罪实质出罪：无罪判决样本的刑事出罪机制研究》，《政治与法律》2020年第8期。

[2] 刘科：《司法解释中的出罪规范：类型、依据与完善方向》，《中国法学》2021年第6期。

第七章 刑事诉讼出罪司法自由裁量权的规范适用

有充分的理论依据,但由于法律缺乏具体明确的规定情形,公安机关、检察机关和审判机关依据上述法律规范判断是否作出罪决定,主要遵循价值判断基准,即通过行使自由裁量进行价值判断。域外国家对此基准规定各不相同,如英国和德国将此基准明确界定为公共利益标准,日本将此基准界定为追诉必要性标准,韩国则将此基准与刑法的量刑考虑因素相结合。[1] 虽然各国标准表达方面有所差异,但内容上与我国《刑事诉讼法》规定并无不同,均从犯罪行为人自身情况、罪行轻重、悔罪表现、社会危害性程度等方面予以界定。因此,公安机关、检察机关和审判机关以不予立案、酌定不起诉、免予刑事处罚行使出罪自由裁量权有其公正基础。

司法主体判断具体犯罪行为是否符合"不应追究刑事责任"应当考虑多方面因素,在此须引入需罚性理论作为司法主体进行价值判断的理论基础。需罚性概念的出现意味着行为人的行为具有应罚性,这只是犯罪构成判断的必要要件但非充分要件,具备应罚性的行为原则上可以认定为犯罪,但是如果这种处罚违背宪法意义上的比例原则或不具有刑事政策意义上预防的必要性,则应当阻却犯罪成立。[2] 需罚性理论从比例原则和预防功能出发,对于符合犯罪构成的应罚行为,进一步判断刑事责任追究必要性。司法主体可以补救行为的法益恢复性及犯罪行为人的再犯可能性为标准,判断自愿实施悔罪行为、采取补救措施的犯罪人是否达到需罚性减弱乃至不必要的程度,如果达到标准,即可通过行使自由裁量权予以出罪。此外,程序出罪更有利于贯彻诉讼经济原则。行使司法自由裁量权在保障公正的前提下,应当适当兼顾效率,刑事诉讼程序合理减少案件起诉,不仅能够节约司法资源,也能够降低司法活动经济成本。立法者赋予侦查人员、检察官和法官自由裁量权,将案件终结至诉讼之前,集中公安机关、检察机关和审判机关三者精力于社会危害性更大的案件,以减轻法院压力,

---

[1] 史立梅:《论醉驾案件的程序出罪》,《中国法学》2022年第4期。
[2] 姜涛:《需罚性在犯罪论体系中的功能与定位》,《政治与法律》2021年第5期。

提高司法系统经济效益，实现司法公正与效率的平衡。

第三节 司法主体自由裁量权存在的正当性

在刑事诉讼中司法主体依据法律规范，对案件事实、证据法律价值进行充分考量，通过司法自由裁量对符合法定要素的案件进行程序出罪。司法主体自由裁量权存在的正当性能够充分发挥权力主体适用法律的主观能动性，解决案件办理中公平与效率的冲突与矛盾。

一 克服成文法的局限性

法律漏洞指针对具体案件的法律规定不够明确或者范围过大，从而造成现有成文法无法对相关案件形成约束力，亦即司法主体裁断案件无关联依据，使得司法工作处于无据状态。基于办案现实需要，司法主体须及时采取措施填补漏洞，因而行使自由裁量权克服前述法律局限有其正当性。此外，现实生活中的社会关系紧密关联、纷繁复杂，各种各样新型关系形式及矛盾不断出现。囿于成文法稳定性特点，法律规范不能在短时间内适应快速变化的客观环境，司法主体只能以司法解释为根据，参考相关指导性案例，并结合自由裁量权适应动态变化的司法工作。

考虑到一般人客观存在的认知局限，意图使立法者对社会所有方面准确、全面且详细地进行法律规定难以实现。因此，立法者通过设置兜底性条款进行前瞻性考虑，以便司法主体运用自由裁量权调和法律局限性与社会多变性，法律普遍性、抽象性和社会复杂性、具体性之间的矛盾。然而，此种条款规定造成法律又一无法避免的局限性，即法律条文模糊性。司法主体适用兜底性条款裁断案件，因其无具体明确的程序条件而导致理解法律存在歧义，此种空缺结构要求司法主体应当被赋予一定自由裁量权对法律模糊予以解释说明。

二 法律适用的不确定性

法律规则为行为人设定假定条件、行为模式、行为结果，而法律原则并未明确规定具体行为结构，意味着法律原则可在规定范围内不同程度地被满足。不同于法律规则，法律原则适用更为笼统，对案件裁断多体现为宏观指导性。考虑到司法实践存在法律适用不确定性，可能会产生个别案件适用法律规则违背法律精神、法律价值的情形，此时司法主体须通过自由裁量权衡应当优先适用法律规则，抑或是法律原则更为适当。

司法主体通过行使自由裁量权以法律规则、法律原则、法律价值为依据，对多种案件处理方式进行选择，以克服法律适用不确定性导致的同案不同判问题。由于社会关系纷繁复杂，案件事实类似的刑事案件可能会因行为主体差异导致法律适用出现不确定性，严格按照相关法律规定不能实现真正的公平正义，此时需司法主体依据办案经验选择最有利于平衡程序正义与实体正义的案件处理程序，于法律允许范围内行使自由裁量权，实现个案公平公正。

三 价值判断的可选择性

在法律对案件事实有明确规定的情形下，司法主体通常不需要作太多价值判断，只需要将案件事实与具体法律规则相对应，进行逻辑涵摄即可得出结论。但是对于一些因法律规则模糊、存在法律漏洞、法律规则相互冲突和"合法但不合理"而导致无法通过逻辑三段论推导出公正结果的复杂案件，司法主体就必须进行价值判断。然而由于生活背景和条件不同，不同主体价值判断所得结果差异较大，即使是同一司法主体在不同时期也可能有不同的价值判断，因此，两个成长环境迥异的主体几乎不可能有完全重叠的价值判断。

但进行价值判断，并不能完全按照个人想法恣意判断，须以法律规则和制度范围为限度。一方面，如果法律有明确规定且含义明确无误，则司法主体须直接依据逻辑三段论进行推论。另一方面，如果没有相关法律规范，可以求助于法律原则予以填补法律空白。虽然法律原则不应成为裁决特定案件的前提，但由于法律原则为立法机关制定，涉及立法机关的某些价值判断，司法主体可以通过目的解释、体系解释等解释方法，推断立法者本意，作出符合立法目的、立法精神的公正裁决。上述两种情况均可归类为法律尚有明确规定的情形。如果审判案件存在法律原则都无法适用的情况，司法主体为实现个案公正，维护司法正义，进行价值判断可以适当超越法律规定，但是必须陈述理由。前述做法的前提是，司法主体已经用尽所有救济措施仍无法找到相适应的法律标准，或者严格遵循法律规定所得结果明显不公正。

四 追求个案公正性

法律规范是立法者为社会一般人的共性行为所制定，通常只考虑大众共同特点。然而，每个个体均具有独立性和行为差异性，对存在特殊情况的个体行为适用针对一般人的法律规范，可能产生追求程序正义而牺牲实体正义的情况。追求个案公正性，需要由司法主体度量具体事实差别，评价相关证据是否适格，判断不同案件应当适用的法律规范，从而作出公平正义且符合司法程序的裁判。司法主体受理具体案件，应当充分运用个人经验智慧以及职业思维，行使自由裁量权对具体案件事实进行判断、对法律适用进行选择，从而实现弥补法律漏洞、追求个案公正的目的。[①] 刑事司法自由裁量权在此可以作为程序正义与实体正义的连接。

囿于案件裁断结果与当事人利益直接相关，司法主体因而直接承受当事人质疑，基于此，司法主体亦须在具体裁断中谋求合理性、可行性、合法性的适度平衡，实现以程序合法为前提的个案公正。司法主体因受专业训练及长期职业习惯，行使自由裁量权可置身案件之外，排除个人偏私，保证居中立场，但也致使司法主体过度理性，案件处理结果可能缺乏当事人的情感认同。因此，要求法官自由裁量过

---

① 赵贵龙、刘来双、杜文昊：《系紧忒弥斯的蒙眼布——论刑事自由裁量权的限制》，《山东审判》2010年第5期。

第七章　刑事诉讼出罪司法自由裁量权的规范适用

程应关注个人内心情感,以社会普遍道德观衡量裁量结果是否兼顾程序公正与个案正义。

第四节　司法主体自由裁量权的认知系统结构及影响因素

纵使司法主体受过更专业的训练、拥有更多法律知识、逻辑思维更为严密,但终归受感性思维所限制。即使法律教育让司法主体进行自由裁量尽量做到同质,但是由于个体经历、性格等多方面因素影响,不同司法主体在裁断过程体现高度差异性。因此,对司法主体思维方面进行研究分析,有利于探究解决司法自由裁量导致的同案不同判问题,从而提高自由裁量的法律稳定性。

一　司法主体的法律知识与理解
(一)法律规则

现行《刑事诉讼法》规定人民法院、人民检察院或者公安机关对于报案、控告、举报和自首的材料,应当按照管辖范围,迅速进行审查,认为有犯罪事实需要追究刑事责任,应当立案;认为没有犯罪事实,或者犯罪事实显著轻微,不需要追究刑事责任时,不予立案或撤销案件,并且将原因通知控告人,控告人如果存有异议,可以复议或者申诉。该条规定赋予司法机关决定立案与否的自由裁量权。对于审查起诉与否,这是专属于检察机关的权利。检察机关对于证据合法性、是否需要补充侦查以及是否决定附条件不起诉、相对不起诉条件等均具有较大自由裁量权。若案件进入审判程序,法官及人民陪审团逐一进行事实认定、证据认定、辩论等步骤,法院对于决定是否质证、是否宣布证人出庭、是否决定犯罪行为人出罪等关键问题均有一定自由裁量权。

我国法律遵循大陆法系传统,以成文法典为主要表现形式,强调法律确定性价值,要求司法主体在法律规定范围内行使自由裁量权,出罪裁量空间有限。而英美法系国家则以判例作为法律主要表现形式，并且更加强调司法主体适用法律的主观能动性，其法律体系包含大量典型判例法，司法机关主要遵循先例裁判案件，裁断过程涉及大量自由裁量权的行使。英美法系国家行使自由裁量权以经验主义哲学为基础，由司法主体运用法律推理思维进行个案裁决，赋予法官立法权力，允许法官对具有典型意义的案件判决形成判例，从而规范类似案件审判。从英美法系国家适用判例法角度进行分析，司法机关通常以类比方式行使自由裁量权，即从以前相似案件审判结果出发，结合案件具体事实作出新判断，该判断虽然基于以往经验，但并不是简单重复，而是结合法官主观能动性自由裁量的结果，由此体现出与成文法国家的区别。大陆法系国家相较而言更注重规范性法律的适用，即必须严格按照法律规定解决案件纠纷，以保障法律权威性，使法律在国家和社会生活得到统一。

（二）**法律原则**

司法主体对符合条件的犯罪行为人予以出罪裁断有前述法律可以依据，但仍然存在法律规定不够明确的情况，这并不意味着司法主体能够恣意裁决、不受约束。若出罪裁量缺乏相关程序限制，可以依据法律原则规制司法主体的行为。合法性原则要求按照基本程序规则行使自由裁量权，同时符合法律精神、法律价值，这是最基本的底线约束。程序出罪中行使自由裁量权并不能恣意任为，司法主体不得考虑其他非法律标准，如道德、社会习俗或宗教信仰等，其行使的主要和唯一依据是法律。司法主体程序出罪自由裁量权的合理性原则，是指处理案件应当兼顾法律与情理。情理即为合理性，要求行使自由裁量权应符合绝大多数社会公众的心理预期、情感认同和价值标准。情理是法理的基础，法理是情理的升华。实践中具体个案经常会出现一味苛求法律的生硬契合，导致所作法律决定明显超出社会大众接受范围，这就是法律规则与社会情理相抵触的情形，此时要求司法主体选择合理性原则裁断案件，实现法理与情理的平衡。司法主体行使出罪自由裁量权应当基于公正立场进行客观评判、履行客观义务。客观性原则要求司法主体克服固有惯性思维,将注意力集中在有罪事实和证据方面,同时应基于客观义务要求,注意和收集犯罪嫌疑人罪轻或者无罪的相关证据,对不应该和没有必要起诉的犯罪嫌疑人作出不起诉处理决定,以实现司法公平公正。程序出罪自由裁量权是刑事诉讼程序的核心组成部分之一,推行司法体制改革后,员额制检察官、法官成为独立办案主体,并对所办案件实行终身负责制。基于此,独立性原则要求司法主体作出起诉与否的决定应当基于自主独立判断,不应当受到任何组织、个人干涉,也不应受到与案件办理无关的因素干扰。在这些基础和前提之下,司法主体不偏不倚保持客观中立态度作出出罪决定才能更加公平公正。

(三) 法律精神

刑事诉讼程序行使自由裁量权的主要目的是确保个别案件公平正义,通过追求个案正义实现社会一般正义。刑法所表达的正义是人类一般正义,因为法律通常只考虑到社会共同体及其抽象行为,而不考虑独立个体及其个人行为。然而,如果个别情况存在很大差异性,运用相同法律条款规范差异较大的案件,可能会在追求法治权威性过程中使个案正义缺失。因此,司法主体通过行使自由裁量权于具体案件体现抽象的一般正义,并结合个案差异性选择最适合具体案件的处理方式,以此达到个案正义和法律一般正义的平衡。

司法程序行使自由裁量权必然要追求良好的法律效果,但社会效果亦为司法自由裁量权是否合法合理行使的重要标准。社会效果是指人们在社会生活中根据自身感受、想法和经验形成的正义观念。各司法主体作为司法裁判者,应当重视裁判所得结果是否达到社会公众的预期,在认真分析现实社会利益基础之上,以社会伦理或正义观念为评价标准,平衡社会生活利益,[1] 保证行使司法自由裁量权所得裁判结果符合法律正义和社会正义观念,从而达到法律效果和社会效果的统一。

---

[1] 袁江华:《刑事审判自由裁量权运行机制研究以自由裁量权的规范行使为视角》,《法律适用》2010 年第 10 期。

(四) 法律体系

法律体系包含大量法律规则，此类法律规则以一定层级关系构成协调统一的整体。司法主体引用法条裁断案件，实为依靠法律体系内部规则的相互关联进行逻辑推理验证。法律体系不是由法条简单相加而构成，其内在体现为法律规则之间的相呼应和相贯通。因此，司法主体依据法律规定行使自由裁量权，绝不能只局限于个别法条，更应该综合看待相关部门法律体系的特点与构造，促进司法主体行使自由裁量权的体系协调。此外，要求司法主体理解法律体系进行整体思考，不局限于个别规范性文件，对法律体系应作广义理解，充分考虑法律价值、道德伦理、风俗习惯、行业规范等非正式规范对司法裁判的影响。司法主体进行自由裁量不仅依据法律规定，还须依据自身经验、价值取向以及社会非正式规范等对具体案件事实进行认定。两种规范为司法主体作出公正结果提供理由，法律规定为自由裁量行为提供合法性基础，非正式规范提供合理性基础，共同促进法律效果和社会效果协调统一，保障司法权威性的同时维护个案公平正义。

二 司法主体的道德观念与偏见

(一) 道德的局限性

道德在法律发展史上具有重要作用，无论是古代"以德配天""明德慎罚""德主刑辅"等法律指导思想，还是现代中国特色社会主义法律体系主张的法治与德治相结合，这都体现道德约束对法律规范发挥作用的重要性。因此，法律除了以法条形式对司法主体行为进行约束，还规定了职业道德对各司法主体的行为予以限制。但是，道德和法律之间还是存在不协调，实质理性和形式理性不能完全统一。按照一般法律原理，实质理性是司法者根据主观的社会道德价值标准化解矛盾，而形式理性则是依据既有法律规范和固有程序处理案件，实践中司法主体行使自由裁量权过程大多是通过自身道德观、价值观进行判断，无法将法律方法和道德信仰协调统一。① 因此，司法主体自身素质对裁判结果影响较大，倘若其道德意识薄弱，那么极易因主观因素导致司法腐败与司法不公，这其中就体现道德观念的局限性。

(二) 道德观的共性与个性

司法主体受社会道德与行业规范制约，且逐渐由立法者以法律规范形式规范思维与行为。司法群体经验是指法律人对社会生活和法律专业的感悟，这类经验内化为法官的知识背景，在司法实践中客观地起作用，而个体道德观念则更体现不同法律人在不同社会背景下对社会生活、习惯、国家政策以及司法专业实践的感悟，具有很强的个体思维特征。② 司法人员行使自由裁量权受职业道德规定规制，但其个人道德观念在事实、证据认定过程呈现个体差异，这种差异通常会导致同案不同判现象，不利于一般正义与个案正义的平衡。

(三) 偏见的客观性

偏见是一种无法消除的心理现象，虽然很少有司法主体承认自己会因对部分犯罪行为人产生偏见，而作出不利的事实认定，但从部分法官言谈可以推断，③ 事实认定过程依旧存在不太明显的偏见影响司法结果。例如，在毒品犯罪案件中，部分法官会认为被告辩称"不知情"属于不实供述，因此一般不考虑这种说法，其中体现法官对罪行较重犯罪行为人的偏见。再如，部分法官认为，对某类犯罪或被告的个人好恶会影响量刑情况，这同样属于法官个人偏见影响结果。

司法主体偏见的产生有多个原因，包括个人情感因素、从众心理等多方面，这使得司法主体裁断案件时因偏见影响处理结果。司法主体的偏见对裁判结果产生影响主要体现在审判阶段，即法官对犯罪行为人的偏见。虽然法官被要求在诉讼过程保持中立，严格遵守法律规

---

① 王斌林、廖玲玲：《优秀法官"泛道德化"现象研究》，《南华大学学报》（社会科学版）2021年第5期。
② 李顺万：《民事司法中的经验推理》，《江西社会科学》2008年第4期。
③ 纵博：《法官认定事实的心理过程分析——以我国刑事诉讼为背景》，《北方法学》2020年第5期。

定，按照诉讼程序进行审判，但是法官并非全无情感判断，而是具有个人情感和价值观念的普通人，因此，法官认定案件事实及相关证据，必然会因偏见作出有利于或有害于某一方当事人的意见。[①]另一方面，诉讼采用合议庭制度，遵守少数服从多数原则，大部分案件处理结果为多个审判员共同协商得出。合议庭协商过程中，各法官均有表达意见的权利，部分审判员可能会因各种因素而受其他审判员意见干扰，从而产生从众心理，导致对犯罪行为人的评价受他人偏见影响，作出不够客观的处理意见。上述两个原因均说明法官的偏见具有客观性，要求法官保持完全中立不可能实现，这不免会影响法官行使自由裁量权时因偏见产生不理想的诉讼结果。

三 司法主体的社会性因素

（一）生活阅历

司法主体裁断案件不只依据法律规定，在大部分情况均需要行使自由裁量权以实现程序正义与实体正义的平衡，因此，司法主体需要深厚的生活阅历及司法办案经验解决疑难问题。处理案件并非单纯运用法律的过程，在很多情况下，法律没有明确规定相应条文，司法主体需要依靠自身法律素养和以往办案经验分析具体案件事实，平衡各方利益冲突，结合法律立法精神，作出符合法律原则和法律价值且合法合理的纠纷解决方案。

（二）经验与内心确信

若司法实践存在法官不能拒绝作出判决且双方证据不足、事实不清的情形，法官必须在法律原则允许范围内，通过行使自由裁量权进行推断。在这一逻辑推断过程中，法官对案件事实形成合理推理与类比联想，并根据社会公众普遍接受的价值原则和法官经验，根据具体案件事实得出最优结论。对于有争议的案件，法官对证据评估和对事实认定必须独立自主判断，即为"自由心证"。"自由心证"是指法

[①] 王蕾：《影响法官裁判的心理因素及应对机制》，《山东工会论坛》2015年第3期。

官对法律条款的选择、对证据证明力和具体案件事实的认定，这并不是由法律逐一规定，而是法官依据职业道德素养和专业能力，遵循逻辑推理原则以及经验法则进行判断，从而形成"内心确信"。"自由心证"主要建立在依据法官主观偏好和道德修养基础之上，主要目的是认定法律事实裁决案件，如果法官"心证"是合法取得，"心证"结论是按照经验法则推理所得，并且"心证"结论达到"内心确信"程度，事实认定过程即为完成。① 司法主体在行使自由裁量权，主要依据经验法则和内心确信标准，这两者均在事实认定和证据判断方面具有重要作用，使法官能够通过较为科学的方式进行自由裁量，从而得出公平公正的案件处理结果。

第五节 司法主体自由裁量权的规制及其限度

司法主体行使出罪自由裁量权于法治建设有重要作用，然而权力行使程序仍须规制和完善。程序出罪为符合法定要件案件当事人提供回归社会机会，但若所作出罪决定不适当，可能会对社会造成更大危害。因此，须从多重视角规制自由裁量权的行使，完善刑事诉讼程序各阶段的出罪路径，保证司法主体出罪裁量合法合理。

一 强化自由裁量权规制的外在约束与内在引导

强化自由裁量权外部监督措施，对司法主体的自由裁量行为进行合宪性审查。《宪法》第5条第3款、第5款规定，一切法律、行政法规和地方性法规都不得同宪法相抵触；任何组织或者个人都不能有超越宪法的特权。人民代表大会是国家权力机关、立法机关，对于司法机关天然具有约束力，不仅行政机关、检察机关、审判机关领导人要经人大选举产生，各级司法机关工作也要向人大报告，受人大监督，对人大负责。囿于司法主体决定出罪主要对案件具体案件情节及

---

① 李顺万：《民事司法中的经验推理》，《江西社会科学》2008年第4期。

犯罪行为人自身情况进行评估，裁量过程容易忽视《宪法》规定，与《宪法》根本法地位不符。因而自由裁量不能仅遵循《刑法》及《刑事诉讼法》规定，对于某些即使符合程序条件，但可能危害国家利益、违反宪法的行为，不应予以出罪。基于此，人民代表大会及其常委会应对司法主体行使自由裁量权作出罪决定是否合宪进行监督，对违宪行为及时作出处理，其监督过程不涉及案件实体问题，不会对司法独立性产生影响，反而能够因监督行为使得司法主体全面贯彻宪法实施，保障出罪裁量更加合理公正。

向社会公众公布裁判文书、庭审过程同样可以成为外部监督的有效措施，通过引导社会公众参与具体案件进行讨论，使社会公众监督对公权力发挥制约作用。为保证司法机关行使自由裁量权合法合理，要求司法主体必须出具包含出罪决定和相关论述说理部分的裁判文书，以确保被害人、社会公众对结果信服、消除疑虑。随着法治社会建设取得初步成果，公民法律意识得到有效增强，特别是互联网逐步发展和应用、社交媒体得到广泛推广、信息传播速度不断加快，社会群众可以通过多个渠道关注司法领域相关内容，有效监督司法工作。透明化、公开化裁判不仅强化司法主体所作决定说服力，还能有效搭建司法机关与社会公众进行沟通的桥梁，尊重公民知情权，让每一个公民都能感受到公平正义。

法律教育作为内部约束方式同样有重要作用。培养高素质法律人才对法律职业道德和职业伦理提出高要求，促使司法机关工作人员不仅需要精进法律专业能力，还应当提高自身道德修养。根据前述分析，案件事实认定及法律适用选择易受司法主体倾向性及社会因素影响，从而影响具体案件裁量结果，由此观之，司法人员的职业道德素养培养不应被忽视，其对于案件裁断是否公正起关键作用。因此，司法机关有必要采取完善司法人员选拔、任免制度，将职业道德衡量标准纳入国家统一司法考核体系等措施，培养司法裁量主体道德素质修养及高度自律的良好态度，使其肩负起社会重要责任。

第七章 刑事诉讼出罪司法自由裁量权的规范适用

二 适当区分不同刑事诉讼阶段案件自由裁量权边界

《刑事诉讼法》规定由检察机关专属行使审查起诉权，由人民法院专属行使定罪量刑权，但对立案与否则规定侦查机关、检察机关、审判机关均有权决定。因此，应适当区分不同刑事诉讼阶段案件自由裁量权边界，明确不同司法机关对出罪进行自由裁量的范围，进一步细化不同司法机关决定出罪的路径。社会关系纷繁复杂，案件情况多种多样，虽然法律规定了不同机关的案件受理范围，但不可避免会出现一些难以确定案件归属的案件，为防止出现各司法机关互相推诿的情况，立法应当完善出罪范围，确保每一个案件都能够得到司法机关的救济。

侦查阶段的出罪裁量应当严格遵守"但书"规定情形，警察的自由裁量权行使应当受到严于检察官和法官的限制。侦查机关仅凭《刑事诉讼法》第 112 条对于立案条件的规定，判断是否需要追究犯罪嫌疑人的刑事责任不符合实际情况。一方面，立案作为刑事诉讼程序开始阶段，侦查人员尚未对具体案件进行侦查，不能准确认定"犯罪事实显著轻微""不需要负刑事责任"。另一方面，从一般预防和特殊预防角度分析，犯罪嫌疑人自身情况及后续行为对是否判处刑罚有重要影响，侦查机关认定"不追究刑事责任"还须考虑犯罪行为需罚性，即应当承担刑事责任并不意味着需要进行刑事处罚。然而，上述两种情形均不可能仅在立案阶段得以明确，要求侦查机关在刑事诉讼程序开端就对"不追究刑事责任"作出准确定性显然不合理。因此，应当严格限制侦查机关出罪裁量权，明确要求侦查机关仅能根据《刑事诉讼法》第 16 条、第 112 条的规定情形行使自由裁量权，确保应当立案的案件及时立案侦查，给予人民群众最有力的救济。

审查起诉阶段须明确出罪标准，不应主动避免出罪程序适用，将本可以由检察院终结的案件起诉至法院。检察机关办案易受"重打击、轻保护"理念影响，片面强调追诉，对不诉制度不敢适用、不愿适用，导致不起诉适用率较低。然而，对于判处缓刑、管制、单处罚

233

金等轻刑罚的案件，考虑适用酌定不诉予以出罪，可能会产生更有利的社会效果，不仅可以使犯罪嫌疑人去除有罪标签，于审判机关而言，也可以减轻诉讼负担。检察机关应当顺应刑事诉讼发展新理念和刑法谦抑性的要求，明确不起诉标准，对不满足法定起诉条件的案件作法定不起诉决定，对在案证据无法认定有罪事实的案件作存疑不起诉决定。此外，还应加强起诉必要性审查，① 检察机关审查起诉应当综合全案多方面事实情形，坚定客观公正立场，理性判断案件是否符合酌定不诉法定条件，通过合理适用不起诉制度，实现社会效果与法律效果的协调统一。

审判阶段须明晰与出罪程序相关的法律条文、司法解释，合法行使出罪裁量权。法官适用法条应充分理解立法者意图，正确适用法律，避免和减少不必要的自由裁量行为，确保司法自由裁量权在法律限度内行使。立足于程序角度对法官出罪裁量权进行考察，要求法官行使权力应当严格按照《刑事诉讼法》的程序规定进行，不能恣意任为。为保证司法机关行使自由裁量权合法合理，法官必须出具包含出罪决定和相关论述说理部分的裁判文书，以确保被害人、社会公众对结果信服、消除疑虑。司法主体所作裁判文书内容应当思路清晰、逻辑严密，详细说明引用法条，而不是一言以概之，使得说理过程模糊不清，引起外部监督主体对出罪决定是否公平公正的怀疑心理。

三 明晰司法主体自由裁量权的限度

司法自由裁量权是国家司法与社会的重要连接，司法主体既需要保障法律权威，又需要兼顾个体正义，因此，应当明确司法主体行使自由裁量权的法律限度，要求司法主体在法律限度内实现社会公众所期待的公平正义，保证裁判结果合法合理。

严格限制侦查人员出罪裁量权，确保侦查机关出罪权力合理化，并不意味着将其完全剥夺。对于判断犯罪行为是否符合《刑事诉讼

---

① 常洁琨：《检察机关不起诉权的适用与完善》，《甘肃政法大学学报》2021年第5期。

法》第16条第1款规定，即要求侦查人员结合具体事实判断犯罪行为有无追究必要性，其中体现侦查人员的出罪裁量权。各司法主体针对犯罪行为所作出罪决定包括"不负刑事责任"和"不予刑事处罚"，两者虽同属需罚性判断范畴，但实质上存在轻重维度之分。①"不予刑事处罚"既包含不对犯罪行为人进行处罚，又包含对犯罪行为人进行否定性评价，决定行为人"不负刑事责任"意味着不仅不需要判处刑罚，也不需要作否定性法律评价。但是，基于"立法先定性后定量"的犯罪界定模式，即使对于已经定性的犯罪行为可以通过免除刑事处罚、缓刑予以出罪，也无法实现"不负刑事责任"的无罪效果。因此，可以将"犯罪事实显著轻微"作扩大解释，对本应定性但没有预防必要的犯罪行为作不予立案或者撤销案件决定，通过终结侦查程序予以出罪。

基于认罪认罚制度及繁简分流刑事政策的推行，扩大酌定不诉适用范围的呼声日益高涨。但是，由于相对不起诉和附条件不起诉制度适用边界不清，导致司法实践存在检察机关优先适用相对不起诉，附条件不起诉适用率低的情况。② 因此，选择运用需罚性理论厘清两者边界，明晰两种不起诉制度的适用范围，促进检察机关适用不起诉精细化。具体而言，对于犯罪情节轻微且无须判处刑罚的案件，可以考虑作相对不起诉决定；对于犯罪情节相对较重，需要承担责任但刑罚可替代的案件，可以考虑作附条件不起诉决定，两者均为检察机关行使自由裁量权的结果。③ 检察机关须结合犯罪情节、犯罪行为人自身情况、社会危害性等多方面因素进行综合评价，合理判断行为人是否仍有特殊预防必要性，对不同案件作符合其危害程度的裁量决定。

现行《刑事诉讼法》第200条赋予法官出罪自由裁量权，对依据法律认定被告人无罪，证据不足、不能认定被告人有罪的应当作无罪判决。但从司法实践被起诉至法院的案件来看，法官作有罪判决的案

---

① 史立梅：《论醉驾案件的程序出罪》，《中国法学》2022年第4期。
② 常洁琨：《检察机关不起诉权的适用与完善》，《甘肃政法大学学报》2021年第5期。
③ 史立梅：《论醉驾案件的程序出罪》，《中国法学》2022年第4期。

件数量远远高于无罪判决,对于证据不足,本应疑罪从无的部分案件均作有罪判决,违反证据裁判规则,危害司法公信力。因此,有必要明确法官行使出罪裁量权的限度,认定事实应当严格遵循证据裁判原则,保持客观立场,不能因事先形成的有罪确信而根据尚未达到证明标准的证据对被告人作有罪判决,对案件事实的裁量必须以经过法定举证、质证程序的证据为依据,作出裁量结果必须以法官达到"排除合理怀疑"的内心确信为条件。① 此外,法官行使自由裁量权依靠其自尊心、责任感以及他们的知识结构和自制力以保证司法公正,因而必须加强自身修养与提高业务素质,② 将正直、无私、清廉、公正作为内心追求,确保自由裁量权的行使合情合理。

刑事司法自由裁量权具有查法之遗、补法之漏、充法之魂的价值。在出罪程序中,司法主体通过行使自由裁量权赋予罪行情节轻微的犯罪行为人消除犯罪"烙印"的机会,帮助他们重新融入社会,有利于维护社会秩序稳定。但是,目前《刑事诉讼法》对司法自由裁量权的法律规定依旧不够清晰,法条描述存在大量模糊性、概括性词汇,导致司法主体在寻求法律依据方面存在障碍。此外,司法机关行使自由裁量权的监督制约机制不够完善、不同司法主体行使权力的限度不够明确、各诉讼阶段的程序出罪边界区分不够明晰等问题仍影响出罪裁量权行使的合法性和有效性。因此,必须进行相应司法体制改革,完善司法自由裁量权的多方面适用条件,以保证司法自由裁量权行使的准确化、公正化和中立化。

---

① 赵培显:《事实认定中的法官自由裁量权及其程序控制》,《国家检察官学院学报》2013年第5期。
② 董宜祥:《论诉讼证据处理中法官的自由裁量权》,《人民论坛》2012年第35期。

第八章　刑事诉讼出罪程序体系完善思路

第一节　问题的提出

法治建设进程的推进，要求进一步促进社会和谐稳定。但是，刑事犯罪率总体态势仍居高不下，轻、微刑事犯罪率明显增长。为降低轻罪案件犯罪嫌疑人和被告人刑罚适用率，刑事诉讼出罪程序成为学界和实务界重点关注焦点之一。有观点认为，出罪即"司法人员对构成犯罪的轻、微罪案件，认为不要继续追究刑事责任的，通过实体和程序相结合的方式，提前终结刑事案件或避免行为人被实际定罪判刑的一系列司法行为过程及结果的总称。"[①] 出罪分为实体出罪和程序出罪，本文主要研究程序出罪，即根据法律规定已经构成犯罪，因特殊出罪事由，适用程序特别规定，使犯罪嫌疑人和被告人不受刑事追究。出罪具备合理刑法依据和刑事诉讼法依据。现行《刑法》第13条"但书"规定，明确赋予司法者一定自由裁量权，犯罪情节显著轻微危害不大的案件，可以不认定为犯罪。《刑事诉讼法》第163条、第177条、第200条分别规定刑事诉讼出罪的三种形式，即侦查机关撤销案件，公诉机关不起诉，审判机关无罪判决。

刑事诉讼出罪程序有其存在必要性。首先，"正是基于刑法谦抑性遏制刑法滥用的特点，其自身具备了作为社会公正的最终保障、保护人

[①] 孙本雄：《出罪及其正当性根据研究》，《法律适用》2019年第23期。

权以及促进司法效率提高这三大价值。"① 刑事诉讼出罪程序规定符合刑法谦抑性理念、贯彻宽严相济的刑事政策。其次，罪刑法定作为刑法基本原则，其内涵在于只有刑法将一种犯罪行为明文规定为犯罪时，才能对其适用刑罚，反之，不得加以刑罚处罚。基本原则作为刑法适用的原理和根据，体现出刑法制定和适用时遵循的理念，刑事诉讼出罪程序的设置严格遵守罪刑法定原则，有利于司法机关对犯罪人进行评估，确定其行为是否属于犯罪行为，进而作出入罪或出罪决定。

刑事诉讼出罪程序不仅体现刑法基本要求，符合罪刑法定原则，且有助于提高司法效率，维护社会稳定。更为重要的是，2015年以来，刑法修正案中规定大量轻罪罪名，犯罪圈持续扩大，司法效率低下。因此，适用刑事诉讼出罪程序，有助于达到预防犯罪目的，节约司法资源，符合诉讼经济理念。出罪的实质是司法出罪权，是立法对司法者的赋权，即赋予司法者对具体案件根据刑法规范作出实质认定的权力。② 也即，侦查机关、检察机关、审判机关有权决定出罪，各机关适用刑事诉讼出罪程序，必须以符合"但书"规定为前提。但是总体来看，程序出罪制度仍然存在适用率低、出罪理论不健全等缺陷，有待进一步完善。当前，世界各国对刑事诉讼出罪程序均很重视，并已有诸多创新性发展，例如英国的附条件警告制度，荷兰的"刑事处罚令"，美国的辩诉交易制度等。分析上述制度，总结立法经验，对进一步完善附条件不起诉制度、认罪认罚从宽制度提出创新性建议。

基于此，本文在全面梳理刑事诉讼出罪程序研究现状的基础上，分析比较域外刑事诉讼出罪制度形式，简述其在刑事诉讼法中的发展历程，提出立法应从普遍适用视角重视刑事诉讼出罪程序的统一规划，吸收借鉴域外相对完善的刑事诉讼出罪程序，以提高司法效率，优化司法资源配置。本文研究视角拟从刑法与刑事诉讼法关系切入，研究我国和域外国家地区的刑事诉讼程序设置和证据规则，体现刑事

---

① 叶亚杰：《论刑法谦抑性的价值与整合》，《河北法学》2016年第12期。
② 孙本雄：《入罪与出罪：我国〈刑法〉第13条的功能解构》，《政治与法律》2020年第4期。

诉讼对刑罚权的制约；进而阐明刑法作为实体法具有基本价值，刑事诉讼出罪程序应当以刑法为基础。刑事诉讼出罪问题，涉及刑法与刑事诉讼法之间的交互作用，只有充分重视和理性应对这种交互作用，才能实现程序出罪的正当性。近年来，世界各国对刑事诉讼出罪程序均有创新制度形式，如英国附条件警告制度，荷兰"刑事处罚令"等，这对剖析我国认罪认罚从宽制度和附条件不起诉制度的优势、问题，并提出改善、提升路径提供了素材。最后，通过美国、英国、德国、日本等国刑事诉讼出罪程序对自由裁量权的规制分析，阐述我国司法机关自由裁量权制度规制的必要性并提出完善建议。

第二节　立法应从普遍适用视角重视刑事诉讼出罪机制的统一规划

如前所述，为缓解犯罪率居高不下的基本态势，提高司法效率，优化配置司法成本，节约检察机关、审判机关工作人员时间、精力，防止错案发生，世界各国均很重视刑事诉讼出罪程序的统一规划。

受经验主义思维方式和当事人主义辩论形式影响，英美法系国家构建独具特色的刑事诉讼出罪程序体系。美国作为英美法系代表性国家之一，制定《联邦刑事诉讼规则》及多部修正案，作为解决刑事诉讼案件的依据。为提高司法效率，优化司法资源配置，美国设置审前分流制度、暂缓起诉制度用于审前刑事诉讼程序，90%以上案件均以上述制度形式处理，检察机关和审判机关可集中精力处理复杂、疑难案件。有观点指出"审前分流是一种自愿性项目，它为被捡选出的个人提供了一种可替代性措施，就是将这些人置于审前服务机构和缓刑办公室的监督之下。"[①] 适用审前分流的犯罪人通常犯罪情节较轻或为初犯，因犯罪行为社会危害性较小而无须提起刑事诉讼。该制度

[①] Thomas E Ulrich, "Pre-trial Diversioninthe Federal Court System", *Criminal Justice and Beavior*, Vol. 29, No. 6, December, 2002, p. 744.

是美国社会发展的产物,在司法实务中应用广泛,成熟度较高,社会效应良好。我国虽然不存在审前分流制度,却制定了功能相似的附条件不起诉制度,初步建立的附条件不起诉制度需要不断完善。美国审前分流的一系列措施可为其完善提供参考,例如强调对行为人进行思想教育,强化有关工作人员的职责履行。值得注意的是,美国审前分流制度与附条件不起诉制度存在细微差异。第一,我国明确限制附条件不起诉制度的适用人群仅包括未成年人,而审前分流制度适用范围甚广。第二,"美国刑事审前分流程序中,分流人员应当签署协议,监督考察期限从分流协议开始执行之日起计算,监督期最长不得超过十八个月。"[①] 而附条件不起诉制度规定考验期为六个月以上一年以下,相较美国审前分流,我国规定考验期较短,专门工作人员没有充足时间进行教育。第三,刑事审前分流制度中,需要签订协议并由专门机关严密监督,而我国法律监督权由检察院行使,不具备专门性和权威性。如前所述,美国刑事审前分流制度对附条件不起诉制度在扩大适用范围、适当延长考察期限等方面具有重要借鉴意义。

为应对日益严峻的刑事犯罪率,德国逐渐接受并吸收起诉便宜主义的价值理念,确立多种适应国情的刑事诉讼出罪制度,最大限度满足诉讼公正要求。近代以来,德国刑事诉讼法进行改革,开始建立诉讼保留制度(又称附条件不起诉制度)。1975年,进一步明确行为人需要履行的义务以及违反义务相应处理结果。1999年,刑事诉讼法典中增加诉讼保留制度适用对象和应负义务,如明确规定犯罪人应当承担的经济补偿。诉讼保留制度分为两种类型,一是审查起诉阶段由检察机关决定附条件不起诉,二是审判中法官决定附条件不起诉。从建立之初仅适用于未成年人、仅针对轻罪至不再限制适用主体、扩大适用范围,此变化起到逐步维护社会稳定,唤醒犯罪嫌疑人良知的作用,亦对预防犯罪产生一定效果。根据德国检察院官方提供数据,1997年德国检察机关受理刑事案件总数为4204153件,其中27%的

---

① 侯晓焱:《美国刑事审前分流制度评价》,《环球法律评论》2006年第1期。

案件以撤销诉讼方式结案，15%的案件以申请处罚令方式结案，22%的案件以不诉讼方式结案，6%的案件通过附条件停止诉讼方式结案，最后有12.3%的案件诉讼到了法院进行审判。① 德国该制度的实行使得刑事犯罪率显著下降，社会稳定性得以提升。综上，以德国为例，大量案件适用刑事诉讼出罪程序，可以提高刑事司法效率，降低再犯罪率，减轻法院工作压力。

日本刑事诉讼出罪程序明确要求遵循起诉便宜主义。1924年颁布第一部刑事诉讼法就规定可以根据案件事实情况决定不起诉。日本现行刑事诉讼法于1949年制定，其不起诉制度得到相应完善，在实践中司法效率显著提高。根据日本司法系统提供资料显示，1918年日本起诉犹豫率为40.2%，1923年为50%，1929年为55%，1931年为60%，1934年为64%，二战以后日本的不起诉率一直维持在40%以上，同时社会安定程度也非常高，在全世界名列前茅。② 出于公共利益考量，日本不起诉案件适用范围较大，侧重于教育犯罪嫌疑人，促使犯罪嫌疑人悔改，重新参与社会活动。日本遵循大陆法系传统，由检察官行使自由裁量权。适用刑事出罪程序过程中，检察官自由考量具体情节，内容包括犯罪人犯罪行为的社会危险性大小、犯罪人认罪态度、犯罪理由、犯罪手段、使用犯罪工具的性质及其他因素等。

纵观美国、德国、日本等国家对刑事诉讼出罪程序的规划，足见完善刑事诉讼出罪程序之重要性。1996年我国《刑事诉讼法》修改，就已意识到构建刑事诉讼出罪程序体系的必要性。"对于修改刑事诉讼法的总体思路，认为应当将刑事诉讼法原则规定单独成章，并建议补充规定无罪推定原则、言辞直接原则、法官责任原则、人民法院依法独立审判的原则等。"③ 设置各项诉讼原则，明确各机关职责，有利于高效出罪，一方面改变仅依靠刑罚来实现惩罚犯罪、保护人民的

---

① 陈光中：《中德不诉讼制度比较研究》，中国检察出版社2002年版，第270页。
② [日]田口守一：《刑事诉讼法》，刘迪译，法律出版社2000年版，第107页。
③ 拜荣静：《刑事诉讼法学研究的变迁与展望》，《政法论坛》2019年第5期。

刑法功能，主张程序性规定同样可以实现惩罚目的，教育犯罪嫌疑人、被告人并督促其认罪认罚；另一方面划定司法机关及其工作人员职权范围，使权力依法行使，不仅保障犯罪嫌疑人、被告人合法权利，且减少冤假错案发生。以无罪推定原则与人民法院依法独立审判原则为例。无罪推定原则得到广泛认可，刑事诉讼各个阶段皆可适用。侦查机关决定立案须达到证据确实、充分，如果不能满足此条件，公安机关则不得移送案件，案件无法继续进行便是对无罪推定原则的适用。并且侦查机关认为案件事实不清、证据不明，也可以自行决定不再继续追查。审查起诉阶段中，检察机关提起公诉的条件仍然是证据确实、充分，不满足此条件时，检察机关可以要求侦查机关补充证据或自行查清，继续补充后仍不能满足，即说明犯罪事实不存在或并非犯罪嫌疑人、被告人所为，检察机关可根据无罪推定原则作出不起诉决定。审判阶段证据不充分情况下，不构成所指控犯罪，法官可作出无罪判决。人民法院依法独立审判原则规定于1954年宪法中，由世界公认的司法独立原则移植而来。人民法院依法独立审判原则体现程序正义，保障司法公正，为建设法治国家中一项重要原则。人民法院审理案件不受干涉的同时，需要接受党、社会团体、人民群众、社会舆论等监督。

1997年修改后《刑事诉讼法》正式实行，修改内容多达106处，其规定的不起诉制度开始运行，修改不起诉制度主要包括存疑不起诉和有罪不起诉两种，存疑不起诉指案件事实尚不明朗，证据尚不确定，因而检察官对案件作出不起诉决定。有罪不起诉，指已经认定犯罪嫌疑人构成犯罪，但因法定原因，人民法院对犯罪人不判处刑罚的制度。除附条件不起诉制度外，还增设其他特别程序，如特定范围的刑事案件和解程序，即法律规定范围内的刑事案件，双方签订和解协议后，被告人可获得从宽处罚。此次修改，虽然存在一定缺陷，但展现法治思想进步，对人权和民生的关注、犯罪嫌疑人合法权利的保障，彰显出司法公正与人权价值。至2012年再次修改《刑事诉讼法》，确立非法证据排除规则，将"尊重和保障人权"写入法典，贯彻宪法基本精神，并且完善律师辩护制度，保障犯罪嫌疑人的辩护权。律师辩护制度是刑事诉讼制度的重要组成部分，修改重点为以下四部分。第一，明确规定辩护人责任。修改前刑事诉讼法规定辩护人有义务维护犯罪嫌疑人、被告人权利，使其减轻处罚或不受处罚，并承担举证责任，需要准备充分证据对抗公诉人。修改后删除辩护人举证责任，并强调程序辩护的正当性，开始确立程序与实体并重理念，有助于保障犯罪嫌疑人、被告人诉讼权利。第二，扩大律师辩护职能。自案件移送后，犯罪嫌疑人即可委托辩护人行使其诉讼权利，辩护律师可以至法院查阅案卷，向侦查机关、检察机关提出辩护意见，且辩护意见应当记录在案，便于辩护律师依法履行其职能，保障犯罪嫌疑人、被告人合法权益，实现社会公平正义。第三，简化律师会见程序。律师会见是辩护律师与犯罪嫌疑人、被告人沟通交流、意见一致的基础，旧规定中律师会见难度较高，不仅浪费司法资源，而且难以履行辩护律师职能。因此，规定除特定三类案件外，律师会见一律不需侦查机关同意，仅持"三证"即可，且律师会见不被监听，保证会见隐私性。第四，保障辩护律师权利。刑事辩护律师往往处于风险当中，为保护其权利，刑事诉讼法规定辩护律师的追诉程序，并确立辩护律师回避制度，该规定体现刑事立法重视人权保障，程序正义。

　　顺应刑事司法改革潮流，刑事立法不断修改完善，取得系列重要进展。一方面，刑法经多次修正，增设大量轻罪罪名，此变化可以避免轻罪重罚，遏制轻罪案发率，彰显司法权威，维护社会公平正义，有助于完善刑事法律体系。另一方面，刑事立法逐渐明确但书出罪具体标准，但书作为第一层次的出罪，便于司法者合理划定犯罪范围，集中精力打击社会影响恶劣的重大刑事案件，在保证案件质量前提下提高解决纠纷的效率。

　　刑事诉讼立法不断吸收国内外经验，分别在侦查、公诉、审判阶段制定不同的出罪程序。在侦查阶段，对于符合法定条件的案件，公安机关应当撤销案件。侦查阶段撤销案件，简称撤案，指公安机关行使侦查权过程中，依照《刑事诉讼法》规定，对经过侦查后发现无须对犯罪嫌疑人追究刑事责任的案件，所作出的一种终止诉讼的程序处理决定。[①] 刑事立案后，始终无法查明犯罪嫌疑人、被告人是否实施犯罪行为，无法得出正确结论的案件，其处理程序往往存在漏洞，久侦不决不利于司法资源合理配置、保护犯罪嫌疑人合法权利等。因此，对事实不清、证据不明的案件适用撤案程序可作为创新刑事诉讼出罪程序的新方向。终止侦查的目的是解决纠纷，缓解矛盾，体现出无罪推定的理念。侦查阶段撤销案件对于犯罪嫌疑人最有利，对犯罪嫌疑人合法利益的损害也最小，此制度能够减少执法过程中侦查权滥用，避免浪费司法资源。此阶段中如果公安机关已经决定立案，而人民检察院认为犯罪情节轻微，经讨论后也可不认定为犯罪，不按照刑事案件审理。换言之，若对案件存有疑问，则由人民检察院按照存疑不起诉的规定及相关法律程序作出不起诉决定，作出决定后，还需要制定不起诉决定书。具体分析，司法实务中，存疑不起诉可以分为人民检察院认为证据不足不符合起诉条件和人民法院两次认定证据不足后作出不起诉决定两种。但是，该制度仍然面临实践难题。第一，证据不足作为存疑不起诉的关键因素，经常出现认定困难情形。就证据数量来看，通常需要多份证据证明案件事实，孤证定罪难度较大；就证据质量来看，规定作为证据的材料必须具备三性，司法实务中可能对某一性质要求更高，如对犯罪嫌疑人提供的有罪供述更加强调程序合法性等。第二，不同性质的刑事案件提起公诉标准不同。刑法分则以社会危害程度将犯罪分为十类，每一类犯罪构成犯罪的标准、提起公诉的条件都不同。危害国家安全等重罪适用存疑不起诉时，检察官需要更加有力的证据予以证明。第三，证明过程简单。定罪思维影响逻辑推理，即以认定犯罪嫌疑人有罪为前提，借助所获证据证明其结论。虽制定不起诉决定书，但格式过于简单，存疑不起诉理由不够充

[①] 陈烜：《论侦查阶段撤销案件的监督和制约机制》，《华东政法大学学报》2009年第2期。

第八章 刑事诉讼出罪程序体系完善思路

分,难以达到警示告诫效果。多种证明思路会产生不同意见,由于时代背景不同、文化水平差异等因素,不同人们对罪与非罪理解不同。针对个别特殊案件,通常依照检察官意愿作出判断。第四,非法证据排除适用困难。审查起诉阶段查清的非法证据应当作出何种处理,法律没有明确规定,如果直接作存疑不起诉,可能会使某些犯罪行为逃脱法律制裁。研究存疑不起诉制度必然离不开证据认定,首先证据认定具有逻辑性,认清证据性质、理顺证据审查流程,保证证据收集合法性,准备补强证据可减少因案件存疑导致的难题,其次探索证据证明新方式,通过正当理由印证,检察官可作出主观判断,享有一定自由裁量权,最后存疑不起诉案件中,证据与证据制度之间存在矛盾,灵活运用证据制度对证据进行合理解释。

在审判阶段,当案件自立案侦查阶段进入审判阶段后,交由人民法院进行判决,如果人民法院发现证据不足、事实不清或者出现其他法定情形,则应当认定犯罪嫌疑人无罪。疑罪从无原则系无罪推定原则在司法实践中的具体表现,该原则彰显程序正义,慎刑思想。但是在司法实践中,《刑法修正案(九)》发布以来,犯罪门槛降低,大量轻罪罪名归入刑法,轻罪刑事犯罪率持续高位,但无罪判决率仍然较低,且呈现逐年下降趋势。这是由于刑事立法尚不完备,案件相关罪与非罪规定不明确,在传统定罪思维下易作出有罪判决,并且刑事诉讼法有关无罪推定表述仅存在原则性规定,不具有可操作性。破除主观性把握,明确证明标准,疑罪从无原则才有可能真正运用于法律实践。司法是公平正义的最后一道防线,亦为法治生命线,保护被起诉人合法权利的最后屏障。此次修改吸收上述制度内容,初步形成侦查阶段撤销案件、检察阶段不起诉、审判阶段宣告无罪结构完整的出罪体系,重视刑事诉讼出罪程序统一规划既能实现刑法中刑罚处遇个别化需求,又提升诉讼效率,最大限度提升人权保护的公正性。下一步,应该继续提升理论指导,完善立法。本文旨在提出对刑事诉讼法出罪程序体系进行完善和创新的建议,从而能够在减轻检察人员、审判人员工作压力的同时鼓励犯罪人改过自新,维持社会安定有序。

第三节 在制度交叉性中体现刑法出罪与刑事诉讼出罪的交互作用机制

刑法和刑事诉讼法作为实体法和程序法，存在密切关联。刑事诉讼程序研究中，必然涉及二者之间的交互作用。

一 刑法与刑事诉讼法的关系

（一）国内对刑法与刑事诉讼法关系研究

刑法与刑事诉讼法的连接关系本质上是一种影响性关系，即通过彼此之间的影响，使刑法与刑事诉讼法制度之间形成连接关系，进而形成刑事法律制度体系。[①] 刑法阐述何为犯罪，犯罪行为应当受到何种处罚，不同罪名有何区别及相应刑罚应该如何规定，并对犯罪及其法律后果进行界定。作为实体法，刑法一般通过明确的罪刑规范设置厘定刑法的正当性，同时，也明确刑罚权的有限性。刑事诉讼程序在刑事案件中的作用则是进一步规范刑法正当性和刑罚有限性。这是由于刑事诉讼法既要确保刑事实体法在适用过程中按秩序进行，辅助刑法功能实现，又须保持其独立的程序性价值。换言之，刑事诉讼法除可以保障刑法功能实现，还可以补充刑事实体法。社会不断进步与法律固有稳定性之间的矛盾，使刑法不可避免地遇到既有规定难以解决的问题，这时作为程序法的刑事诉讼法则可弥补实体法缺陷，对实体法内容进行创新。此外，可能出现诉讼原则影响刑法功能实现的情况。例如侵占罪案件中适用"不告不理"原则，若被侵占人未主动向人民法院提起诉讼，法官则不能主动适用刑法对侵占人作出判决。此种情况下，从程序法独立价值而言，刑事诉讼法原则影响刑法惩罚犯罪功能的实现。

[①] 塔娜：《论刑法与刑事诉讼法的连接关系》，《内蒙古社会科学》（汉文版）2016年第6期。

第八章 刑事诉讼出罪程序体系完善思路

从法律大国向法治强国转型过程中,重实体轻程序的观念逐渐发生改变,刑事诉讼法与刑法同等重要,无位阶之分。二者虽然分属于不同法律部门,但其关系自始便密不可分。但就实际情况来看,程序法研究有待深入,特别是刑事诉讼出罪程序未得到良好贯彻。有观点指出"如果我们采取逆向思维,即不从大前提开始,而从结论出发——将刑法在个案中的正确运用,作为基本目标,将刑事……"[①]程序强调在整个案件处理过程中都要遵循既定法律,不仅追求结果公平,且重视诉讼过程中的正义和人权。实体强调公正的法律结果,保证舆论和社会稳定。基于此,刑法负责界定出罪与入罪标准,多数条文规定入罪及处罚的同时,又制定出罪条文,其中"但书"规定尤为重要,通过划定犯罪行为的宏观范围,避免将轻微违法行为规定为犯罪。刑事诉讼法包括出罪与入罪完整程序,办理刑事案件完成出罪与入罪,必须严格依照刑事诉讼法规定。立法应当尤其重视刑事诉讼出罪程序,特别是刑法与刑事诉讼法之间的连接关系。"刑法与刑事诉讼法的连接关系涉及具体刑事法律制度创设及适用过程中两者关系的协调,对这种具体化问题需要从原理的角度加以分析和处理,从而为立法和司法活动中相关问题的解决提供理论指导。"[②]

刑事法律体系中,刑法与刑事诉讼法相互保障,一方面刑事诉讼法作为程序法,规定刑事案件处理的各个环节,并证明刑法条款的合法性,按照刑事诉讼法规定步骤审理案件,得到符合刑法规定的结果,另一方面刑法保护刑事诉讼权利。例如现行刑事诉讼法规定证人作证义务,若有不法分子干扰证人作证则可能构成《刑法》第307条第1款规定的妨害作证罪;《刑法》规定扰乱法庭秩序罪为保障司法机关依法独立公正行使司法审判权提供良好前提等。刑法与刑事诉讼法相互补充,刑事诉讼法使刑法在保障合法权益基础上,提高程序规范性。同时刑事诉讼法对刑法划分不同类型的犯罪适用不同诉讼程

[①] 汪建成:《刑法和刑事诉讼法关系新解》,《诉讼法论丛》(第3卷)1999年第3卷。
[②] 塔娜:《论刑法与刑事诉讼法的连接关系》,《内蒙古社会科学》(汉文版)2016年第6期。

序，刑法亦规定刑事诉讼主体滥用职权或玩忽职守时应当承担的法律责任，使刑事诉讼主体依法履职、增强其办案责任感。刑法与刑事诉讼法相互制约、相互独立，某一刑事案件审理结果的公正性以审理过程公正性为前提，如果未按照刑事诉讼法规定步骤和流程进行，则审理结果不具备说服力，不能合法适用。刑法与刑事诉讼法相互引导，刑事诉讼法规定各机关在处理案件时的职权范围，明确将权力行使限制于一定范围内，而刑法同样引导刑事诉讼法在刑事案件办理过程中正确适用，例如刑法对不同性质案件规定不同取证手段和取证方式。如上所述，二者存在诸多复杂交互作用，正确处理其关系有助于刑事理论研究和司法实践应用。

（二）国外对刑法与刑事诉讼法关系研究

公元前，以古巴比伦和古罗马为代表的法典制定未区分刑法和刑事诉讼法，例如《十二铜表法》同时包括刑法与刑事诉讼法表述。中华法系亦是如此，其显著特点为诸法合体，即民法、刑法、行政法等部门法合为一体。因社会文明进步和法律制度不断发展，至清末时期，开始分属不同的法律部门，行使不同职能。

由于刑法与刑事诉讼法之间紧密联系，各国均注重二者关系研究。大陆法系国家中，德国和日本作为典型代表，有观点指出"德国每年在刑事程序法及刑事实体法所修正之条文数目的曲线，虽然不是完全对称，但原则是直接呈现两者之间的互动。"[①] 由此足以看出德国重视刑事司法系统性，为防止刑法与刑事诉讼法衔接出现问题，修改法典时注重协调。受到美国法律思想观念影响，近代日本对程序重要性的认识日渐成熟，法学学者皆形成二者并重的理念。日本对刑法与刑事诉讼法关系展开深入探索，包括从二者在法律制度、法律理念方面的联系，到司法实践中具体运用时的相互配合、相互制约。

英美法系国家曾在一部法典中规定刑法与刑事诉讼法内容，且通

---

① 程荣斌、陶杨：《刑法与刑事诉讼法关系的反思与前瞻》，《人民检察》2007年第20期。

常将二者关系进行合并研究，探究其在刑事案件中的实用价值。"从英国和美国来看，虽然这两个国家传统上是典型的判例法，但近些年来也颁布一些成文法，而且开始出现一些程序性问题单独立法的情况，如英国有《刑事诉讼程序法》《陪审团法》《警察与刑事证据法》等，美国则有《联邦刑事诉讼规则与证据规则》《迅速审判法》《刑事上诉法》等，但同时注意到，英美两国除以上成文法以外，还有一些法典如英国《1977年刑事法》《美国刑事法典与规则》就是将刑法与刑事诉讼法统一规定。"[1] 相较大陆法系国家而言，英美法系国家更加注重程序价值，认为处理刑事案件的步骤只有按照法律规定来执行，裁判结果才能被人们信服，真正体现公平正义。英国《自由大宪章》，作为宪法性文件，在确定国家基本制度和社会运行规则的同时，规定权力运行必须遵循法律规定的正当程序原则。因而，正当程序原则起源于英国，逐渐被后世认可，成为现代法治国家公认的基本原理。20世纪，美国法学学者开始对程序价值展开探讨，如提出刑事诉讼宪法化概念，进一步体现出程序正义的重要地位。有观点指出，"刑事程序与实体存在三种关系，一是程序性规则阻碍实体目标的实现；二是立法者未制定某些刑事实体法的原因是由于程序法规则；三是有的法律内容是程序法与实体法的混合产物。"[2]

二 刑事诉讼程序设置保障正确适用刑罚权

程序指事情进展的先后顺序，任何事物皆蕴含其逻辑。从刑事诉讼法视角而言，程序即为处理刑事案件过程中遵守的步骤和方法。国家公权力行使过程中，要受到程序设置的正当性约束。如上所述，刑事诉讼通过程序设置的公正性实现刑罚权适用正当性，程序性设置包括诉讼及时和终结原则、程序有效参与原则、程序权力、权利对等原

---

[1] 程荣斌、陶杨:《刑法与刑事诉讼法关系的反思与前瞻》,《人民检察》2007年第20期。

[2] Joshua Dressler, *Understanding Criminal Procedure*, London: Lexis Nexis Group, 2002, pp. 1 – 2.

则等基本要求,程序公正要求静态刑法适用时必须在动态刑事诉讼过程中呈现合法性和合理性,保证准确适用刑罚权。

刑事诉讼程序设置包括一般程序和特别程序。一般程序包括五个步骤,分别为立案、侦查、起诉、审判、执行。特别程序因其不具备完整的五个阶段,使得刑事诉讼程序变得简捷高效。早期一般程序的适用范围较为广泛,对犯罪嫌疑人按照各阶段规定依次审理,严格裁断其罪行,对犯罪人施以严厉打击。但近年来,刑事犯罪率不断上升,轻、微刑事案件适用一般程序占用大量司法资源。故而,为使司法资源得到合理配置,特别程序规定亟待完善。我国当前立法语境下,"可以将刑事特别程序的概念应当界定为:刑事诉讼法所规定的,在刑事司法领域内,适用于特殊类型案件的刑事诉讼程序和处理特定刑事司法事项的非刑事诉讼程序的统称。"[①] 诚然,特别程序更能够体现效率、正义、人权等价值,特别程序设置,更能够体现"正当程序"。适用相对简易的特别程序处理轻、微刑事案件时,具有刑事理论和刑事司法合理性,此程序使案件审理不再刻板繁琐,可得到及时公正的裁断结果。具体分析,第一,特别程序有助于节省司法资源、提高司法效率。刑事犯罪率居高不下,而处理刑事诉讼案件的司法资源(包括人力、物力、财力等)却有限。适用特别程序可减少在某一阶段司法成本投入,缓解案多人少矛盾,将更多成本向侦破重大、疑难、复杂案件倾斜;且特别程序的适用缩短整体办案周期,倾注较少时间成本而能获得预期司法效益。因此,特别程序可节约司法资源、提升司法效率。第二,特别程序能贯彻正义理念。任历史更替、时空流转,正义是人类始终不变的价值追求。但正义不应是纸上谈兵,还要求实际行动,要让人民群众看到国家对正义之重视。被害人和犯罪人都应当受到公正对待,也即,刑事诉讼案件中,严格遵守各项法定原理和规则从而适用特别程序,可以保护被害人和犯罪人合法的辩护权和人身权利,贯彻正义理念。第三,特别程序可保障人权。

[①] 吕晓刚:《刑事特别程序辨义》,《湘潭大学学报》(哲学社会科学版)2016年第4期。

第八章　刑事诉讼出罪程序体系完善思路

人权指人生而享有的权利，虽然人权具体内容在社会发展各个时期都有所不同，但均具有普遍性、本源性、综合性等特点。以人为本是现代法治中心思想，刑事诉讼过程中亦应遵循人权理念。特别程序使得受害人的权利得到及时补正或救济，犯罪人应有的辩护权得到保障，值得注意的是，特别程序同样注重未成年人，老年人，妇女等弱势群体的权利保障，如刑事诉讼法规定未成年人适用附条件不起诉制度和犯罪记录封存制度。因此总体而言，适用特别程序有助于实现提高效率、贯彻正义、保障人权和实质平等。

刑事诉讼法对各机关权力进行分配，包括侦查权、起诉权、审判权等，权力划分为刑法适用提供组织保障，明确具体活动的方式和程序，使得专门机关和诉讼参与人活动得以有序进行。此外，针对不同案件具体情况，刑事诉讼法通过设置不同程序，做到繁简适当，高效办案。刑事诉讼法要求，办理刑事案件过程中，需要依照其规定程序来追究行为人的刑事责任。只有遵循刑事诉讼法基本原则依法办案，保证刑罚权正当适用，被害人合法权利得到保护，犯罪人受到应有惩罚，才能实现程序正义。例如，追诉时效制度和赦免制度可以体现刑事诉讼程序对刑罚权的正当性约束。首先，"追诉时效，是刑法规定的，对犯罪人进行刑事追诉的有效期限；在此期限内，司法机关有权追诉；超过了此期限，司法机关就不能再行追诉。"[1] 关于追诉时效制度，刑法规定以下三点内容：（1）追诉时效的期限及其计算：从犯罪之日起，根据所犯罪行法定刑的不同计算5年、10年、15年、20年等不同长度的追诉时效。（2）追诉时效的延长：案件一经侦查机关立案侦查或者人民法院受理或者被害人提出应当立案的控告，便不受追诉时效期限限制。（3）追诉时效的中断：在追诉时效期限内又犯罪的，前罪的追诉期限从犯后罪之日起计算。[2] 追诉时效重点关注追诉时效的起算时间和期限，期限根据犯罪种类的不同得以划分，

---

[1] 张明楷：《刑法学》（第三版），法律出版社2007年版，第482页。
[2] 参见《中华人民共和国刑法》第87条、第88条、第89条。

但均可中止、中断和延长。诉讼时效的中止、中断都是依法定程序提出，后产生作用于刑罚中。一般犯罪自行为发生之日起经过二十年，不可再进行追溯，这反映出程序对刑罚权适用的限制，有助于节约司法资源，精准打击犯罪。当然，特别严重的犯罪行为，即使超过二十年，也可向最高人民检察院提出申请，由最高人民检察院作出决定。追诉时效制度是世界各国公认的处理刑事案件不可或缺的制度。其次，"所谓赦免制度，指国家对某些犯罪的犯罪人免除其罪和刑或者虽然不能免除其罪但是免除或者减轻其刑的制度。"[1] 此制度可分为大赦和特赦。赦免制度的规定存在于宪法条文中，宪法分别规定行使赦免决定权、颁布赦免令的国家机关。该制度规定较为抽象，因而，刑事诉讼程序具有较强参考性，赦免须根据刑事诉讼法规定有序进行。

"对刑法与刑事诉讼法连接关系的认识，也可以采用这种方式。这不仅是一种深刻理解刑法与刑事诉讼法连接关系的途径，也是寻找处理这种连接关系之制度机制的前提条件。"[2] 刑法与刑事诉讼法连接关系是刑法与刑事诉讼法之间含有特定意义的关系，此关系以多种形式存在，包含一定规律性。通过对刑事诉讼程序设置正当性的深入理解，即可在连接关系发生冲突时，根据不同类型的冲突提出相应解决机制。

三 刑事诉讼证据规则制约刑罚权适用

证据是指处理刑事案件过程中，用于证明案件实际情况的一切法定材料。证据范围尤为广泛，并非局限于书面形式的文件，客观存在的物件，证人的证言证词，还包括一些电子数据，犯罪嫌疑人和被告人的供词等。任何刑事案件的审理都离不开证据，证据因为其客观性使得审判程序公平合理地进行。

---

[1] 于志刚：《刑罚消灭制度研究》，法律出版社2002年版，第481页。
[2] 塔娜：《论刑法与刑事诉讼法的连接关系》，《内蒙古社会科学》（汉文版）2016年第6期。

刑事证据规则，是指根据刑事证据制度，处理刑事案件时，由控辩双方收集和出示被采纳的法定材料，来认定案件事实所需要遵守的规定和原则。证据规则是诉讼活动进行的关键，不仅关乎参与诉讼双方利益关系，且直接影响审判结果的公正。刑事证据规则包括关于证据的收集、审查等一系列程序。主要包括7个部分。

（一）非法证据排除规则

非法证据排除规则，指控辩双方收集的证据，因非经合法手段获取，故不具有可采纳性，不会被法庭采纳。任何在侦查阶段、审查起诉、审判阶段发现的不法证据，都不具备证明能力。此规则在刑事证据规则中占据重要地位，体现对正义、人权等价值的追求。非法证据有广义和狭义之分，此概念最早由美国提出，在联邦法院审理的案件中形成。

"对非法证据规则的解释应当坚持文义的优先性，遇有疑义时，要依据控制刑事司法权力、保障人权的主要规范目的对规则进行相对严格的解释，但同时要考虑准确认定事实的需要，因为准确认定事实不仅是证据制度核心的、整体的目的，同样也是刑事诉讼法的根本目的。"[1] 非法证据排除规则是对国家权力行使的限制。获取证据时，要严格遵循法律规定的程序和步骤，使案件事实得以认定和还原。被法庭采纳的证据，必须真实、充分，保证推理结论的正当性。

（二）自白任意规则

自白任意规则指刑事案件中，遵循被追诉人意志作出的有罪供述，具备法律效力。违背当事人意志或法定程序获得承认罪行的供述，不具有可采纳性。此规则最早出现在英国，充分体现程序正当性对刑罚权适用的重要性。提出此规则是为禁止刑讯逼供，或防止以其他不正当手段获得有罪陈述。此后，自白任意规则被世界各国采纳，并得到不断扩展。

（三）传闻证据规则

传闻证据规则中，首先，因经过社会传递，传闻证据可能失去真

---

[1] 纵博：《刑事证据规则的解释原理与路径》，《法学》2022年第3期。

实性。其次，传闻证据经过多方交叉传递，很难找到原陈述人，难以在法庭上当面对质。因此，传闻证据的真实性有待考证。传闻证据规则主要包括三种类型：第一，文字方式，指与案件事实情况有关的供词或陈述；第二，口头方式，指将案件事实做出口头表述，例如目击证人的证言；第三，行为方式，即行为表示，例如证人被询问案件事实时，做出点头或摇头的动作表示。

司法实践中，证人愿意出庭的案件极少，故传闻证据有时可以作为证据使用，甚至在某些案件中成为关键证据。

（四）意见证据规则

意见证据规则，指证人提供意见证据时，只能陈述客观存在的事物或经历。不得对事实做出主观意见。因此，不满足客观性的猜测或推断，不可以作为证据适用。意见证据规则明确诉讼参与人的权利分工，即根据证据作出合理推断为司法者职责，证人不得超越职责范围提出意见。但意见证据规则也存在例外，根据一般生活常识作出的判断，司法者应予以采纳。如证人根据被告人的肢体动作，闻到被告人身体气味，可以作出被告人饮酒的判断。

（五）补强证据规则

补强证据规则，指证据证明力明显薄弱，不足以产生说服力的情况下，需要其他证据补强其证明力。补强证据规则适用范围由法律明确规定。其中，补强证据证明力较强，具备担保能力，担保其对象的真实性，当然，其所担保对象特定，不包括整个案件事实的真实性。确立该规则可减少错案发生，防止偏重任意自白规则。

（六）最佳证据规则

最佳证据规则也称原始证据规则，证据在证明案情时，可选择文字、符号、图形等方式，但以使用原件为佳，当原件取得确有困难时，才可使用复印件或副本，否则不能作为证据。原件确保证据真实性，减少后续案件处理过程中产生的问题。该规则适用范围广泛，明确例外情形和证据排除，具有鲜明特色。但具体适用中，仍需要完善配套制度机制，确保证据真实性。

(七) 关联性规则

关联性规则指并非任何材料均可以作为证据使用，证据必须与案件事实有关。刑事诉讼的证据规则使案件事实应该得到严格证明，刑罚权行使的正当性有赖于案件事实的准确认定，而证明标准、证明责任即是案件事实发现的程序规制。[①] 证明责任由人民检察院承担，人民检察院有义务证明其收集证据的正当性，证明标准必须达到必要、充分程度。

证据规则研究起源于英美法系，因此现代法治国家的刑事证据制度，多受英美法系国家影响。美国刑事诉讼案件处理，通常倾向于当事人主义，法官态度中立，因此，关注证据真实性使得美国证据制度得到迅速发展。与此同时，大陆法系国家中，刑事案件处理过程中证据制度地位显著提升。两大法系证据制度特点不同，英美法系国家强调证据的客观性、可靠性，同时法官掌握较大权力，可以对证据进行审查、评价。尽管法官可以排除证据使用，但必然不能超越刑事证据规则，还须遵循程序对证据进行调查。反之，大陆法系国家更加强调实体正义，制度可操作性强，将公权力的行使限制在法律规定下。大陆法系国家普遍采用职权主义，证据材料是否能够被作为证据，由法官决定，充分发挥法官自由裁量权。法律全球化趋势使各国法律制度相互联结，英美法系国家和大陆法系国家的证据规则不断相互吸收借鉴，弥补自身制度缺陷。

1996 年《刑事诉讼法》修改，改变职权主义诉讼模式，引进英美法系国家当事人主义的一些合理因素，强化控辩双方在庭审中的对抗性，增强控辩双方当庭举证、辩证对诉讼进程的影响。对抗制条件下，"双方对抗并推动诉讼的发展，对于诉讼双方的立证如不设严格具体的标准和规则，则当事人难免随意使用证据，既易形成叠床架屋，拖延诉讼，又容易模糊诉争要点，甚至造成真假难辨。"[②] 因此，

[①] 邓颖：《浅谈刑事诉讼中的证据规则》，《法制博览》2019 年第 2 期。
[②] 龙宗智、李玉华：《论我国刑事诉讼的证据规则》，《南京大学法律评论》1997 年第 2 期。

修改刑事诉讼法时，证据制度的完善成为重点课题。尤其改革开放后，法治国家建设过程中，立法者对证据制度理论展开深入研究，强调其在审判过程中的应用，如非法证据排除规则、最佳证据规则等。健全非法证据排除规则已成为趋势，本文从以下几方面展开论述。第一，以本国国情为基础，吸收借鉴国外立法经验，对已有制度进行修改；第二，提高非法证据排除的可操作性，专注于司法实践；第三，建立健全警察非法搜查、扣押等行为的责任制度；第四，建立侦查行为监管机制；第五，完善律师制度。否定非正常手段获取的证据，是保护程序正义、保障犯罪人辩护权的体现；第六，提高证据规则灵活性，提前研究复杂案件，并作出相应规划，可避免因经验不足导致证据规则难以适用。从法律论证视角分析，只有正当程序下产生的裁判结果，才能被社会公众信服，从而使公众愈发信仰法律。虽然目前刑事证据制度还存在体系不够健全，可操作性较差，制度内容较为抽象等缺陷，但刑事立法始终坚持以本国国情为前提，吸收借鉴国外法，推动自身不断创新、发展。

刑事诉讼证据规则与刑罚权的行使存在密切关联。刑罚权指对犯罪人适用刑罚，是极其重要的一项国家权力。司法机关在适用刑罚权过程中享有较大自由裁量权，因难以保证每一名法官都具备良好的专业素养，刑罚权需要刑事诉讼证据规则进行制约。刑事证据制度的革新，不仅使案件事实情况得以确认，法官行为得以规范，减少冤假错案发生可能性，保障诉讼程序高效有序进行，而且使司法机关权力得以合理配置，国家公权力受到有效制约，有助于正确引导司法机关权力运行，减少司法机关工作人员滥用权力现象。

四　刑事诉讼出罪程序以刑法为基础

为保护法益、保障人权，制定刑法认定犯罪行为并规定相应的刑罚处罚。只有根据刑法犯罪构成体系，确认犯罪行为，才可适用出罪或入罪程序。犯罪构成要解决成立犯罪的具体标准、规格问题。目前，认定犯罪理论主要包括四要件体系、两阶层体系和三阶

第八章 刑事诉讼出罪程序体系完善思路

层体系。罪与非罪的界限由刑法加以规定,刑法不将其认定为犯罪,则不能按照犯罪行为进行处罚,即立法出罪。而本文研究司法出罪,指刑法将其规定为犯罪,但在司法过程中基于特殊程序规定不加以刑罚处罚。

出罪程序与出罪功能有所区别。出罪功能指不认为是犯罪的一项功能,由此得出,出罪程序具有出罪功能。何为出罪程序?即不认定为犯罪的制度化、程序化"路径"。出罪程序具有独立价值,包括上述所讲人权、正义等。刑事诉讼中,由于犯罪嫌疑人、被告人面对国家公权力讯问,通常处于弱势,出现控辩不平等情形,可彰显出罪程序的存在必要性。

刑法与刑事诉讼法同属于刑事法律制度范畴,二者立法初衷均系维护社会秩序、法律权威,保障各类法益不受侵犯以及为受害者提供必要救济,因而具有共同的价值取向和实施目标。但二者也存在差别,"事先存在的刑法规范决定着罪与非罪、此罪与彼罪、一罪与数罪等法律问题的基本样态,而刑事诉讼法则限定能够解决的事实问题的范围以及解决的方式、程度等。"[①] 具体而言,主要体现在以下几方面:第一,调整手段和方式不同,刑法调整因犯罪行为而产生的社会关系,其调整范围广,适用对象特定。刑事诉讼指诉讼参与人和国家机关之间活动的总称,包括一系列步骤和程序,可分为立案、侦查、审判等阶段的权力分配与运行。第二,实体与程序的区别。刑法是规定实体权利义务的规范综合,刑事诉讼是实现相应权利义务方法的总和。一般认知下,实体即是追求结果,程序即关注过程。但其错误在于孤立了实体与程序,只有二者密切配合下,才能够实现立法根本目的。第三,静态与动态的区别。刑法典是静态的法律文本,刑事诉讼是动态的法律实施过程。具体的法律规范只有在实际案件中依赖于刑事诉讼程序运行才能实际发挥作用。

[①] 塔娜:《论刑法与刑事诉讼法的连接关系》,《内蒙古社会科学》(汉文版)2016年第6期。

◈ 刑事诉讼出罪论

《刑法》能够保护公民与当事人的合法诉讼权利，公民在实际诉讼过程当中必须遵循《刑事诉讼法》当中的条款规定，这样才能使正当的诉讼权利受到应有的法律保护，促进我国法律领域诉讼质量的不断发展。[①] 如前所述，适用刑事诉讼出罪程序须以刑法规定为基础。此外，刑事诉讼程序对刑法起到补充作用，促进刑法及时修改落后规定，推动完善刑事立法，但刑事诉讼出罪程序不得违反刑法规定擅自出罪。犯罪圈大小由刑法决定。近年来，在犯罪圈不断扩大的形势下，对于入罪的轻、微刑事案件，刑事诉讼出罪程序就愈发重要。司法实践中，无论犯罪行为的性质属于自诉案件还是公诉案件，进行到侦查、审判或是其他任一阶段，都需要刑法与刑事诉讼法的相互配合。

刑法具备重要基础理论价值。刑法为认定犯罪，确定责任，适用刑罚提供实体标准，引导刑事诉讼法功能实现。虽然刑事诉讼法具备独立价值，但刑法入罪范围对刑事诉讼出罪程序产生严格制约。常规情形下，刑事诉讼出罪程序以刑法规定为依据，例如依据刑法"但书"规定，不认为是犯罪的，或者不符合刑法认定犯罪条件的情形，在刑事诉讼过程中可出罪。如前所述，刑事诉讼出罪程序必须在刑法框架下进行。以实体法与程序法相互关系为研究对象，刑法与刑事诉讼法处于静态与动态关联的整体结构中，形成交互影响的法律规范体系，共同为认定案件事实、惩罚犯罪、保护人民服务。因此，完全割裂刑法与刑事诉讼法的作用机制不科学、也不现实，应当在交叉性中实现刑法与刑事诉讼法的交互影响。当然，此种影响必定是相互匹配的正向引导，要求刑事诉讼出罪程序与刑法规定相适应，理性应对刑法与刑事诉讼法这种相互作用。"机能性的相互作用属于制度之间的辅助性制度关系。不仅可以相互引导，还可以相互促进与补充，相互制约与保障。二者之间的交互作用运用，可以让理论在实践中完善。

---

① 包明明：《刑法与刑事诉讼法的交互作用探讨》，《吉林广播电视大学学报》2016年第8期。

在'刑事一体化'基础上,帮助快速侦破刑事案件,满足社会治安发展的战略需求。"①

第四节 创新刑事诉讼出罪程序

证据是还原案件事实最有力的材料,办理刑事案件离不开证据。证据制度在刑事诉讼出罪程序中占据重要地位,经三次修改后刑事证据制度已有较大发展,但目前制度规定仍较为简单,难以满足司法实践需要和社会公正要求。具体存在以下几点缺陷。第一,证据收集过程中欠缺对欺骗、隐瞒、刑讯逼供等行为规制,既不利于案件事实认定,且可能侵犯公民基本权利。第二,证据种类不全面,借助信息设备产生的电子资料,及其派生物作为证据的刑事案件屈指可数,电子数据证据适用未得到普遍认可。第三,证据的证明标准不明确,刑事诉讼法规定,证据必须达到确实、充分的程度,但是对于何种证据才能达到此标准,未做出具体说明,致使证据的收集和使用均存在诸多漏洞。第四,证人保护制度不健全,故而通常情况下,证人愿意提供证词,却不愿出庭指证,导致司法效率低下。

分析刑事证据制度面临的困境并借鉴域外相关制度完善我国证据制度尤为重要。基于本国国情,吸收借鉴域外证据规则立法经验,有利于证据制度向国际趋势发展、完善。英国多次修改刑事证据制度,系英美法系国家的典型范例。第一,英国改变以往单纯倾向于被告人一方的态度,重新审视被告人、被害人、证人之间关系,甚至倾向于被害人一方。第二,作为英美法系国家代表,主张将证据学法典化,从而加强证据制度的合理性、清晰性。这有助于法官和陪审团正确鉴定证据,强化司法工作人员对证据制度的理解。第三,主张扩大可解除的证据数量。《所有人的正义》中,改革者提出:"我们希望向治安法官、法官和陪审团提供更多证据。按照我们的建议,犯罪者推迟

---

① 张振中:《刑法与刑事诉讼法交互作用研究》,《法制与社会》2020年第20期。

认罪将不会有任何益处,要把被害人和证人从不必要的折磨中解脱出来……我们建议全面修订证据规则,让最大可能范围的资料包括有关的先前犯罪判决为法庭所用。"[1] 第四,主张扩大法官自由裁量权。因刑事案件频发,英国逐步注重司法效率,扩大自由裁量权,制定出罪与入罪速裁程序,但法官自由裁量权并非任意行使,必须遵循法律原则性要求。

因此,完善证据制度过程中,还应当进行以下思考:第一,完善犯罪嫌疑人、被告人供述规则。犯罪嫌疑人、被告人作出有罪或无罪供述必须依法有序进行,具有可执行性的规则有利于认定供述合法性。第二,重视证据规则体系化研究。证据与案件事实之间具有关联性,证据法的价值与社会公共利益密不可分,只有进行体系化研究,证据规则在刑事司法中才能得到全面完善。第三,改善刑事证据制度内部结构问题,当前证据种类与证据规则分类较为模糊,二者分类不应遵循同一逻辑。证据一般按照证据载体和主体进行划分,证据分类本身有待完善,新型证据得不到合理归类。而后者应当根据证据排除的理由加以区分,正确审视二者之间距离,逐步实现正确划分。

1985年,英国创建特色鲜明的附条件警告制度,即除能够作出警告决定的主体除检察官外,警察也可以根据法律规定作出。警告制度并非指违法者只受到简单警告,而是在违法者同意的前提下,根据其意愿,与警察签订协议,以给予受害者一定金钱或完成其他条件为要求,在规定时间范围内,没有再犯危险,按规定履行义务,方可不追究其刑事责任。警告制度中的附条件警告程序在《英国2003年刑事审判法》已有详细规定,属于刑事诉讼出罪的一种方式。[2] 英国实行附条件警告制度后,警察处理的案件数量显著增加,减轻了司法工作人员的压力。警察作出警告后,保存双方协议、犯罪记录。若行为

---

[1] 最高人民检察院法律政策研究室:《所有人的正义——英国司法改革报告》,中国检察出版社2003年版,第9页。

[2] 甄贞:《英国附条件警告制度及其借鉴意义》,《法学家》2011年第4期。

第八章 刑事诉讼出罪程序体系完善思路

人再次实施犯罪行为，法院将会以行为人的犯罪记录作为量刑依据。附条件警告程序要求提前征求被害人意见，这就充分体现刑事诉讼各主体的参与性，保证了出罪决定结果的稳定性。[1] 允许各主体都参与到司法过程中，避免被害人不满处理结果，这体现出协商性司法新理念，是创新刑事诉讼出罪程序的典范。

附条件警告秉承替代起诉、节约司法成本的宗旨，意欲通过所附条件的执行来达到矫正违法者和修复犯罪的目的，并在特定情况下依靠惩罚性条件实现惩戒功能。[2] 首先，附条件警告制度未将违法者送入审判阶段，突破了以审判为中心的理念。虽然以审判为中心严格遵守刑事诉讼规定，有利于程序正义实现，但在刑事案发率高，司法资源紧缺情况下，附条件警告制度具有存在必要性。其次，简化程序并不意味忽视预防犯罪目的。被警告的违法者需要签订协议、服从管理、赔偿损失，且依然会记录其案底，如果再次犯罪，协议内容作为法官量刑依据。并非一味加重处罚违法者即可减少刑事案件发生，该制度在进入审判阶段前已经结束，早期教育改造犯罪人，有利于降低犯罪率，唤起违法者良知。值得注意的是，附条件警告制度还有助于维护社会稳定，该制度的参与主体不仅包括司法工作人员和被告人，还包括被害人。通过协商，得到双方满意的处理结果，可避免犯罪人因处理结果过重而产生报复心理，亦可避免被害人因处理结果过轻而产生报复心理。

附条件警告通常要求对违法者进行监管，给予被害人一定金钱或者其他救助，同样体现刑事司法的救济功能。附条件警告具有节约司法成本、矫正违法者与修复犯罪等多重价值。[3] 附条件警告制度的"条件"有多种，包括矫正、修复、惩罚和限制，违法者应当完成每个条件。违法者经矫正后，在不实施违法行为的前提下，可以继续参与社会活动。处罚方面，违法者必须弥补受害者损失，并履行一定义

---

[1] 马明亮：《协商性司法——一种新程序主义理念》，法律出版社2007年版，第29页。
[2] 甄贞：《英国附条件警告制度及其借鉴意义》，《法学家》2011年第4期。
[3] 甄贞：《英国附条件警告制度及其借鉴意义》，《法学家》2011年第4期。

务修复关系。以罚款作为条件时，检察官需要明确数额以及相关地址。检察官根据实际情况可以进行必要限制，即限制进入特定区域、接触相关人等。此外，获得违法者同意后，协议可适当增加或删除条件。违法者签订协议即认为其愿意遵守条件，遵守条件后最直接的结果就是不必受审判，对违法者有益的同时节约司法资源。但是，若违法者未遵守条件，则说明制度权威性受到挑战，先由警察决定是否对违法者强制执行，如果能够进行，则进一步引导违法者完成条件，反之，则交由皇家检察官作出是否提起诉讼的决定。

英国确立附条件警告制度以来，部分案件根据庭前分流程序处理，减轻了司法工作压力，体现诉讼经济理念，同时纠正违法行为，维护社会和谐稳定。英国独特的附条件警告制度对我国刑事诉讼出罪程序有极其重要的借鉴意义。首先，附条件警告制度的处理模式值得深入研究，根据该制度的模式，可以针对我国附条件不起诉制度存在的以下问题进行完善。第一，适用主体方面，附条件不起诉制度只限于未成年人，适用范围较窄。第二，管理监督方面，由检察官进行考察，开展各项教育活动，增加检察机关工作任务，且只有检察官行使权力，会导致职权滥用。第三，考察期方面，附条件不起诉制度考察期限较短，时间过短可能会导致违法者改造时间不足，难以体现预防犯罪功能。第四，更为重要的是，附条件不起诉制度并不具有终局性，仅指未进入审判阶段案件的过渡。即使违法者已经满足条件，仍然可能继续接受审判，这与英国附条件警告制度不同，未真正节约司法成本，提高司法效率，甚至可能浪费时间、精力。

落实国家刑罚权过程中，荷兰对刑事诉讼出罪程序同样开展深入研究，其刑事诉讼出罪制度包括"刑事处罚令"、附条件不起诉制度和暂缓起诉制度三种。《刑事诉讼法》规定"刑事处罚令"作为荷兰较为重要的刑事诉讼出罪方式，适用主体包括警察和检察官。"刑事处罚令"制度适用范围为有证据表明行为人犯罪性质为轻罪或可能被判处6年以下监禁刑重罪，"刑事处罚令"制度只是荷兰刑事诉讼出罪体系中的一个组成部分。① 此制度引起荷兰刑事司法制度的重大变革，实际上是将轻微犯罪的起诉、处理等权力都交到同一机关——检察机关手中。"如果检察官决定不追诉，检察官有几种选择：无条件（参见《刑事诉讼法》第167条第2款或者242条第2款）或附条件撤销案件（参见《刑事诉讼法》167条第2款，244条第3款或245条第3款）。一种附条件的撤销案件在刑事交易时适用（《刑事诉讼法》第74条）：犯罪嫌疑人如果满足检察官设定的条件，可以避免刑事追诉和刑事审判。"② 该条款规定检察官有权令犯罪嫌疑人承担刑事处罚，但仅指判处罚金、补偿金、社会活动禁令等，不得限制犯罪嫌疑人人身自由。检察官拥有较大的起诉裁量权和量刑建议权，体现起诉便宜主义观念。此外，荷兰刑事诉讼程序中规定在检察官监督下，各专门侦查机构根据法律规定在医疗、税收、农业等不同领域行使侦查权，该规定对我国侦查机构、侦查规则完善具有重要借鉴意义。自荷兰实行该制度，检察官权力扩大，超过1/3的案件未经审判程序即可得到正当处理。检察机关作出不起诉决定后，被害人不服的，仍然可以向上诉庭申诉。但因长时间的处理期限以及对接受审判的畏惧，犯罪人通常都会选择接受检察官的处罚。附条件不起诉制度和暂缓起诉制度中，检察官都享有较大自由裁量权，附条件不起诉制度更加强调社会效应，检察官可以根据公共利益需要适用该制度。且检察官权力较大，附加一定条件后，因技术原因或政治原因可以作出不起诉决定。

　　基于司法实务需要，日本制定起诉犹豫制度来缓和起诉法定主义导致的僵局。起诉犹豫制度适用范围广泛，除轻、微刑事案件外，社会危害性较大的刑事案件，检察机关也可以作出起诉犹豫决定。决定犹豫起诉的因素包括犯罪嫌疑人年龄、家庭，犯罪行为危害性大小以

---

① 帕尔特·海因·凡·科姆普恩、倪铁、陈波：《荷兰刑事诉讼权利保障的法律基石》，《犯罪研究》2012年第6期。
② 帕尔特·海因·凡·科姆普恩、倪铁、陈波：《荷兰刑事诉讼权利保障的法律基石》，《犯罪研究》2012年第6期。

及犯罪后是否悔悟等相关表现。根据以上因素，检察官可使轻微刑事案件尽早出罪，重大案件根据各种情况也可以作出附条件或不附条件的不起诉决定。但是，被保护观察或保留起诉的犯罪嫌疑人如果违反检察机关要求，不服从规定，检察官则可以对其提起公诉。由此可见，日本起诉犹豫制度适用较为宽缓，与附条件不起诉制度相比限制较少。

1924年以来，德国不断进行刑事司法改革，附条件不起诉制度得以确立，起诉便宜主义发展迅速。德国附条件不起诉制度较为成熟，主要内容包括以下：第一，适用范围仅指轻罪，不得对重大刑事案件作不起诉决定；第二，检察官提出的要求，犯罪嫌疑人须同意并实际履行，履行义务包括给付金钱、弥补损失等；第三，履行义务具有一定期限，分为六个月到一年，期限经双方商榷可予以变更，规定期限内未完成，检察机关可提起公诉；第四，为防止权力滥用，该制度的适用以犯罪嫌疑人和法官同意为前提。因此，比较研究域外刑事诉讼出罪制度，吸收相关经验，有利于完善刑事法律制度。

为应对《刑法修正案（九）》以来大量轻罪入刑导致司法机关工作量增加的现实，我国全面推行认罪认罚从宽制度，并于2018年《刑事诉讼法》修改立法确认。新法施行后，司法实践中，认罪认罚从宽制度得到社会公众和司法机关认可。认罪认罚适用主体广泛，不管其年龄或精神状态，只要承认罪行并愿意接受处罚，就可以受到从宽处理。任何刑事案件的被告人认罪认罚后，都可以受到从宽处罚。与域外国家庭审前分流机制相比，认罪认罚从宽制度蕴含独特优势，其创新点在于以下几个方面：第一，犯罪嫌疑人受到从宽处罚的前提是认罪认罚，此过程中，犯罪嫌疑人需要听取值班律师和检察官意见。第二，法律规定检察机关提起公诉时，应当作出量刑建议。此前，量刑只能由法官在审理案件的过程中作出，如今检察机关也享有此项权力。第三，提高检察机关量刑建议的地位，规定法院在处理此类型案件时，除特殊情况外，一般应当采纳检察官的指控和量刑建议。第四，由于认罪认罚案件在进入审判程序之前就已经交由检察机关作出处理,法院审理侧重点发生改变,不再是认定犯罪事实,作出正确判决等,而是对认罪认罚的真实性进行考察,对量刑建议进行斟酌。因此,法院的审理较传统程序愈发合理高效。从本质上来看,"之所以加上'中国版'几个字,是因为认罪认罚从宽制度既不同于美国的答辩交易制度,也不同于欧洲大陆的认罪协商或量刑协商制度,与日本的所谓'检察官司法'也有重大区别。"[1]

此外,针对未成年人犯罪案件,设置附条件不起诉制度。该制度遵循起诉便宜主义,只适用于未成年人,有助于对未成年人进行改造,便于其重新参与社会活动,有助于社会和谐稳定。从域外视角来看,附条件不起诉制度与辩诉交易制度、附条件警告制度有相似之处,都属于刑事简易程序。但也存在细微差别,附条件不起诉制度的适用主体范围窄,可借鉴西方国家立法经验,适当扩大适用群体;德国司法实践中,实际执行附条件不起诉的范围不单包括法律规定适用的罪行,而我国对于实行附条件不起诉的范围较窄,仅包括轻、微刑事案件。附条件不起诉制度,对未成年人做出期限要求,但由于观察期较短,有达不到预防犯罪目的可能性。此外,设置罚金,扩大适用主体,完善具体程序,允许被害人主动申请附条件不起诉,是创新刑事诉讼出罪程序的方向。

上述英国"警告程序"制度和荷兰"惩戒令"制度其实都以犯罪嫌疑人认罪作为适用要件之一,这方面与认罪认罚制度类似,虽然命名不同,但究其实质均为刑事诉讼出罪方式。因此,在刑事诉讼过程中犯罪嫌疑人、被告人认罪认罚的侦查、公诉、审判阶段如何建立适当出罪程序值得进一步研究,尤其是侦查阶段。

司法实践中,犯罪嫌疑人、被告人在侦查阶段认罪认罚已得到广泛认可,但相对于公诉、审判阶段仍易被忽视。证据作为侦查阶段极其重要的材料,刑事司法一直面临证据收集不全面的困境,通过激励

---

[1] 孙长永:《中国检察官司法的特点和风险——基于认罪认罚从宽制度的观察与思考》,《法学论》2022年第4期。

机制给予犯罪嫌疑人、被告人一定救济，有助于其全面供述罪行，减少顾虑。当前犯罪圈不断扩大，刑事犯罪率较高，司法系统负担沉重，完善侦查阶段出罪程序已是必然趋势。犯罪嫌疑人、被告人了解案件细节，通过其供述，侦查人员可最快知晓案件事实，从而作出是否立案的决定。对侦查阶段认罪认罚的犯罪嫌疑人、被告人适用出罪程序，有利于合理配置司法资源，提高侦察效率。侦查机关及时告知犯罪嫌疑人、被告人享有的诉讼权利和认罪认罚后相应的法律后果，有助于保障犯罪嫌疑人、被告人合法权利，实现司法公正。因此，侦查阶段出罪程序亟待完善。完善思路主要包括以下三方面：第一，撤案的权力不单由侦查机关行使，还应当赋予检察机关审批权，进一步加强检察机关与侦查机关在撤案过程中的分工与配合、监督与制约，保证撤案正当性。第二，侦查阶段认罪认罚可作为完善附条件不起诉制度适用条件的新思路，对侦查阶段的犯罪嫌疑人、被告人适用附条件不起诉制度，有利于高效打击严重犯罪行为。第三，仅存在原则性规定，司法实务中侦查机关难以准确行使国家权力。明确侦查阶段出罪程序的具体规定，便于侦查机关精确适用出罪程序。

第五节　刑事诉讼出罪程序运行中司法机关自由裁量权的控制

一　司法机关自由裁量权控制的必要性

刑事诉讼出罪程序适用过程中，司法机关享有一定的自由裁量权。"什么是自由裁量权？美国法学家梅利曼认为，自由裁量权是指执法者'能够根据案件事实决其法律后果，为实现真正的公平正义可以不拘泥于法律，还能够不断解释法律使之更合于社会的变化'的权力。"[①] 换言之，面对疑难案件，根据案件事实和法律明文规定，遵循公平正义原则，司法者可酌情适用法律。法官须综合考虑立法目

---

① 孔璋：《中美公诉制度比较研究》，中国检察出版社2003年版，第335—336页。

第八章 刑事诉讼出罪程序体系完善思路

的、案件具体情况、双方利益、公平观念等因素,在职权范围内进行严谨缜密的法律推理和法律论证。

因自由裁量权是司法机关根据具体案件事实酌情裁量的权力,所以在司法实践过程中可能出现滥用,以至于侵害公民合法权益。要防止权力遭到滥用,就必须通过国家权力予以约束。公权力相互制衡思想对刑事诉讼出罪程序运行中公权力的规制同样适用。"一切有权力的容易滥用权力,这是一条万古不变的经验,有权力的不使用权力直到遇有界限的地方才停止。"[①] 权力制约与监督原则要求,自由裁量权是相对的。刑事诉讼过程中侦查、公诉、审判三个阶段出罪的制度设计固然可以减少寻租漏洞,但制度在实践运行不可能做到完美无缺,尤其是刑事诉讼出罪程序适用过程中,涉及更多的则是警察、检察官、法官自由裁量权的行使,这些权力如果依法得当行使可以终结刑事诉讼程序,产生程序性出罪实效,由此实现犯罪嫌疑人、被告人,特别是被害人权利保障的法律效果。反之,如果行使不当则将侵害被追诉人合法权益。为此,需要对侦查、公诉、审判三个阶段的自由裁量权划定恰当的界限,保证专门机关工作人员权力的行使有据可循。

侦查阶段,公安机关负责立案侦查等相关工作。首先,公安机关工作具有特殊性,面对突发案件的具体情况,需要自主斟酌、作出决断、尽可能减少损失。其次,法律自身局限性可能使公安机关工作受到一定的局限性。社会生活千差万别,与法律规定总有一定的差距,公安机关是法律的执行机关,在执行法律过程中,因其工作人员法律素养、执业技能、社会认知等方面存在差异,对法律规定及法律漏洞的存在亦可能存在千差万别的理解和认识,适当赋予公安机关一定自由裁量权,使其在执法过程中根据案件实际情况对法律适用作出合理解释和适用,有助于弥补立法缺憾、使法律适应社会发展。但该自由裁量权同时应受到其他各机关的监督与制约。因为,一旦遇有执法人

[①] 孟德斯鸠:《论法的精神》,商务印书馆1981年版,第153—154页。

员素质不高，法律理解能力欠缺，法律价值取向存在偏差，且法律规定模糊情形时，可能导致公安机关自由裁量权行使不当，因此公安机关自由裁量权需要受到审查、监督。在审判阶段，以审判为中心的诉讼程序中，通说认为法官享有较大自由裁量权，解决法律纠纷离不开法官自由裁量权，"值得提及的是，许多国家明确规定检察官享有自由裁量权，根据起诉便宜主义和有利于被告的原则，分别规定应当排除检察机关行使公诉权的范围。一方面是为节约司法资源，减少不必要的讼累，另一方面也是为了从国家长远利益出发，给罪行轻微的犯罪嫌疑人一条出路，便于其改造成为新人。"① 在检察、审判阶段，司法机关自由裁量权受多重因素影响。第一，法律相对于社会生活而言具有稳定性，社会生活不断变化，司法者在适用法律时不可避免地需要进行变通，明确部分法律概念的新含义，适应社会变化；第二，法律概括抽象，社会生活具体多变，司法机关自由裁量权可以缓和二者之间的矛盾；第三，自由裁量权的产生与诉讼法定主义的屈服存在紧密联系。因此，自由裁量权是一种以法律规定为基础，结合正义观念、道德理念等价值判断，渗透司法信念、法律精神等道德品质的主观性权力。

二 刑事诉讼出罪程序限制检察机关自由裁量权

起诉便宜主义是检察官拥有自由裁量权的法律依据，因此，对检察官自由裁量权研究离不开起诉便宜主义这一理论基础。起诉便宜主义是指"检察官虽认为犯罪已经具备法律上的要件，仍可斟酌具体情况决定是否起诉。"② 根据这一规定，检察官在作出决定时，会根据犯罪人的犯罪情况、预防犯罪的需要等方面进行综合考量，避免过轻或过重的处罚。起诉法定主义与起诉便宜主义相对，起诉法定主义"又称励行主义、法定原则、合法主义，指检察官就犯罪进行追诉，

---

① 杨诚、单民：《中外刑事公诉制度》，法律出版社2000年版，第272—273页。
② 陈光中、张建伟：《附条件不起诉：检察裁量权的新发展》，《人民检察》2006年第4期（上）。

只要具备法律上的要件,就应依职权进行起诉,不能依案件具体情况而自由裁量起诉与否。"① 起诉法定主义严格遵守罪刑法定原则要求,只要符合犯罪构成要件,就应当进行各个环节的审理,反对司法工作人员享有自由裁量权。实际上,此观点给司法机关造成了沉重的诉讼压力,不符合各国实际情况。各国均主张采纳起诉便宜主义,对刑事犯罪的轻重缓急进行适当考量,从而防止某一机关权力滥用,影响刑事追诉的正义性。

多数域外国家均开展有关检察机关自由裁量权的研究。我国认罪认罚从宽制度还处于初建阶段,应当参考国外研究,对比反思后得到立法启示。美国控制自由裁量权的典型制度是辩诉交易制度。该制度涉及主体包括检察机关和被告人,法官被禁止参与此程序。检察机关作为国家司法机关,在这一制度中具有较强领导性。美国辩诉制度中检察官可以针对是否起诉被告人,提出对被告人的量刑建议等。该制度实行后,美国检察官权力逐渐增加,审理案件的数目逐年递增,被告人所受的刑罚有所减轻。在减少司法成本,高效处理案件的同时,解决了美国司法资源紧缺与刑事案件数量多的矛盾。值得注意的是,由于检察官具有较大自由裁量权,其权力可能被滥用,而不能真正实现公平正义。在不对自由裁量权进行限制的时间段,效率价值已经优先于正义价值。毋庸置疑,自由裁量权需要被限制,不能一味追求刑事诉讼的简易程序。英美国家有观点认为,"检察官在对有关证人免予或终止追诉方面的豁免权,还受到被追诉者启动自诉程序的限制。"② 与英美法系不同,法国制定《刑事诉讼法》,确立庭前协商制度。这一制度与美国极为类似,仅存在轻微差别,庭前协商制度相比辩诉交易制度不强调"交易",因而更加体现民意。庭前协商制度中检察官也享有多方面权力,包括选择起诉的权力,量刑建议权等。因此庭前协商制度也会出现一些弊端,如法官的司法权会被削弱,检察

---

① 陈光中、张建伟:《附条件不起诉:检察裁量权的新发展》,《人民检察》2006年第4期(上)。
② 邓思清:《完善我国检察官自由裁量权制约机制之构想》,《法商研究》2003年第5期。

官同时作为追溯者和裁量者，其态度不能保持中立。整体而言，法国庭前协商制度行政化程度高，轻罪的出罪程序得以稳健发展。

2009年，德国正式确立刑事协商程序，并逐步完善协商程序体系。因长期坚持起诉法定主义，刑事协商程序直到司法系统难以负担案件数量时才出现。德国刑事协商程序中，首先，检察官的自由裁量权较小，以法官为中心的理念不变。其次，检察官对量刑建议有任意否决权，判决结果要符合当事人意愿，使当事人满意。最后，检察官和诉讼参与人对裁判结果不认同的，可以进行上诉。与此同时该制度面临一些问题，例如法官享有较大自由裁量权，轻罪减刑的合理性分析不明确等。针对上述问题，德国法律作出严格规定，例如上诉不允许被限制，审判过程应当尽可能公正公开等。由此表明，德国刑事协商程序中的自由裁量权把握适度，未出现明显弊端，成为大陆法系国家进行法制改革的参考样本。

同为大陆法系国家，日本以美国的辩诉交易制度为蓝本，引入有关"辩诉交易"的刑事免责制度。该制度指在共犯中，当证人供述证词会导致证人承担刑事责任时，由检察机关对证人作出不起诉决定。刑事免责制度中，检察官自由裁量权包括对被告人的起诉裁量权，根据悔改情况和犯罪危害性的量刑建议权等。此外，日本还建立刑事合意程序，此为协商司法新理念的具体体现。若被告人对案件的侦破提供帮助，检察机关就可以向法院提出较为轻缓的量刑建议。该程序允许多方主体参与协商，注重结果正义和程序正当的平衡，而非单纯进行交易，在出罪基础上体现人本主义思想。这表明，日本刑事免责制度和刑事合意程序具有一定制度合理性，是符合日本国情的制度体现。

权力受到有效制约是法治国家的重要特征，而作为配置和制约司法权手段之一的刑事诉讼，在赋予检察官一定自由裁量权的同时，必须建立相应的制约机制。[①] 通过对国外刑事诉讼出罪程序中自由裁量权的限制分析，完善刑事诉讼出罪程序时，应当取其精华为本国所

---

① 邓思清：《完善我国检察官自由裁量权制约机制之构想》，《法商研究》2003年第5期。

用。由于认罪认罚从宽制度开始试点实行，扩大自由裁量权已成为趋势，应当警惕自由裁量权扩大后的不利影响，避免不利结果发生。美国辩诉交易制度中，检察机关享有较为宽泛的自由裁量权。这对我国既是启示也是警告，促使进一步研究扩大检察官权力是否具有可行性。相较于美国，其他主流国家的检察官也具有一定独立性，但自由裁量权范围相对较小，能够在减少司法成本的基础上，又充分保护被告人的合法权利。因此，该制度与认罪认罚从宽制度更为相近，对今后司法改革有重要参考价值。经上述分析可知，我国应当根据自身的社会发展情况进行逐步改革，对检察官自由裁量权进行优化，尤其是针对出罪程序的可操作性、检察官自由裁量权的限缩方面以及在审前程序中对犯罪嫌疑人的羁押问题。

三 刑事诉讼出罪程序限制法官自由裁量权

法官自由裁量权是司法权、选择权，其适用主体特定并受到合理限制。法律适用过程中，法官自由裁量权贯穿始终，其本质是司法权。法官利用自身经验、法律知识，根据案件情形选择解决方案。人民法院行使自由裁量权，同时受到人民群众、社会团体、各机关监督和公平正义、平等、人权等价值观念制约。法官自由裁量权平衡法律确定性和社会不稳定性，有助于实现个案正义、促进立法与司法良性互动。

赋予法官自由裁量权，是法治理念的坚定选择，推进法治建设过程中，完善刑事诉讼出罪程序体系必然离不开行使法官自由裁量权。首先，法律制度具有抽象性和稳定性，具体司法实务中，法律可能出现滞后现象，此时既有法律不能适应社会需求，如果不借助法官自由裁量权，就会导致司法不公。其次，法官自由裁量权能更好解决价值冲突问题。在个案中，不可避免地会出现人权、正义等价值冲突问题，在价值位阶原则难以解决时，法官自由裁量权占据重要地位，法官可根据实际情况兼顾双方利益予以定夺。再者，法官自由裁量权是以审判为中心的诉讼机制体现，赋予法官一定自行斟酌的权力，符合法治改革基本精神。最后，法官自由裁量权可以弥补法律漏洞。司法实践中，并非所有案件事实都可以根据形式推理得到公平公正的结果，部分案件需要法官进行价值考量，自行斟酌作出判断。在成文法国家，立法者不可能制定出完善无缺的法律，抽象的法律条文与复杂多变的社会关系之间存在差距，各种社会关系不可能被法律规范完全覆盖，法官自由裁量权实际上是立法者自觉或不自觉留下的空间，它使法律具有一定张力，这种张力使法律适用具有更大的包容性和调适性。[1] 因此，当法律不能完美解决实际问题时，法官自由裁量权就体现重要的法律地位。

值得注意的是，刑事诉讼出罪程序有必要限制法官自由裁量权，自由裁量权作为一种权力，必须划定其界限范围，"权力导致腐败，绝对权利导致绝对腐败。"一旦不对权力边界进行限制，极可能损害诉讼参与人的利益，甚至致使司法腐败泛滥。同时，自由裁量权享有其"自由"。法律上的自由，指根据法律的规定而自主有秩序地进行活动，这并非忽视自由，反之是对自由的保障。如果未对法官自由裁量权进行限制，便会出现一系列问题。由于立法不完善，法官在适用法律时需要作出法律解释。这一主观性活动，因法官个人价值观差异会产生不同的裁判依据和处断结果。由于司法制度不健全，审判公开制度不能落到实处，导致司法权力的行使透明度欠缺，容易产生司法腐败现象。因此，法官自由裁量权需要接受监督，公开透明地行使权力有利于实现个案公正，权力在阳光下运行可以提高法律权威。限制刑事诉讼出罪程序中司法主体自由裁量权仍然主要考虑司法公正，构建刑事诉讼出罪程序出发点仍是减少司法成本，优化司法资源分配机制，贯彻诉讼经济理念，提高司法公信力，这也是法定起诉主义追求绝对司法正义遇阻而做出的选择，但并非表明通过司法诉讼追求正义不重要，强调诉讼效率并不否定公正价值，现代刑事诉讼制度根基就

---

[1] 张河顺：《诊所式法律教育模式的本土化探析》，《河南师范大学学报》（哲学社会科学版）2009 年第 6 期。

第八章　刑事诉讼出罪程序体系完善思路

是司法公正。为实现司法公正要求，世界各国均对法官自由裁量权的限制方式进行探索，创建了相应刑事诉讼程序出罪机制，司法主体自由裁量权约束机制成为诉讼监督制度的组成部分。自由裁量权制约机制目的是使刑事诉讼出罪程序得到正确适用，防止出现过度适用和置于"花瓶"两种极端状态，回归自由裁量权固有柔性。

刑法与刑事诉讼法之间产生交互性适用关系是刑事诉讼出罪程序产生的主要原因，国家整体投入司法资源总成本不变的情况下，作为实体法刑法适用增加需求量时，就会使已有刑法与刑事诉讼法适用中的平衡关系改变，出现刑事诉讼适用供给相对不足。根据刑法修正案规定，犯罪圈持续扩大，刑事案件受案数量持续增加或高位运行，入罪渠道增加，新罪名和犯罪类型不断产生，世界各国均在寻找适应新情况的刑事诉讼程序应对策略，也形成了刑事诉讼各阶段根据法定条件实现刑事诉讼出罪的制度形式。

为更合理地适用刑事诉讼出罪程序，世界各国均对法官自由裁量权进行制约。"司法自由裁量权的行使不仅存在于裁判过程中，而且存在于司法的整个过程。"[①] 英美法系中，美国极其重视刑事案件中法官自由裁量权的限制，主要通过以下措施予以制约。第一，规定法官量刑时必须遵守的几种方法。法律对危害性极大的犯罪行为规定最低入刑期限，该期限不能由法官自主决定；划分不同犯罪种类而形成针对每一种犯罪的科刑体系和科刑准则；规定法官的判决必须按照以上要求进行，具有框架要求的科刑标准，使法官自由裁量权始终不偏离法治轨道。第二，法官行使自由裁量权后，需要接受监督，对于经讨论发现确有错误的判决，可以进行撤销或修改。法官自由裁量权行使过程和结果是否公平合理，都受到严密监督，必要时也需要接受审查。第三，英美法系国家普遍以适用判例法为主，换言之，法官行使自由裁量权过程中，需要遵循先例并为将来案例着想，维护判例权威。此外，遵循先例基础上，法官有义务给出充分合理的裁判依据。

[①] 江必新：《论司法自由裁量权》，《法律适用》2006年第11期。

大陆法系国家中，德国刑事司法制度对法官自由裁量权进行以下几方面进行限制。第一，德国设置混合法庭制度，该制度指多数刑事案件办理过程中，法官和非职业人员同时存在，即使是不具备专业知识的普通人员也可以参与案件的整个过程。因此，案件审理过程中，不仅法官，非专业人士也享有断案权力，该制度下的法官自由裁量权会受到普通民众朴素法律价值观影响。第二，德国建立专门的法官纪律法院。即法官在独立行使司法权的同时，如果触犯法律，也应当受到惩罚。由专门法院对法官自由裁量权进行制约，是一种独特的制度形式。第三，同美国类似，法官根据自由裁量权作出的决定，可进行上诉、审查，避免不合理判决的适用。

随着法律全球化趋势不断加强，英美法系和大陆法系出现相互融合的制度和理念。两大法系对法官自由裁量权的限制各有特点，二者基本法律精神一致，但由于思维方式和诉讼程式差异，大陆法系国家对于法官自由裁量权的限制程度明显小于英美法系国家，英美法系国家需要按照其主要的法律渊源——判例法，对案件进行审理，其法官自由裁量权必然扩大。刑事诉讼出罪程序的出现与刑事案件频发密切相关，英国、美国、日本、德国等国家皆因刑事案件数量过多而愈加注重刑事诉讼出罪程序。因此，在司法实践中会对司法机关的自由裁量权进行不同程度的限制。我国同样面临其他国家存在的社会发展问题，需要统一规划刑事诉讼出罪程序，形成侦查、检察、审判阶段出罪合理体系，以应对《刑法修正案（九）》以来形成犯罪圈持续扩大形成的诉讼压力，发挥认罪认罚制度在刑事诉讼出罪程序中的优势，创新制度形式，提升诉讼效率，在保证案件公正处理基础上提高司法公信力。

通过比较分析世界各国对法官自由裁量权的约束，我国法官自由裁量权的制约可从以下几方面进行完善。第一，提升法律队伍人员素质。司法工作人员是否具有专业的法律职业素质，良好的道德良知和思想品格等，都需要进行严格遴选。司法作为公平正义的最后一道防线，司法工作人员需要做到正确适用刑事诉讼出罪程序。专业素质方面，法律人才队伍需要提高将法律理论切实运用到法律实践中的能力。对所学知识精准掌握，达到理论研究的高水准，才能在出现极个别特殊案例时，根据所学原理和原则灵活应对。认同忠诚、为民、诚信等职业道德，每个法律人都必须尊崇法治、信仰法律。第二，健全法律解释体系。司法解释体制为二元结构，包括最高人民法院和最高人民检察院，二者发布的法律解释效力相同。因此，两机关对同一问题从不同视角分析时，不可避免会出现矛盾冲突。虽然发生冲突时由立法解释来进行权威性说明，但仍然会出现法律滞后、浪费法律资源等现象。健全司法解释体系，可提高司法工作人员适用法律的准确性。第三，完善司法责任制度。司法责任指司法工作人员不按照法律规定行使权力，对国家、社会以及公民造成损害所应当承担的责任。"法官司法责任制度建立的根本目的并不仅仅是为了惩戒，而是通过制度的反向激励，促进法官依法独立公正履行司法职责。"[1] 刑事诉讼出罪程序中，法律赋予司法工作人员自由裁量权，司法责任制度可以对法官起到震慑作用，防止其故意违反事实和法律作出裁判，减少冤假错案发生。第四，健全指导性案例制度。判例法国家倾向于遵循先例，"同案同判"。由于成文法存在局限性，尤其是法律条文规定较为抽象，司法工作人员在具体适用当中难以精准把握，可能造成自由裁量权滥用现象。因此，指导性案例针对类似案件具有极强的参考价值。在符合法律基本理念和原则的要求下，指导性案例为司法工作人员准确适用法律提供可靠依据，进一步限制法官和检察官自由裁量权。

如前所述，在中国特色社会主义法治轨道下，研究刑法出罪与刑事诉讼出罪的交互作用机制，借鉴域外相关立法经验，创新刑事诉讼出罪程序，限制司法机关自由裁量权，健全刑事诉讼出罪程序体系是建设法治国家的必然要求。

---

[1] 孙辙、杨春福：《论我国法官司法责任制度的逻辑与范式》，《南京社会科学》2021年第8期。

参考文献

一 著作类

陈光中：《中国刑事二审程序改革之研究》，北京大学出版社2011年版。

陈瑞华：《问题与主义之间——刑事诉讼基本问题研究》，中国人民大学出版社2003年版。

陈瑞华：《程序正义理论》，中国法制出版社2010年版。

陈瑞华：《刑事诉讼的中国模式》，法律出版社2010年版。

陈卫东主编：《刑事审前程序研究》，中国人民大学出版社2004年版。

陈卫东：《公民参与司法研究》，中国法制出版社2011年版。

樊崇义主编：《诉讼原理》，法律出版社2003年版。

顾培东：《社会冲突与诉讼机制》（修订本），法律出版社2004年版。

顾永忠等：《刑事辩护：国际标准与中国实践》，北京大学出版社2012年版。

郝银钟：《刑事公诉权原理》，人民法院出版社2004年版。

何家弘：《谁的审判谁的权：刑事庭审制度改革的实证研究》，法律出版社2011年版。

何挺：《现代刑事纠纷及其解决》，中国人民公安大学2011年版。

黄文：《刑事诉审关系研究》，西南师范大学出版社2006年版。

季卫东：《法治秩序的建构》，中国政法大学出版社1999年版。

李交发：《中国诉讼法史》，中国检察出版社2002年版。

李蓉：《刑事诉讼分权制衡基本理论研究》，中国法制出版社 2006 年版。

李心鉴：《刑事诉讼构造论》，中国政法大学出版社 1992 年版。

林劲松：《刑事程序与基本人权》，山东人民出版社 2005 年版。

林钰雄：《刑事诉讼法》，中国人民大学出版社 2005 年版。

林钰雄：《检察官论》，法律出版社 2008 年版。

林钰雄：《严格证明与刑事证据》，法律出版社 2008 年版。

林钰雄：《刑事法理论与实践》，中国人民大学出版社 2008 年版。

林钰雄：《干预处分与刑事证据》，北京大学出版社 2010 年版。

刘玫：《刑事司法领域中的女性参与》，中国人民公安大学出版社 2011 年版。

刘涛：《刑事诉讼主体论》，中国人民公安大学出版社 2005 年版。

龙宗智：《刑事庭审制度研究》，中国政法大学出版社 2001 年版。

马贵翔：《刑事司法程序正义论》，中国检察出版社 2002 年版。

马贵翔：《刑事诉讼结构的效率改造》，中国人民公安大学出版社 2004 年版。

宋英辉：《刑事诉讼目的论》，中国人民公安大学出版社 1995 年版。

宋英辉主编：《刑事诉讼原理》，法律出版社 2003 年版。

孙笑侠：《程序的法理》，商务印书馆 2005 年版。

孙长永等：《犯罪嫌疑人的权利保障研究》，法律出版社 2011 年版。

锁正杰：《刑事程序的法哲学原理》，中国人民公安大学出版社 2002 年版。

汪海燕：《刑事诉讼模式的演进》，中国人民公安大学出版社 2004 年版。

王兆鹏：《美国刑事诉讼法》，北京大学出版社 2005 年版。

魏晓娜：《刑事正当程序原理》，中国人民公安大学出版社 2006 年版。

吴玉章：《法治的层次》，清华大学出版社 2002 年版。

谢佑平：《刑事司法程序的一般理论》，复旦大学出版社 2003 年版。

谢佑平：《刑事程序法哲学》，中国检察出版社 2010 年版。

熊秋红：《刑事辩护论》，法律出版社 1998 年版。

熊秋红：《转变中的刑事诉讼法学》，北京大学出版社 2004 年版。

张建伟：《刑事司法体制原理》，中国人民公安大学出版社 2002 年版。

张建伟：《司法竞技主义——英美诉讼传统与中国庭审方式》，北京大学出版社 2005 年版。

张智辉：《辩诉交易制度比较研究》，中国方正出版社 2009 年版。

张中：《刑事诉讼关系的社会学分析》，中国人民公安大学出版社 2006 年版。

左卫民：《价值与结构：刑事程序的双重分析》，法律出版社 2003 年版。

二　论文类

陈伟、郑自飞：《四要件视域下正当防卫出罪论》，《吉首大学学报》（社会科学版）2016 年第 4 期。

陈伟、李晓：《法定犯的出罪机制研究》，《法治论坛》2021 年第 4 期。

程龙：《再评陆勇案：在法定不起诉与酌定不起诉之间——兼与劳东燕教授商榷》，《河北法学》2018 年第 1 期。

储陈城：《罪刑法定原则出罪功能的体系性构造》，《国家检察官学院学报》2017 年第 4 期。

崔志伟：《"但书"出罪的学理争议、实证分析与教义学解构》，《中国刑事法杂志》2018 年第 2 期。

崔志伟：《刑事司法的"回应型"转向——寻求处罚实质合理性的基点》，《河北法学》2019 年第 2 期。

崔志伟：《"卡迪"模式与刑事公正司法的实现》，《交大法学》2021 年第 2 期。

杜辉：《论实质的犯罪观》，《前沿》2010 年第 10 期。

高诚刚：《自我答责基准下骗取贷款行为的出罪认定》，《浙江工商大学学报》2017 年第 1 期。

胡立平：《"醉驾"的入罪与出罪》，《法律科学》（西北政法大学学报）2021 年第 6 期。

贾文超、王瑞君：《刑法解释的司法逻辑》，《法律方法》2017 年第 2 期。

李翔：《论我国〈刑法〉第 13 条"但书"司法化之非》，《东方法学》2016 年第 2 期。

刘陈皓：《〈大明律〉中"不坐条款"——以当代刑法学为视角》，《人民论坛·学术前沿》2019 年第 21 期。

刘艳红、冀洋：《实质解释何以出罪——以一起挪用"公款"案件为视角的探讨》，《法学论坛》2016 年第 6 期。

刘艳红：《无罪的快播与有罪的思维——"快播案"有罪论之反思与批判》，《政治与法律》2016 年第 12 期。

刘艳红：《入罪走向出罪：刑法犯罪概念的功能转换》，《政法论坛》2017 年第 5 期。

刘艳红：《"法益性的欠缺"与法定犯的出罪——以行政要素的双重限缩解释为路径》，《比较法研究》2019 年第 1 期。

刘艳红：《公私法一体化视野下公序良俗原则的刑法适用》，《现代法学》2020 年第 4 期。

逯星：《醉驾司法出罪的学理展开与路径分析》，《政法论丛》2013 年第 4 期。

孙本雄：《出罪及其正当性根据研究》，《法律适用》2019 年第 23 期。

孙本雄：《入罪与出罪：我国〈刑法〉第 13 条的功能解构》，《政治与法律》2020 年第 4 期。

孙远：《论程序规则的出罪功能及其限度——以程序违法的实体减轻效果为中心》，《政治与法律》2020 年第 2 期。

王骏、张新奎：《刑法解释论视域下的亲亲相隐出罪路径》，《中国青年政治学院学报》2008 年第 6 期。

王志祥、融昊：《醉驾行为出罪路径的刑法教义学阐释》，《北方法学》2022年第1期。

王志祥：《醉驾犯罪司法争议问题新论——浙江最新醉驾司法文件六大变化述评》，《河北法学》2020年第3期。

夏勇：《试论"出罪"》，《法商研究》2007年第6期。

解永照、黎汝志：《醉驾犯罪化的问题与省思》，《山东警察学院学报》2017年第5期。

杨柳：《醉驾出罪依据论——以〈关于常见犯罪的量刑指导意见（二）〉为分析对象》，《法商研究》2018年第1期。

杨明：《程序法"出罪"功能研究》，《中国刑事法杂志》2010年第1期。

张殿军：《罪刑法定视域的少数民族习惯法》，《甘肃政法学院学报》2009年第3期。

张建、俞小海：《恶意透支型信用卡诈骗罪出罪之实践反思与机制重构》，《中国刑事法杂志》2013年第12期。

周磊、秦波：《醉驾案件定罪问题与出罪路径研究》，《法律适用》2018年第11期。

庄绪龙：《"法益可恢复性犯罪"概念之提倡》，《中外法学》2017年第4期。